HEINZ PETER SCHWERFEL

KINO UND KUNST

HEINZ PETER SCHWERFEL

KINO

UND KUNST

EINE LIEBESGESCHICHTE

DUMONT

INHALT

INTRO

Nicht einmal ein halbes Jahrhundert ist es her, da gab es noch kein Fernsehen. Der einzige Ort, an dem man bewegte Bilder erleben konnte, war das Kino. Und ob Hollywood oder Cinecitta, Western oder Neorealismus, ob ein Filmemacher an realen Schauplätzen filmte oder die Wirklichkeit im Studio nachbauen ließ, Kino war und blieb ein Ort der Magie, an dem Realität grundsätzlich überhöht, verwandelt, geschönt erlebt wurde. So naturalistisch sich ein Film auch geben mochte, seine Bilder blieben viel zu verführerisch im Vergleich mit dem wahren Leben draußen vor der Kinokasse.

Heute sind wir nicht nur mit dem Fernsehen, sondern auch mit Video, Überwachungskameras und Satellitenschaltung konfrontiert. Das Kino hat sein Monopol auf die bewegten Bilder längst verloren. Trotzdem lässt es uns immer noch staunen – vorausgesetzt, es ahmt die Wirklichkeit nicht nach. Realität liegt heute im Zuständigkeitsbereich des Fernsehens. Und das ist gut so. Hier liegt die Chance des Films.

Diese Überlegungen zum Kino stammen von François Truffaut, der vor fast zwanzig Jahren starb, ohne das jüngste Kapitel der siebten Kunst, wie die Franzosen den Film nennen, noch erlebt zu haben: die Fortführung des Erzählkinos mit den Instrumenten der Bildenden Kunst. Nach einer langen Periode intensiver Auseinandersetzung mit sich selbst hat die Gegenwartskunst Mitte der neunziger Jahren die Wirklichkeit als Thema wieder entdeckt und bedient sich des Films, um diese zu zeigen.

Die Umarmung von Kino und Kunst ist nichts Neues. Beide pflegen seit hundert Jahren eine lange, intensive Liebesgeschichte, in der mal der eine, mal der andere Partner den Ton angibt; gestern Verhältnis, heute Ehe, morgen Trennung. Wie jede komplizierte Beziehung kann man auch diese erzählen, vielleicht analysieren, auf keinen Fall therapieren – sonst ginge die Spannung verloren. Beide Partner leben von der Reibung aneinander, sie sind abwechselnd stark und schwach, Verführer und Verführter.

Kunst und Kino stehen unter dem Einfluss eines komplizierten und ihre Liebe komplizierenden Über-Ichs: der jeweiligen Zugehörigkeit zur lange Zeit als unvereinbar geltenden Hoch- bzw. Trivialkultur. Beider Ich ist dem Zeitgeist unterworfen und nimmt mit jedem Jahrzehnt neue Formen an: von Autorenfilmen wie Godards »Pierrot le Fou« oder Antonionis »Deserto rosso« über Ridley Scotts Studioproduktion »Alien« zu digital verfremdeten Visionen wie Jeunets »Amélie« oder »Matrix« von den Brüdern Wachowski.

Diese Filme sind der Bildenden Kunst verpflichtet, während die neuere amerikanische Malerei, von Andy Warhol über Alex Katz bis David Reed, ohne Kino nicht denkbar wäre. Die Fotografien Cindy Shermans, die bewegten Maschinchen Rebecca Horns oder die Bildgruften Bill Violas – sie erzählen Geschichten in Bildern, pflegen den Dialog zum Kino, springen zwischen den Medien.

Was also haben Matthew Barney und David Lynch gemein, Martin Scorsese und Rosemarie Trockel, Eija-Liisa Ahtila und Peter Greenaway? Die Geburt der Moderne fiel zusammen mit der Erfindung des Erzählkinos, Collage und Montage eroberten gleichzeitig dem Bild neue Dimensionen. Seitdem haben beide Medien nicht aufgehört, sich gegenseitig zu bewundern, zu bekämpfen, zu plündern. Marcel Duchamp und Fernand Léger experimentierten mit Film, Alfred Hitchcock ließ sich von Salvador Dalí Bühnenbilder zeichnen; heute drehen Tracey Emin oder Julian Schnabel Kinofilme, während Douglas Gordon oder Pierre Huyghe Hollywood in die Kunstgalerie holen.

Die Bildende Kunst sucht heute wieder den Kontakt zur Wirklichkeit – und zum Publikum. Sie will nicht nur dem Museumsbetrieb, sie will dem Getto der Avantgarde entkommen und Geschichten von lebenden Menschen erzählen. Gleichzeitig geht die wirtschaftliche Globalisierung Hand in Hand mit einer kulturellen Vereinheitlichung. Keine Sprache wird weltweit von mehr Menschen verstanden als die Filmsprache. Wie der französische Philosoph Jacques Derrida nicht ohne Resignation bemerkt: Das Bild hat immer das letzte Wort.

Aber die Künstler haben von François Truffaut gelernt. In einer Epoche von Echtzeitstream und Reality Show können sie sich nicht erlauben, Wirklichkeit nur wiedergeben zu wollen. Sie müssen die reale Welt überhöhen, verwandeln, vielleicht sogar schönen, damit wir genauer hinschauen. Dazu scheint Film das ideale Medium. Wohl deshalb erlebt die turbulente, von Leidenschaft und Krisen gebeutelte Liebesgeschichte zwischen dem starren und dem laufenden Bild zurzeit eine so nie gekannte Idylle. Darüber können wir, das Publikum, uns nur freuen. Denn wir dürfen in einer Dimension schwelgen, die es weder im Fernsehen noch im Internet noch im Leben gibt. Die Zeit des Kinos, sagt der Regisseur Bernardo Bertolucci, ist keine Echtzeit, sondern Traumzeit. Die Traumzeit des Kinos ist dabei, auch das Museum zu erobern.

Heinz Peter Schwerfel

Paris, Januar 2003

Michelangelo Antonioni

»Identificazione di una donna«

KAPITEL 1
REISE IN DIE TRAUMZEIT

Nebel

Rom, irgendwann Ende der achtziger Jahre. Ein Mann, Niccolo, fühlt sich beobachtet, überwacht, verfolgt. Tag und Nacht parkt ein Auto vor seinem Haus – sobald Niccolo sich ihm nähern, den Fahrer zur Rede stellen will, betätigt dieser den Anlasser, fährt fünfzig Meter weiter, kehrt zurück, bezieht wieder Wartestellung.

Niccolo lädt Mavi, seit zwei Monaten seine Geliebte, aufs Land ein. Sie jagen mit seinem roten Alfa aus der Stadt, doch je weiter sie fahren, desto dichter wird der morgendliche Nebel. Niccolo fährt Schritttempo, orientiert sich am Mittelstreifen. Mavi raucht nervös eine Zigarette nach der anderen. Sie ist misstrauisch, ob Niccolo sich wohl verfahren habe. Schließlich stoßen sie auf ein gelbes Blinklicht – eine Ampel? Aber wo ist die Kreuzung? Niccolo steigt aus. Er geht vor bis zu der blinkenden Ampel, horcht in den Nebel, ohne etwas sehen zu können. In nicht allzu weiter Ferne fährt ein Zug vorbei. Niccolo genießt die Landschaft ohne Bilder. Er ist von Beruf Filmregisseur.

Venedig, im Juni 1999. Auf die Parkanlage der Giardini brennt die Sommersonne; das Vernissagepublikum der 48. Biennale transpiriert – nur im Inneren des belgischen Pavillons fröstelt es die Besucher. Es gibt nämlich nichts zu sehen. Nichts außer einem dichten Nebel, der durch weißgekalkte Ausstellungsräume wabert. Mühsam vermeidet man Zusammenstöße, entschuldigt sich für unfreiwillige Berührungen, tastet mit dem Blick leere Wände ab – die Kunst ist im Nebel verschwunden.

Niccolo wird durch Mavi aus dem Nebel gerissen. Sie hupt, blinkt mit den Scheinwerfern, ruft nach ihm. Jetzt ist sie es, die sich verfolgt fühlt. Ihr zuliebe gibt Niccolo Vollgas, geht blind in Kurven, rast über unsichtbare Geraden, vermeidet gerade noch einen Zusammenstoß. Mavi reagiert hysterisch, bittet ihn, endlich anzuhalten. Als er es

Ann Veronica Janssens
Eine Frau versteckt die Werke eines Mannes: Auf der Biennale von Venedig stellt 1999 ein Künstlerpaar Kino nach.

schließlich tut, meidet sie seinen Blick, steigt aus, verschwindet. Der Nebel hat nicht nur die Bilder, sondern auch die Geliebte verschluckt.

Hat man sich an die aus der Nebelmaschine wabernden Schwaden gewöhnt und in den zweiten Ausstellungsraum vorgekämpft, sieht man einige wenige Bilder. Die Fotografien des Konzeptkünstlers Michel François spielen mit dem Absurden. Ihre Motive verschwinden in der Farblosigkeit, die gerahmten Bilder im Nebel der Künstlerin Ann Veronica Janssens. Es ist ein Spiel von Erscheinen und Verschwinden, Anwesenheit und Abwesenheit. Das Kunstwerk verliert seine Materialität, der Blick kann sich an nichts mehr festhalten. Der Betrachter verirrt sich in einem Raum, dessen Kunst ihm entzogen wird.

Nach einer langen Weile verärgerten Wartens steigt Niccolo aus. Mavi bleibt verschwunden, trotz aller Rufe. Niccolo geht beunruhigt durch den Nebel, hält ein fremdes Auto an, bittet vergeblich um Hilfe bei seiner Suche. Schließlich kehrt er zum eigenen Wagen zurück, dem roten Alfa, in dem Mavi sitzt und schweigend raucht. Sie fahren los, kommen im Landhaus an, streiten, versöhnen und lieben sich wie nie zuvor. Niccolo findet die Worte nicht, um Mavi zu sagen, wie sehr er sie liebt. Am nächsten Tag ist Mavi aus seinem Leben verschwunden. Vom die Liebenden trennenden Nebel einer unmöglichen Beziehung verschluckt.

Michelangelo Antonioni
Jedes gefilmte Bild ein malerisches Stilleben unmöglicher Beziehungen: »Identificazione di una donna«

Michel François
Hinter dem Nebel Venedigs tauchen die versteckten Bilder des Paradoxen auf, etwa die Fotografie »Cactus«.

Liebe

Seit »L'eclisse« (»Liebe«) und »L'avventura« (»Die mit der Liebe spielen«) handeln alle Filme Michelangelo Antonionis vom Verschwinden, von Anwesenheit und Abwesenheit, von der Unmöglichkeit der Liebe. Ann Veronica Janssens und Michel François zitieren aus dem Kinofilm »Identificazione di una donna« und verwandeln die Schlüsselszene des Films in ein begehbares Kunstwerk, zugleich visuell und haptisch, pathetisch und minimal. Eine Hommage an Antonioni, der in seinem ersten Farbfilm »Deserto rosso« (»Rote Wüste«) Mauern einfarbig anstrich und Farbflächen einsetzt wie die amerikanischen Farbfeldmaler ihre Leinwand: als zweidimensionale Architektur, gleichzeitig Spiegel seelischer Entleerung und postindustrielle Wüste.

Die Installation ohne Titel von Ann Veronica Janssens und Michel François ist ein stummer und doch beredter Dialog der Kunst mit dem Kino. Zum Verständnis ist es nicht nötig, den Film zu kennen. Jeder spürt, dass hier ein Künstler den Blick auf einen anderen abblockt und wieder freigibt. Und dass dieser andere Künstler mitspielt, sich wissentlich entzieht. Keiner der Besucher muss wissen, dass Ann Veronica Janssens und Michel François bewusst in die Rollen von Niccolo und Mavi geschlüpft sind, um sie bis zum bitteren Ende durchzuspielen. Vor der Biennale waren sie Lebensgefährten – in den Giardini von Venedig inszenieren sie ihr Trennung wie einen Film, wie ein Stück dreidimensionalen Erlebniskinos, das vom Verschwinden nicht nur der Bilder, sondern auch der Liebe erzählt.

Moderne Kunst und das Medium Film sind gleich alt; geboren am Anfang des zwanzigsten Jahrhunderts im Zeichen von Collage und Montage, Abstraktion und Malteserkreuz, jenem kleinen mechanischen Kabinettstückchen, das vierundzwanzig Einzelbilder pro Sekunde durch den Projektor zieht. Das Verhältnis von Kunst und Film hat viel mit jener unmöglichen Liebe gemein, die Antonioni in seinen Filmen beschreibt. Es ist eine komplizierte Beziehung, wie das Leben sie diktiert, mit Auftauchen und Verschwinden, Verführung und Eifersucht, Missgunst und Verklärung, romantischem Flirt und geistigem Diebstahl. Allein die Seitensprünge beider Partner füllen ein Kapitel der Kunstgeschichte des zwanzigsten Jahrhunderts. Von Dada und Méliès bis zur Berliner Ufa und den Expressionisten gilt für Künstler und Cineasten: Man verehrt, liebt und befruchtet sich. Als Dada zum Surrealismus, die Moderne zur Klassik, der Film zum Kino und Narration zu Hollywoodklischees verkümmern, werden die Eifersüchteleien Alltag. Kunst wird als zelebrierte Avantgarde zu einer von Minderheiten für Minderheiten produzierten Hochkultur; Kino zu einer industriell gefertigten Massenware, deren Machern die Geschichte den Künstlerstatus entzieht.

Bis in die frühen sechziger Jahre hat vor allem das Kino von der Kunst profitiert. Populäre Malerei des neunzehnten Jahrhunderts wurde ungenannt zitiert, ihre Heroen verkümmerten zu Spielfilmtragöden. Erst Andy Warhol und die Pop Art huldigen den vorher verpönten Untiefen der Trivialkultur, Regisseure wie Jack Smith, Paul Morissey oder John Waters setzen zum Sturm auf die Industriebastion Hollywood an. Und scheitern. Heute rächt sich das Kino, es ist aus der Kunst nicht mehr wegzudenken. Im Gegenteil: Die Faszination der zeitgenössischen Multimediakünstler für Hollywoods Erzählkino zeigt geradezu obsessive Züge. Als habe die Bildende Kunst vom Film jenen Minderwertigkeitskomplex übernommen, der beider Beziehung in der zweiten Jahrhunderthälfte prägt, werden Schlüsselwerke des Kommerzkinos, von »Vertigo« über »Taxi Driver« und »Bladerunner« bis »Matrix« heute

Heute mag sich der White Cube des Museums scheinbar in Richtung der Black Box entwickeln, doch ist der Kinofilm längst von dieser Black Box befreit, dank der Video-Technik. Kino wird nicht nur über Fernsehen, Kassette, DVD vertrieben, sondern über alle möglichen bewegten Bilder, die uns Geschichten erzählen, während wir in der Shopping Mall einkaufen oder über die Straße spazieren. Das bedeutet eine radikale Veränderung in unserer Umwelt. Die Sprache des Kinofilms ist im heutigen Alltag omnipräsent.
Bill Viola

als Rohstoff für nicht immer einfallsreiche Kunstwerke ausgeschlachtet. Und endlich scheint auch die Kunstgeschichte bereit, Filmregisseuren wie Michelangelo Antonioni, Jean-Luc Godard oder David Lynch den Status des Künstlers zuzuerkennen. Und damit einzugestehen, dass Kino nicht immer nur Kommerz und Kunst nicht ausschließlich Hochkultur ist.

Feuer

Schlangestehen gehört zu jedem Kinobesuch. Trotz Vorverkauf und Platzreservierung wartet der Filmfan auf das Öffnen der Kasse, das Abreissen des Eintrittstickets, das aufgeräumt – oder betreten – ans Tageslicht strömende Publikum der zu Ende gegangenen Vorstellung. Warten gehört zum sozialen Ritus des kollektiven Vergnügens, egal ob in Paris, London, New Delhi oder im Kunstmuseum. Im Hamburger Bahnhof der Berliner Nationalgalerie zeigen Janet Cardiff und George Bures Miller im Februar 2002 ihre Arbeit »Paradise Institute«, und das Publikum steht geduldig Schlange, bis es in kleinen Gruppen ins Kino der kanadischen Künstler eingelassen wird. Kino ist ein großes Wort für den

Janet Cardiff
George Bures Miller
Brennendes Inferno, geschlossene Anstalt, Folterkammer: Klischees des Genrekinos werden vom »Paradise Institute« ins Museum transportiert.

aus Brettern gezimmerten Holzverschlag, der von außen an eine von Ilja Kabakovs realsozialistischen Toiletten erinnert. Das Innere jedoch ist vertraut, mit klassischen Samtsesseln, Balkon und Bühne. Im Halbdunkel nimmt man Platz und blickt hinunter auf eine zentralperspektivisch verkleinerte Leinwand. Der Aufbau verspricht – Spott erhöht die Vorfreude – nicht Cinemascope, sondern Mikroskop.

Aber der erste Eindruck täuscht. Noch bevor der Film beginnt, glaubt man sich im herkömmlichen Kinopalast mit Großleinwand. Die räumliche Dimension wird nicht mehr von der Wahrnehmung, sondern von der Einbildungskraft bestimmt; nicht wegen der herrschenden Dunkelheit, sondern wegen des auditiven Raums, den die Künstler um jeden Besucher aufbauen, glaubt man sich in einer realen Welt, die in Wirklichkeit nichts anderes ist als Fiktion und Erinnerung.

Möglich wird dieses Déjà-vu-Erlebnis durch den Kopfhörer, der jeden Kinosessel mit einer Tonregie vernetzt, die mindestens ebenso wichtig ist wie der projizierte Film. Über Kopfhörer wird nämlich nicht nur der Synchronton des Films eingespielt, sondern auch das vertraute Tonambiente eines gewöhnlichen Kinobesuchs: Ein Handy klingelt, Pärchen flüstern, fiktive Kiefer mahlen ebenso fiktives Popkorn. Während der Vorführung geht diese Raumillusion mit Störgeräuschen durch unaufmerksame Zuschauer weiter; nicht nur die Handlung des Films, sondern auch die fiktive Wirklichkeit des Kinobesuchs wird per Dolby Surround übertragen und täuscht das Hirn des Zuschauers wie es 3D-Simulationen im Imax tun.

Leitmotiv von »Paradise Institute«, das 2001 in Venedig Premiere hat, ist das Feuer als Gemeinplatz kollektiver Ängste. Anfangs fragt eine Frau ihren Mann, ob er auch den Ofen ausgemacht habe. Später wird ein brennendes Haus zu sehen sein, man hört Rufe und Feuerprasseln im fiktiven Draußen, das heißt außerhalb des Kinosaals. Der Film verstärkt dieses Prinzip des Spiels mit Verhaltensrastern durch eine postmoderne Montage klassischer Hollywoodgenres. Knarrende Türen, eine psychiatrische Anstalt, die zum Folterinstitut zu werden droht, Schwesternsex im Krankenbett: Erwartungen werden erst durch Standardsituationen geschürt und anschließend durch einen surrealen Handlungsablauf kurzgeschlossen. Publikumsraum und Geschehen auf der Leinwand sind vernetzt durch die Toninszenierung: Ein Nachbar fragt hörbar, woher er denn wohl den Schauspieler des bösen Irrenarztes kenne. Wir verspüren Lust, ihm zu antworten, dass Volker Spengler früher bei Fassbinder mitspielte. Am Ende wird eben dieser Schauspieler scheinbar mitten im Publikum sitzen und uns, die Zuschauer, bedrohen. Filmzeit ist nicht Echtzeit, sondern Traumzeit, zitieren die Künstler den Filmregisseur Bernardo Bertolucci. Doch erlebt das Publikum diese Traumzeit hier im Niemandsland einer Kunstinstallation, die sowohl Museum als auch Kino ist. Und gleichzeitig keines von beiden.

Janet Cardiff
George Bures Miller
Der Kinosaal als Modell und das kollektive Filmerlebnis, inklusive Popcorn und störender Nachbarn, als psychoanalytische Schlüsselszene

Der Japaner Sugimoto hat Kinos fotografiert, deren Leinwände nach mehrstündiger Belichtung wieder weiß werden – nicht weil sie leer wären, sondern weil eine Projektion nur ein Lichtstrahl ist. Vor dem Film ist die Leinwand weiß, nach dem Film ist sie es ebenfalls, doch enthält Sugimotos Foto den unsichtbaren Film; er macht die Traumzeit des Kinos sichtbar. Der französische Fotograf und Filmemacher Alain Fleischer lässt im Oktober 2002 die von ihm gedrehte, statische Einstellung einer Frau, die vor einem Projektor steht und in die Kamera schaut, rund sieben Minuten auf leinwandgroße Bahnen von Fotopapier projizieren. Dann machen sich fünf Männer im Overall zwanzig Minuten lang im bis auf Rotlicht abgedunkelten Saal mit Besen und Eimern voll Entwicklerflüssigkeit an der Leinwand zu schaffen. Vor den Augen des Publikums entsteht in Echtzeit ein Foto, gefrorene Erinnerung an einen Film.

Kino und Leinwand sind mythische Orte für Bildende Künstler. Gut zwanzig Jahre vor Cardiff und Bures Miller schlägt Dan Graham mit seinem Architekturmodell »Cinema« bereits einen architektonischen Aufbau vor, welcher den Kinosaal in einen künstlerischen Raum verwandelt, der die Beziehung von narrativem Film und alltäglicher Erfahrung auf den Kopf stellt. Bei Graham besteht die Leinwand aus einem Zwei-Wege-Spiegel, der wie ein räumliches Interface den Fluss zwischen Innen und Außen, Kinosaal und Wirklichkeit, Traumzeit und Alltag ermöglicht. Der New Yorker Dan Graham ist der Konzeptkunst verpflichtet, sein – utopisches – Kinomodell soll kollektive architektonische Erlebnisstrukturen deutlich machen. Cardiff und Bures Miller greifen dagegen auf ein für die heutige Kunst typisches Stilmittel zurück: das Dramatisieren von Gefühlen und Ereignissen, die Fiktion. Woher aber hat die Kunst die Fiktion? Vom Kino.

Nach der herkömmlichen Geschichtsschreibung zerfällt Film in drei Kategorien, nämlich Fiktion, avantgardistischen – oder experimentellen – sowie dokumentarischen Film. Die Bildende Kunst unterhält mit allen drei Genres ihre Affären. Mit dem Avantgardefilm schon seit den zwanziger Jahren, als Marcel Duchamp, Man Ray, Fernand Léger, Vikking Eggeling, Hans Richter und Salvador Dalí eigene Filme drehten. Der dokumentarische Film war – bis auf Ausnahmen wie Walter Ruttmanns »Berlin – Sinfonie einer Großstadt« – für Bildende Künstler weniger interessant. Seine regelmäßige Wiederentdeckung geht einher mit der jeweiligen Politisierung von Gegenwartskunst. Mitte der sechziger Jahre fallen Vietnamkrieg und die Geburt von Video zusammen, in den Siebzigern Videoperformance und Minderheitenproblematik. Heute, das zeigen Großausstellungen wie Manifesta 4 und Documenta 11, trifft postkoloniale Globalisierungskritik auf die preiswerte Technologie des digitalen Videos.

Doch sind Dokumentarfilme im Kunstkontext nur bedingt anerkannt. Wie die jüngere Kunstgeschichte beweist, sind ihre Überlebenschancen immer nur sehr gering. Wem es formal an Konsequenz mangelt, den spült der Kulturbetrieb ins Fernsehen, wo er nach der Ausstrahlung im Mitternachtsprogramm schnell wieder untergeht. Auch um den Experimentalfilm ist es heute schlecht bestellt: Bis in die siebziger Jahre galt Film unbestritten als Kunstform, zumal viele seiner Protagonisten, von Peter Kubelka über Andy Warhol bis Heinz Emigholz, mit und ohne Kamera arbeiteten. Von der unnötigen – und fatalen – Kriegserklärung an die Videokunst hat sich der Experimentalfilm dann aber nie wieder erholen können. Heute gibt es keine Konkurrenz mehr zwischen technologischen Formaten. 16 oder 35mm Film, digitales Video, Camcorder und High Definition sind Werkzeuge, keine ästhetischen Kategorien. Deshalb, und weil trennende Schubladen ohnehin nur zu Unordnung führen, soll es hier vor allem um den narrativen Film gehen, oder, vereinfachend gesagt, das Erzählkino, das in den letzten zehn Jahren flächendeckend in die Kunstgalerien eingefallen ist.

Hiroshi Sugimoto

Die Leinwand als gefrorene Filmzeit im »5th Ave. Theater, Seattle« von 1997

Quentin Tarantino
Männer im Straßenanzug essen, plaudern, schießen, töten. Und werden getötet: »Pulp Fiction«.

Gewalt

Ein Mann fährt mit seinem Freund und Kollegen zur Arbeit. Während der Fahrt erzählt er von einem kürzlichen Aufenthalt in Europa. Was ihn, den Amerikaner, dort am meisten beeindruckte, war, wie die Europäer einen Hamburger zubereiten.

Am Arbeitsplatz angekommen, probiert und kommentiert der Mann ein bereits angeknabbertes kalifornisches Exemplar der Spezies Hamburger. Dann erschießt er dessen Besitzer. Unser Mann ist Auftragskiller.

Mit »Pulp Fiction« gelingt Quentin Tarantino 1994 ein radikales Aufbrechen des für die Fiktion angeblich unabdingbaren linearen Erzählkinos, ohne deshalb die Illusion des Genrefilms, in diesem Falle des Pulp oder Billigkrimis, zu zerstören. Insgesamt vier Geschichten – über ein Kind, einen Boxer, sowie unsere zwei Ganoven – werden jeweils in Kurzfilmform erzählt und treffen sich irgendwann, um wieder auseinander zu laufen. Bei

Annika Larsson
Männer im Trainingsanzug üben, turnen, schießen, kommandieren. Und werden kommandiert: »D.I.E.«, 2001.

seinem nächsten Job wird der auf Hamburger versessene Auftragskiller, gespielt von John Travolta, in einem Augenblick der Unaufmerksamkeit – er sitzt lesend auf dem Klo – erschossen. Um eine halbe Filmstunde später wieder seinen Dienst anzutreten. Vorher wird zu nachher, später zu früher, doch dies tut der Illusion keinen Abbruch. Auch ohne lineare Erzählung bleibt die Fiktion erhalten, die Traumzeit des Kinos kann auf Logik verzichten, wenn sie nur die Klischees des Genres geschickt genug bedient.

Auch die Filme der Schwedin Annika Larsson sind selten logisch und häufig bevölkert von Männern, die seltsamen Berufen nachgehen: Sportlehrern, Aufsehern, Wachleuten oder einfach Bürohengsten. Man beschäftigt sich eher beiläufig, turnt oder spielt Karten. Und wird plötzlich gewalttätig.

Ein Paar sitzt im Auto. Die Frau holt Papiertaschentücher aus dem Handschuhfach, der Mann lächelt ihr beruhigend zu, streichelt sie, bettet ihren Kopf in seinen Schoß. Dann klappt er ein Rasiermesser aus, prüft mit dem Daumen die Schärfe der Klinge. Der

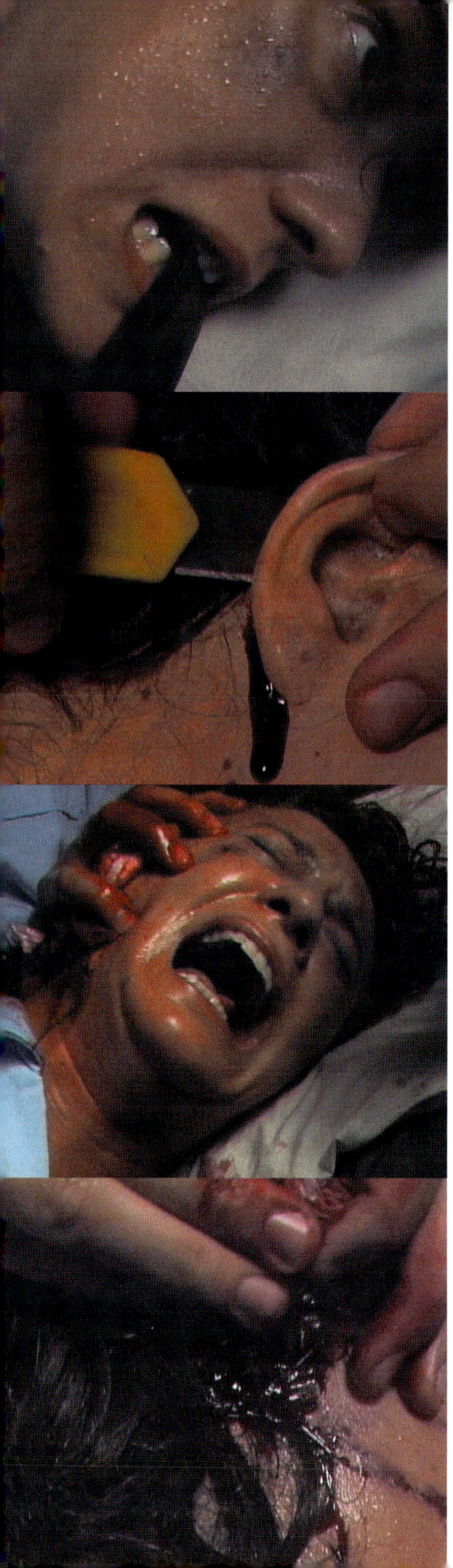

italienische Videokünstler Diego Perrone weiß mit den Klischees des Erzählkinos umzugehen. Sein Video »Angela & Alfonso« aus dem Jahre 2002 beginnt wie Oralsex im San Fernando Valley, kippt um in eine Mischung aus Horrorfilm und Krimi und endet in einem markerschütternden Schrei, in Großaufnahme gefilmt wie Sergej Eisensteins »Panzerkreuzer Potemkin«. In nur sechs Minuten zitiert der Mailänder gleichzeitig die widerlichsten – Porno und Snuff – und die wichtigsten Referenzen der Filmgeschichte, von Nagisa Oshimas »Im Reich der Sinne« über Tarantinos Fingerübung der Grausamkeit »Reservoir Dogs« bis zu Luis Buñuels »Ein andalusischer Hund«, und bleibt dennoch absolut glaubwürdig.

Die Handlung ist denkbar einfach: In »Angela & Alfonso« schneidet ein Mann seiner Freundin mit deren Einverständnis ein Ohr ab. Der Film wurde mit Berufsschauspielern und professionellen Spezialcffckten inszeniert. Gerade weil er sich nicht als Kino, sondern als Kunstwerk aufführt, wirkt er umso realistischer. Die scheinbar in Echtzeit ablaufende Handlung ist trotz oder wegen ihrer Einfachheit von fesselnder Glaubwürdigkeit, der Zuschauer ahnt das Schlimmste und wird dennoch von der schlichten Ungeheuerlichkeit einer Tat, die zugleich Gewalt- und Liebesakt ist, überrascht.

Auf einer nicht sofort ersichtlichen Metaebene spielt Perrone nicht nur mit Filmzitaten, sondern er führt einen Dialog mit jenem Hollywoodregisseur, der wie kein anderer Alltag und Genrekino, Fiktion und Realismus, Liebe und Gewalt in

David Lynch

Kunst zeigt, was Kino auslässt: In »Angela & Alfonso« wird abgeschnitten, was für »Blue Velvet« Tür in eine Welt der Gewalt ist .

Diego Perrone

ein einziges, künstliches und dennoch glaubwürdiges Reich der Bilder fließen lässt. Der Zuschauer kennt das Ohr, das im Jahre 2002 am Ende von »Angela & Alfonso« fein säuberlich abgeschnitten auf einer Papierserviette ruht: Genau sechzehn Jahre vorher lag es im Brachland einer amerikanischen Provinzstadt, in deren Villen sich hinter geschlossenen Vorhängen ebenfalls Ungeheuerliches abspielte. Und Bobby Vinton schmalzte dazu den Schlager »Blue Velvet«.

Niemand in Hollywood ist dem Fiktionsbegriff des linearen Erzählkinos gleichzeitig so treu und so untreu wie David Lynch. In seiner Fernsehserie »Twin Peaks« lässt Lynch die 17jährige Laura Palmer verschwinden und treibt die Hypothesen der Aufklärung in eine Monate währende Spirale des Absurden, die durch den anschließend gedrehten Kinofilm »Twin Peaks – Fire Walk With Me« von 1992 noch vertieft wird. In »Mulholland Drive« erzählt er neun Jahre später die Geschichte eines Mordes auf mehreren Handlungsebenen, die jedoch nicht wie bei Tarantino zeitlich versetzt sind, sondern die einander widersprechen, sich gegenseitig auflösen. Bis zur letzten logischen Instanz: Es war alles nur ein Tagtraum, der nicht Wochen und nicht Stunden, sondern einen Wimpernschlag dauerte.

Im Gegensatz zum Dramaturgen Tarantino ist Lynch ein Manierist des Bildes; er beschränkt sich nicht auf narrative Verstöße, sondern unterstützt diese durch visuelle Störfaktoren, die keine Tricks oder Special Effects sind, sondern suggestive Einladungen in seelische Abgründe. Lynch hält die Illusion des Kinos aufrecht, indem er sie unterläuft; das Reich des Wirklichen wird ausgeweitet in ein Reich des Möglichen. Ein altgedientes Verfahren, das schon Filmklassiker von Luis Buñuel bis Alfred Hitchcock der Kunst abschauten, das aber durch Lynch, der gleichzeitig Maler und Filmregisseur ist, wieder aktuell geworden ist.

Obwohl David Lynch in »Mulholland Drive« den klassischen Regeln von Ermittlung und Aufklärung folgt, kann man den Film auch ganz anders verstehen. Dieser Film ist wie dafür gemacht, zuhause angeschaut zu werden, wo man zurückspulen und sich bestimmte Szenen ein zweites Mal ansehen kann. Als würde man ihn physisch besitzen, ihn vor sich ausbreiten können. Die Handlung wird in kleine Erzählblöcke zerschlagen, welche übereinander, und nicht nacheinander, geschichtet werden. So zerschlägt Lynch die Linearität der Handlung.

Pierre Huyghe

Blickfang

Südkalifornien, Spätsommer 2002. Im Garten seines von Lloyd Wright, dem Sohn von Frank Lloyd Wright, entworfenen Hauses sitzt Lynch an der Staffelei und malt. Lynch denkt malend, die Staffelei ist sein Meditationsraum, in dem er gleichzeitig in Bildern schwelgt und diese zu Geschichten verdichtet. Fast immer wachsen seine Drehbücher aus Bildideen, visuellen Artefakten, die das Normale durchbrechen und den Blick in neue Dimensionen leiten. Das gilt für Malerei wie Film: Er schafft eine glatte, elegante Oberfläche, deren narrative Gegenständlichkeit erhalten bleibt, während die Fläche durch Öffnungen, Erhöhungen, Fremdmaterialien zerstört wird.

Lynch malt, ehe er seinen ersten Film dreht. Zwei Jahre lang besucht er eine Kunsthochschule in Salzburg, empfindet das Ambiente der dortigen Folklore aber als zu proper. Verständlich. Die Inspiration kommt, als er nach Philadelphia umzieht, einer Ostküstenstadt mit klassizistischen Museen, gefüllt mit von Frühkapitalisten gestifteten Kunstsammlungen. Unter anderem gibt es dort die vielleicht beste Duchamp-Sammlung der Welt. Mitten im gepflegten Philadelphia liegen aber auch düstere, von Industriearchitektur geprägte Arbeiterviertel mit Halbwelt und Schmutzkneipen. Hier lernt Lynch, seine Visionen zu visualisieren. Damals fürchtet er, mit Kunst seinen Lebensunterhalt nicht verdienen zu können, und besucht zusätzlich Filmklassen. Heute hat er es mit seiner Malerei in renommierte Galerien wie Leo Castelli geschafft – und mit seinen Filmen nicht immer Geld verdient. Sein Flop »Dune« nach dem Roman von Frank Herbert hätte um ein Haar selbst Produzenten wie De Laurentiis und seine Tochter in die Knie gezwungen.

Auf der Filmschule trifft Lynch Frederick Elmes, der sein erster – und bis heute wichtigster – Kameramann wird. Frederick Elmes bringt von seiner Arbeit mit John Cassavetes die Kenntnisse und Erfahrung mit, die Lynch fehlen. Dank seiner Hilfe dreht der Neuling 1976 ohne irgendwelches Wissen um Filmtechnik mit »Eraserhead« einen visuell atemberaubenden Film, der heute Kult ist. »Eraserhead« verzichtet auf jede Form psychologisierenden Dialogs und spricht fast ausschließlich in schwarzweißen Bildern,

David Lynch
Ein Bild steckt im nächsten, die folgende Geschichte in der vorherigen: Laura Elena Harring in »Mulholland Drive«.

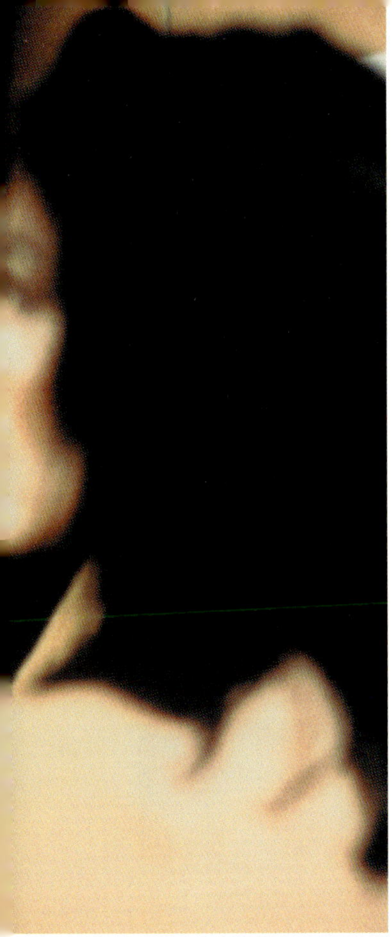

die eine surreale Welt industrieller Hinterhöfe beschwören. In dieser Welt der Maschinenalpträume werden ein Mann und seine Freundin wider Willen Eltern eines Monsters. Schon hier gilt, was später in »Wild at Heart« oder »Mulholland Drive« ausgeführt wird, Lynch setzt am Anfang jedes Films das logische Denken des Protagonisten, und des Zuschauers, außer Kraft. Wenn aber die Vernunft im Koma liegt, dann gilt, was zweihundert Jahre vorher schon Goya wusste: »Der Traum der Vernunft gebiert Monster«.

In »Mulholland Drive« oder »Blue Velvet« legt Lynch sorgfältig Spuren aus, deren Handlungsfäden er anschließend ebenso sorgfältig vernachlässigt. Bis sie am Schluss, am Rande oder außerhalb der Logik, beiläufig wieder auftauchen. Der Besitzer des abgeschnittenen Ohrs aus »Blue Velvet« wird im Film keine wichtige Rolle spielen, er glänzt durch Abwesenheit. Bis zum Finale. Dann ist er tot. Lynch sagt, das Ohr sei die eigentliche Grundidee zu dem Film gewesen. Es solle wirken wie »eine Tür zu einer anderen, geheimnisvollen, gewalttätigen Welt«. Ohr und Ameisen erinnern an »Un chien andalou« (»Der andalusische Hund«) von Salvador Dalí und Luis Buñuel, wo aus einem Loch in der Handfläche der Hauptperson Ameisen krabbeln; ein Symbol für das Andere, Unkontrollierbare, das bei Dalí und auch bei Lynch gleichzusetzen ist mit dem Erwachen der Sexualität, des Verlangens, und damit der Gewalt.

Doch erinnert das abgeschnittene Ohr auch an reale Fälle der amerikanischen Kriminalgeschichte: Etwa an einen verstümmelten Frauentorso, der kurz nach dem Zweiten Weltkrieg in einem Vorgarten in Los Angeles gefunden wird. Ein bis heute ungeklärter Fall von Prostituiertenmord. Oder an die Entführung des Getty-Erben, John Paul Getty III. Dessen Ohr wird an den milliardenschweren Großvater geschickt, um der Forderung nach Lösegeld Nachdruck zu verleihen.

Lynch hat den »Andalusischen Hund« natürlich gesehen. Er kennt und schätzt Dalí und vor allem auch Magritte, hinter dessen perfekt gemalter Oberfläche bürgerlichen Alltags sich dunkle Bildwelten auftun. »Amerikanischen Surrealismus« nennt der Schauspieler – und Künstler – Dennis Hopper Lynchs Universum. Hopper spielt in »Blue Velvet« das Monster Frank Booth, eine alle Vorgänger übertreffende Inkarnation libidinöser Gewalt. US-Surrealismus hat es in der Malerei nie gegeben; alle surrealistischen Einflüsse wurden in eine amerikanische Bildsprache umgesetzt, von Edward Hopper über Jackson Pollock bis Robert Rauschenberg. Deshalb ist Hoppers Einschätzung von Lynchs Universum für Kino, diese ureigene nordamerikanische Kunstform, absolut zutreffend.

»Blue Velvet« beginnt mit Bildern, die von einem zeitgenössischen Magritte stammen könnten: der Himmel zu blau, das Feuerwehrauto zu rot, die Blumen zu blühend, um echt

Martin Scorsese
Prototyp explosiver Kinogewalt und Vorbild für die Kunst: Robert De Niro als »Taxi Driver« Travis Bickle

zu sein. Lynch zitiert die Gesetze des Genres, jedes vorhersehbare Unglück tritt ein, doch setzt er dem konventionellen Spannungsaufbau des Krimis durch surreale Einfälle zu, ohne ihn jemals zu unterbrechen: so zum Beispiel durch eine Eingangssequenz, die von der Idylle rasensprengender Bürgerlichkeit in die von Tod und Verwesung beherrschten Regionen unterhalb des sauber gemähten Vorgartens führt, wo Insekten sich über einen nicht erkennbaren Kadaver hermachen.

Danach gibt es Dean Stockwells gespenstisches Karaoke auf das zweite musikalische Leitmotiv des Films, den Song »In Dreams« von Roy Orbinson. Zum ersten Mal wird auf die Möglichkeit verwiesen, die ganze Geschichte könne nur ein Tagtraum sein. Surrealistisch auch Dennis Hoppers exstatische Art des Luftschnappens mit persönlicher Gasmaske; oder Kyle MacLachlans lächerliche Position im Kleiderschrank, die ihn zum hilflosen Voyeur und das Publikum zum im doppelten Sinne pervertierten Por-

Jeder Film von David Lynch besitzt seine eigene Organisation von Fiktion. Eine Form von Dramaturgie, die sich nicht mehr an die dramatische Linearität hält, jene aus dem 19. Jahrhundert stammende Tradition mit zentraler Hauptperson, auf die alle optischen und dramatischen Perspektiven zugeschnitten sind und auf die der Zuschauer seine Identifikation projiziert. In Lynchs Filmen funktioniert die Organisation der Fiktion wie eine Installation, wie ein Aufbau, wie eine Promenade, ein Spaziergang durch den Saal eines filmischen Museums, in welchem gleichzeitig und nebeneinander mehrere ausformulierte und dennoch völlig verschiedene Handlungsvorschläge angeboten werden.
Dominique Païni

nographen macht. Der Blick des Zuschauers kann nicht genießerisch, angeekelt und mitfühlend zugleich auf einer Vergewaltigung ruhen, wenn ihm die eigene Perspektive dramaturgisch vorgehalten wird. Die Position des Publikums wird ebenso ambivalent wie die des von Isabella Rosselini gespielten Opfers Dorothy.

Mit dem Blick des Zuschauers spielt auch Douglas Gordons Installation »Through a looking glass« von 1999. Auf zwei Wänden ist die 71 Sekunden währende Doppelschleife einer berühmten Szene aus Martin Scorseses Klassiker »Taxi Driver« zu sehen. Taxifahrer Travis Bickle, gespielt von Robert De Niro, ist vom Abschaum der Großstadt, den er Tag für Tag und Nacht für Nacht durch New York karrt, so angewidert, dass er sich selbst zum Saubermann erklärt. Um eine minderjährige Prostituierte, gespielt von Jodie Foster, aus den Klauen ihres Zuhälters zu befreien, baut sich der Vietnamveteran Travis eine raffinierte Armschiene, mit deren Hilfe er im Bruchteil einer Sekunde seine Waffe schussbereit hat. Vor dem Spiegel übt er nicht nur das Ziehen des Revolvers, sondern auch den passenden Gesichtsausdruck. Er probt die Situation, die ihn vom feigen Zeugen in einen Helden verwandeln soll und als Vorwand zu einer Orgie der Gewalt dienen wird. »Are you talking to me?« fragt er sein Spiegelbild. Willst du was von mir?

Gordons »looking glass«, übersetzbar als Spiegel oder Lupe, ist eine Maschine des Blickfangs. Betritt der Betrachter die Rauminstallation, schaut er Travis an, der sich wiederum selbst im Spiegel betrachtet und durch den Spiegel Kontakt zum Betrachter findet. Bereits auf der Kinoleinwand sorgt der Spiegel dafür, dass der Zuschauer sich seiner Position bewusst wird. Im Museum fühlt er sich regelrecht als Störenfried. Das Publikum, das zuvor ins Schlafzimmer von Travis spinkste, ist jetzt physischer Eindringling in eben diese Intimsphäre und provoziert eine aggressive Reaktion, die sich nicht auf das herausgebellte »Was willst du von mir?« beschränkt, sondern im Griff zum Revolver kulminiert.

Gordons Installation ist ein Beispiel dafür, wie die Gegenwartskunst Hollywood nicht nur zitiert, sondern einen klassischen Mechanismus des Erzählkinos dank Wiederholung und leichter Zeitversetzung zugleich deutlich macht und weiterführt. Im Falle von »Through a looking glass« geht es um ein Spiel mit dem Blick des Zuschauers, der die Rolle des passiv im Kinosessel sitzenden Voyeurs aufgibt und zum real in den Raum der Fiktion einbrechenden Mitspieler wird. Die klassische Versuchsanordnung der Black Box ist aufgehoben, die Leinwand wird Mauer, verdoppelt sich, wird Räumlichkeit. Der Raum der Fiktion ist nicht mehr zwei-, sondern dreidimensional; das Publikum begibt sich spazierend auf die Reise in die Traumzeit dessen, was einmal Kino war.

Douglas Gordon »Through a looking glass«

KAPITEL 2
MULTIPLE PERSÖNLICHKEITEN

Popstars

Andy Warhols Film »Chelsea Girls« ist 1966 eine der ersten Doppelprojektionen der Filmgeschichte. Drei Stunden und fünfzehn Minuten – und länger, je nach Kopie – tummeln sich Mary Might, International Velvet, Marie Menken, Ondine, Nico oder der Transvestit Mario Montez mit Warhols damaligem Lieblingsschauspieler Gerard Malanga. Ihre Monologe werden zum dramatischen Seelenstriptease, Dokumentarisches wechselt ab mit halb improvisierten Spielszenen, deren überraschender Ausgang auch schon mal zu Sendepausen führt, in denen die Leinwand leer bleibt.

Manhattans Stadtteil Chelsea ist damals Treffpunkt der New Yorker Bohème. Die Dichter der Beat Generation leben und trinken dort. Im Chelsea Hotel logieren Maler, Dichter, Musiker. William Burroughs erlegt im Drogenwahn bei einem missglückten Remake von Wilhelm Tells Apfelschuss seine Ehefrau; William Eggleston, der Pionier moderner Farbfotografie, macht dem Fotomodell Viva, noch einem Superstar Warhols, den Hof. Eine ruhmreiche Epoche, die das Regiedebüt »Chelsea Walls« des amerikanischen Schauspielers Ethan Hawke in fünf Einzelgeschichten ausbreitet, die 2002 nach Dogma-Prinzip, also ohne digitale Nachbearbeitung, Liebe, Leid, Exzess und Tod im Chelsea Hotel erzählen. Vincent d'Onofrio, Kris Kristofferson, Natasha Richardson sowie – natürlich – Hawkes Ehefrau Uma Thurman spielen fiktive, den historischen Personen nur ähnelnde Künstler, Dichter und Musiker der Goldenen Jahre.

Heute ist das nördliche Chelsea von der 18. bis zur 25. Straße dank des Massenexodus der Galerien aus Soho zum neuen Mekka der New Yorker Kunstszene gehypt; das südliche Chelsea bis hin zum Greenwich Village hat sich dagegen seine Authentizität zumindest teilweise bewahren können. Noch leisten Kleinbetriebe, Speditionen, Werkstät-

Matthew Barney
Tanz der Puppen: Masken von Schminke, bewegte Objekte und Fantasiekostüme ersetzen Handlung und Psychologie im »Cremaster«-Zyklus.

ten der sich ausbreitenden Kunstszene und ihren Mitläufern aus Mode und Gastronomie Widerstand. In einer Fabriketage des Fleischmarktviertels, wo Rinder zu Hunderten geliefert und umgepackt werden, unterhält in der 13. Straße der filmende Künstler Matthew Barney sein Atelier. Der Begriff Atelier ist eher ungenügend, denn Barneys Studio gleicht einem mittelständischen Handwerksbetrieb: Bis zu einem Dutzend Spezialisten und Assistenten entwerfen, schreinern, bauen und packen hier Objekte, die Filmsets, aber auch Museen in der ganzen Welt bespielen sollen.

Barney wurde 1967 in San Francisco geboren und wuchs – als Sohn von für die Epoche typischen Aussteigereltern – in Idaho auf. Sein Traum einer Karriere als Footballspieler scheitert, da er für die Collegeliga zu kurz geraten ist. Er studiert zwei Semester Medizin, wechselt dann an die Kunsthochschule im noblen Yale und führt dort sein Studium von Sport und Anatomie künstlerisch fort. Anschließend nimmt er die New Yorker Kunstszene im Sturm: Mit 25 ist er bereits Documenta-Teilnehmer, dann folgt die Biennale in Venedig. Zehn Jahre und fünf aufwendige Spielfilme später wandert ab Sommer 2002 eine große Retrospektive durch Museen in Köln, Paris und New York.

Seit den ersten Performances und Videos, in denen ein halbnackter Barney durch Galerien, Entlüftungsschächte und Treppenhäuser klettert, durchgeistern immer gleiche

Leitmotive sein Werk: Virilität, Männersport, Fortpflanzung, Biomechanik. Das Gummiglied eines Riesen wird von Banderolen schleppenden Friedenstauben auf Erektionshöhe gehievt; ein Massenmörder reitet beim Rodeo auf wildgewordenen Stieren; eine Truppe von Revuegirls tanzt in Eierstockformation über ein Footballfeld; ein Freimaurer bekommt ein Gebiss aus Autoblech eingesetzt und scheidet seine echten Zähne auf dem Darmweg aus.

Matthew Barney
Der Künstler und sein Double: Im »Cremaster 3« findet Barney in der beinamputierten Athletin Aimee Mullins sein weibliches Alter Ego.

Immer entstehen ein Überschuss von Körperkult und ein Defizit an psychischer Ausgeglichenheit, die in einem Netzwerk von Prothesen, Masken, Verkleidungen entwickelt werden. Eine sehr amerikanische Welt von Sexual- bis Tötungstrieb. Barneys Universum ähnelt in seiner übertriebenen Üppigkeit manchen Hollywood-Produktionen, in denen dank eines komplexen Fundaments an Zitaten aus der Filmgeschichte eine dramaturgisch simpel gestrickte, aber visuell überschäumende Welt jenseits des guten oder schlechten Geschmacks entsteht. Kriterien wie Kitsch oder Kunst greifen hier nicht mehr. Man kann sie langweilig, pathetisch, simpel schimpfen, oder sie einfach mögen: Eindeutig greifende Werturteilskriterien müssen erst formuliert werden, und auch das ist schon ein Zeichen von Qualität.

Bereits in seinem ersten Film »Cremaster 4« räumt Barney 1994 gründlich mit den Regeln herkömmlicher Kunstproduktion auf. Gedreht auf der Isle of Man, einem winzigen, aber wegen seines Motorradrennens legendären Brocken Felsgestein vor Großbritannien, ist der Film ein viel Geld verschlingendes UFO, halb Sportclip, halb Märchen, das den Kunstbetrieb ob seines frechen Selbstbewusstseins nachhaltig erschüttert, bei Filmexperten aber wegen seiner technischen Schwächen, vor allem im Schnitt, nur ein Achselzucken hervorruft. Ähnlich wie Jeff Koons in den achtziger Jahren will Barney in den Neunzigern Amerika auf den künstlerischen Nenner bringen und versucht sich an Projekten demonstrativen Größenwahns. Koons liebt die Massenmedien, mimt den Fernsehprediger in Sachen Kunst und zeugt ein Kind mit Pornostar Cicciolina. Barney dagegen pflegt seine Schüchternheit, meidet das Rampenlicht, und zeugt, zehn Jahre später als Koons, ein Kind mit dem Kult- und Popstar Björk.

Wo Koons Methoden und Sprache der Werbung plündert, zitiert Barney eher Kino- als Kunstgeschichte. Im Gegensatz zu Koons – dessen Filmprojekt »Made in

Das »Cremaster«-Projekt ist eine Weiterentwicklung meiner Performance, in deren Mittelpunkt der Körper stand, oder besser gesagt Athletik als Versachlichung und Kult des Körpers. Objektbeziehungen und physische Aktionen sind das Herz der Geschichten von »Cremaster«. Ich wollte erst fünf Monokanalvideos drehen, mit Anfang und Ende, die der Zuschauer wie im Filmtheater sitzend erleben sollte. Ausgangspunkt dafür waren meine frühen Videos, die als Schleifen liefen in Mehrkanalinstallationen, mit zwei Monitoren. Ich hatte also nie vor, Kinofilme zu machen, da ich mit Dialogen nicht umgehen kann. Das entspricht nicht meinem Naturell.
Matthew Barney

Heaven« über das Plakat nie herauskam – vollendet er jedoch sein Werk. Außerdem scheinen ihm die Obsessionen – und Erfolge – nicht zu Kopf gestiegen zu sein. Matthew Barney spielt zurzeit in einer Klasse für sich, was Ehrgeiz, Kosten, aber auch Qualität seiner Filme betrifft. Koons dagegen ist trotz großer bunter Bilder – angeblich geprägt von der Welt des Kindes – in den Untiefen der Beliebigkeit versunken.

Barneys inzwischen vollendete fünfteilige »Cremaster»-Serie wurde in der Reihenfolge »Cremaster 4«, dann 1, 5, 2, 3 gedreht. Der Name Cremaster spielt auf einen Hodenmuskel an, der für das temperaturbedingte Anheben und Absenken des Gemächtes zuständig ist. Das ist anatomisch eine eher unbedeutende Funktion, existenziell aber von Bedeutung, und die Protagonisten der Filme sind folgerichtig allesamt Männerfiguren, die sich an der Nebensächlichkeit der eigenen Männlichkeit verhoben haben: der Rennfahrer, der Serienkiller, der Rodeocowboy, der Riese, der Freimaurer, der frenetisch durch die Rotunde des Guggenheim-Museums kletternde Akrobat. Sie alle werden von Barney selbst gespielt, dem modernen Houdini, der Entfesselungs-, Verkleidungs- und Popkünstler zugleich ist. Ihm gegenüber steht als Gegengewicht in jedem Film eine kulturelle Ikone, etwa das Bond-Girl Ursula Andress, der Schriftsteller Norman Mailer oder der Bildhauer Richard Serra.

Ob ein Film anderthalb oder vier Millionen Dollar kostet, mag die Spekulanten des Kunstmarkts interessieren; für die Kunst selbst ist viel wichtiger, dass der – übrigens auf Video drehende – Filmemacher Barney immer auch Bildhauer ist und diesen uralten Begriff des Bild-Hauers in ein völlig neues Gebiet transportiert, das sowohl handwerkliche wie virtuelle Bilder, Objekte und Geschichten umfasst. In seinen Ausstellungen laufen Barneys Filme auf Videobildschirmen inmitten dreidimensionaler Environments, die Weiterentwicklungen des szenischen Dekors seiner Filme sind. Standfotos, Kostüme, selbst entworfene Accessoirs sind künstlerische, aber auch kommerzielle Nebenprodukte für Sammler, die nicht nur einen Barney für den Videoplayer, sondern auch einen für die Wohnzimmerwand haben wollen. Für den Künstler mögen solche Derivate den fertigen Filmen ebenbürtige Kunstwerke sein, im Ausstellungskontext wirken sie manchmal wie Strandgut surrealer Plastikmärchen, ihrer eigentlichen Funktion als filmisches Accessoir amputiert. Der Tresen aus der Bar ›Sky Club‹ im »Cremaster 3« etwa wurde von

Barneys Dekorateur im Stil irischer Pubs gestaltet; hinter ihm agiert ein Barmann, der an Fäden läuft, wie eine angestellte Marionette. Nach Fertigstellung des Films wurde der Tresen für Ausstellungen noch einmal geschreinert, deutlich größer und mit einer dicken Schicht Plastilin über dem Nussbaum: Das Objekt steht auf Kartoffelscheiben und wirkt wie ein organisches Derivat, einer Klinik des Paradoxon entsprungen.

Im Zentrum der »Cremaster»-Serie steht jeweils ein Ort: Die Isle of Man, ein Football-Feld, die Dampfbäder von Budapest, ein Rodeostadion, schließlich das Chrysler Building. Jeder Ort ist Topos und damit die eigentliche Hauptfigur des jeweiligen Films. Hinzu kommen Skulpturen nicht einfach als Bildelemente, die passiv die Aktion möblieren, sondern als Erzähler: Die Rhetorik ist eine bildliche. Um die Objekte herum wird die Handlung aufgebaut, erst ganz zum Schluss entwickelt Barney die Figuren, die seine Geschichten fast wortlos bevölkern. »Mit Dialog kann ich nicht umgehen«, sagt der auch im Alltag sprachfaule Künstler. Er braucht auch keine großen Worte, denn seine Filme sind nicht psychologisch; es gibt nur Bilder und Handlung, die Motive für Aktionen bleiben sämtlich offen. Die Personen sind Rollen, sie agieren wie Marionetten der Sinnlosigkeit, mit Ausnahme vielleicht der Figur Houdinis, eine Art Alter Ego von Barney oder des Architekten des Chrysler Buildings, den in »Cremaster 3« Richard Serra mit der Determiniertheit eines Künstlers mimt, der mit Corten-Stahl Mikado zu spielen weiß.

Barneys frühe Arbeiten waren in Mehrkanalverfahren und Schleife projizierte Videos. Anstelle der durch den Loop ins Unendliche wiederholten Zeit bildhauern seine Spielfilme diese Zeit, formen sie, dehnen, straffen, kürzen, wiederholen dort, wo Hollywood Rasanz vorziehen würde. Im Gebrauch der Zeit liegt der Hauptunterschied zwischen Barneys Filmen und dem kommerziellen Erzählkino, dessen Helden sich ja schließlich auch meist wie Marionetten ohne psychologische Tiefe verhalten, Hampelmänner am Strang der Drehbuchschreiber.

Technisch braucht vor allem der letzte »Cremaster 3«, dessen Kamerafahrten und Schnittrhythmus perfekt sind, im Gegensatz zur früheren Unbeholfenheiten keinen Vergleich mehr mit Hollywood zu scheuen. Barneys Stärke liegt darin, sich die Filmgeschichte zu Eigen gemacht und mit neuem Inhalt gefüllt zu haben. Er bedient sich Hollywoods Alphabets, vom Stummfilm bis zum Actionreißer, und formuliert es um zu sehr persönlichen, der Grammatik des Erzählkinos nur noch bedingt gehorchenden Sätzen. Das Ergebnis ist eine neue, in Kunst und Kino bisher ungesehene Filmsprache. Die auf der Kinoleinwand verständlich wird, aber in der Kunstgeschichte ihre Wurzeln – und ihre Zukunft – hat.

Matthew Barney
Im Museum werden Szenenbilder zu Installationen, und die Objekte, Barneys wichtigste Protagonisten, mutieren zu verkäuflichen Skulpturen.

Der amerikanische Freund

Barney geht einen Weg jenseits der Trennung von Kunst und Kino. Das ist die Ausnahme. Der Filmemacher Wim Wenders trennt beides. Seine Filme laufen im Kino, seine Fotos, stilisierte Ansichten amerikanischer Landschaften, zeigt er im Museum. Vor dem Besuch der Münchner Filmhochschule und nach abgebrochenen Studien der Medizin und der Philosophie versucht sich Wenders, 1945 als Arztsohn in Düsseldorf geboren, einige Zeit lang in der Malerei. Unter anderem kommt er 1966 nach Paris, um am Montmartre im Atelier von Johnny Friedlander Grafik zu studieren; dabei entdeckt er wie nebenbei die Pariser Cinémathèque von Henri Langlois und Mary Meerson. Obwohl Wenders – im Unterschied zu Kollegen wie Akira Kurosawa oder David Lynch – das Malen schnell wieder aufgibt, benutzt er in seinen Filmen fortwährend Beispiele aus der Bildenden Kunst, um seine Philosophie des Bildes deutlich zu machen.

In der Anfangssequenz von »Der amerikanische Freund« besucht der Gauner Ripley den vom Kunstbetrieb totgeglaubten Maler Derwatt in dessen Atelier an Manhattans East Side, um ein weiteres angeblich posthumes Bild zu bestellen. Schon geht es um Leitmotive des Mythos Kunst, nämlich Geld, Ruhm, Tod und die Farbe von Tod und Ewigkeit: Blau. Derwatt wird gespielt von Nicholas Ray, Regisseur von Klassikern wie »Johnny Guitar« und »They live by Night«, der im Alter in Vergessenheit geriet. Derwatt alias Ray ist auf einem Auge blind, wie nicht wenige große Hollywoodregisseure. Sein Freund Ripley, gespielt von Dennis Hopper, pflegt sich mit der Polaroidkamera selbst zu fotografieren; eine Anspielung auf Hoppers Karriere als Fotograf.

Als der Jungstar Hopper nach dem Tod seines besten Freundes James Dean mit Altmeister Henry Hathaway Streit anfängt und wegen seines angeblich unberechenbaren Temperaments keine Rollen mehr bekommt, wird er zu einem der wichtigsten Porträtisten der frühen sechziger Jahre. Vor allem seine Fotos von den Pop Malern Warhol, Lichtenstein, Hockney, Rauschenberg gehen in die Kunstgeschichte ein. Folglich vertauscht der ehemalige Kunststudent Hollywood mit New Yorks Kunstszene; er fotografiert, malt und collagiert. Als Schauspieler ist er im allerersten Film Andy Warhols »Tarzan and Jane regained ... sort of« zu sehen, der 1963 noch vor »Sleep« gedreht wird. Zu den Dreharbeiten mit Wenders in Hamburg und New York reist Hopper 1976 im Direktflug von den Philippinen an, wo er für Francis Ford Coppola ebenfalls einen Fotografen spielt, der in »Apocalypse Now« den Größenwahn des Hohepriesters Colonel Kurtz alias Marlon Brando verewigen will.

Wim Wenders
Eingerahmt von Schicksal und Bildausschnitt: Bruno Ganz als Jonathan in »Der Amerikanische Freund«.

Fotografie, Bildmaschinen, visuelle Mechanik, vor allem aber Malerei als älteste Schule des Sehens sind Leitmotive bei Wenders. Am Anfang von »Paris, Texas« kehrt Harry Dean Stanton ermattet aus der Wüste zurück und bricht am ersten Wasserhahn der Zivilisation zusammen. Die Polizei benachrichtigt per Telefon seinen Bruder, gespielt von Dean Stockwell, der besagten Telefonanruf vor einem Hochhaus unter einem tiefblauen Himmel entgegennimmt. Erst als Stockwell einige Schritte zur Seite geht, erkennt der Zuschauer, dass das Hochhaus nur ein Billboard ist, eine Reklamewand – ein klassischer Effekt des Trompe-l'œil, das durch hyperrealistische Malerei die Wirklichkeit vortäuschen will. Nicht nur das Szenenbild eines Films, das gesamte Erzählkino ist Trompe-l'œil. Ähnlich wie nach ihm David Lynch und Matthew Barney entlarvt Wenders das Simulacrum des Kinos, aber er zerstört es nicht.

Will man die Illusion bewahren, muss man die Wirklichkeit aussparen. Jonathan Zimmermann baut Rahmen für Gemälde und Grafiken. In »Der amerikanische Freund« sieht man ihn zweimal bei der Arbeit in seiner Werkstatt, und beide Male ist Jonathan, gespielt von Bruno Ganz, so gefilmt, dass der halbfertige Rahmen die Person umgibt und diese zum Bild im Bild wird. Jonathan wirkt, als habe er den Kopf im Rahmen, sprich in der Schlinge, was auch stimmt, denn erstens leidet er unter Blutkrebs und zweitens wird er Opfer eines durchtriebenen Komplotts der Gangster Ripley (Dennis Hopper) und Duplat (Gérard Blain) werden. Aber Wenders geht es in beiden Einstellungen nicht nur um Handlungssymbolik – es geht um die Metapher des Rahmens als wichtigste Vorgabe beim Erfinden eines Bildes im Kino wie in der Kunst.

In der deutschen Filmsprache wird der französische Cadre und der englische Frame mit ›Bildausschnitt‹ nur unzureichend übersetzt. Der Cadreur, zu Deutsch Schwenker, ist der Techniker, der die Kamera führt und so den Bildausschnitt definiert, vor allem während komplizierter Fahrten. Er ist verantwortlich für das Isolieren des Bildausschnitts aus einem Ganzen, nämlich aus der im Studio nachgestellten Realität, aber auch für den Bildaufbau; Aufnahme oder Ausschluss von Details aus der gerahmten – oder cadrierten – Einstellung entscheiden über ihre Aussagekraft.

Der Rahmen hält das Bild zusammen. Und dieses ist im Kino wie in der gegenständlichen Malerei eine Abbildung von Wirklichkeit. Abstrakte Gemälde sind nur selten gerahmt, es sei denn, ihr inhaltsleerer und sich von der konventionellen Kunst abhebender Aufbau soll besonders hervorgehoben werden, wie das etwa bei Malewitsch oder Kandinsky der Fall ist. Vor Erfindung der abstrakten Malerei wurden Tafelbilder grundsätzlich gerahmt, weil so paradoxerweise die Illusion, sprich der zentralperspektivische Aufbau, betont wurde. Rahmen und Realismus sind untrennbar miteinander verbunden.

Im Dokumentarfilm »A day on the Grand Canal with the Emperor of China« von Philip Haas erklärt der Maler David Hockney, wie die Malerei in der Renaissance die Zentralperspektive erfand. Hockney rahmt seine flächig gehaltenen Bilder grundsätzlich nicht. Für ihn ist die Zentralperspektive eine Nebenerscheinung der Entwicklung militärischer Messinstrumente, die der Artillerie das Treffen erleichtern sollen. Leonardo, Kanonendonner und Kunstgeschichte als Vorläufer Hollywoods – ein schöner Gedanke. Vor Erfindung der zentralperspektivischen Malerei brauchen Bilder keinen Rahmen; sie spielen mit dem Raum, umfangen ihn, dringen in ihn ein wie die Flügeltüren mittelalterlicher Altäre in den Sakralraum. Oder sie verlängern die Illusion weit hinein in die Dimensionen Zeit und Raum. Wie jene Papyrusrolle chinesischer Malerei, welche Hockney für seine Demonstration benutzt und die einen Besuch des Kaisers von China an Pekings Kanal illustriert.

Pierre Huyghe
Der Künstler füllt die Lücke, die ein Kunstgriff des Kinos hinterließ, und demonstriert, was eine erzählerische Ellipse ist: »L'Ellipse« von 1998.

Welt im Rahmen

Die Abstraktion half, die Malerei vom Rahmen zu befreien. Ein Schritt, den weder Fotografie noch Kino bisher vollzogen haben. Die Dokumentarfotografie versucht seit fast dreißig Jahren, sich durch Vervielfältigung ins Serielle der Dominanz des Einzelbilds zu entziehen. Pioniere hierfür sind die Düsseldorfer Bernd und Hilla Becher mit ihren betont sachlichen, vor allem frühe Industriearchitektur frontal ablichtenden Serien. Filmischer arbeiten jüngere Fotografen wie Wolfgang Tillmans, für die nicht mehr nur das Einzelbild, sondern auch die Hängung ausschlaggebend ist. Tillmans Fotos von unterschiedlichen Motiven werden neben-, über- und durcheinander an die Museums- oder Galeriewand gepinnt. So kommt es zu einer Art Montage, dem filmischen Schnitt entsprechend, die allerdings im räumlichen, nicht zeitlichen Rhythmus funktioniert. Anstelle eines präzise cadrierten Einzelbildes baut Tillmans rahmenlose Bildwände, die aus vielen, oft wiederum scheinbar zufällig cadrierten Einzelbildern bestehen. Ein Verfahren, das eine für die Gegenwartskunst sehr wichtige Beobachtung des italienischen Malers und Bildhauers Jannis Kounellis bestätigt. Laut Kounellis erlaubt die Welt dem Künstler heute den großen Wurf nicht mehr; das heißt, dass es jenes reliquienhafte Kunstwerk, das Ausdruck einer einheitlichen, universell gültigen Vision ist, nicht mehr geben kann. Der Grund: Die Wirklichkeit ist zersplittert in Einzelteile, in Fragmente.

Der französische Künstler Pierre Huyghe hat die Zersplitterung von Wirklichkeit, Fiktion, Handlung, Echtzeit, Filmzeit in einer ebenso einfachen wie intelligenten Arbeit auf

mehreren gleichzeitig zu sehenden Leinwänden verbildlicht. Er bat den Schauspieler Bruno Ganz, die Szene des fatalen Telefonanrufs aus dem »Amerikanischen Freund« nachzuspielen. Und füllt 1998 die von Wenders absichtlich gelassene Lücke, in der Jonathan alias Ganz nach der telefonischen Mitteilung, seine Krankheit sei unheilbar, über die Szene zum Gangster Duplat läuft, in seiner dreizehnminütigen Installation »L'Ellipse«. Huyghe lässt Ganz sein Hochhaus verlassen und über die Metrobrücke auf das andere Seine-Ufer in das Haus des Gangsters gehen. Er verdeutlicht einen stilistischen Trick des Kinos, die Weglassung, wenn er das Loch der Ellipse mit der übergangenen Aktion füllt. Indem er anschließend die drei Einzelbilder abwechselnd auf eine zehn Meter breite Parabolleinwand und so die eigene Arbeit in Wenders Film integriert, restauriert er die Logik der Dimension Zeit.

Die Fraktur des Einzelbilds durch Abschaffung des Grenzen setzenden Rahmens will dem Kino bisher nicht gelingen. Ende der sechziger Jahre versucht Hollywood, durch das Verfahren der geteilten Leinwand, des Splitscreen, das Joch der Monokanalprojektion zu unterlaufen. Doch blieben die meisten Versuche – etwa bei »The Thomas Crown Affaire« (»Thomas Crown ist nicht zu fassen«) – auf Vorspann und einzelne Actionsequenzen beschränkt. Vor allem der Vorspann diente und dient seit dem Pionier Saul Bass als Teaser, als grafisches Experimentierfeld, das dem Zuschauer Versprechen macht, welche der Film nicht einlösen wird. Das beste Beispiel sind die Vorspänne der James-Bond-Filme.

Beim Splitting Image geht es Hollywood weniger um eine Befreiung von der Zentralperspektive als vielmehr um zusätzliche Action durch Parallelmontage. Auch das umgekehrte Prinzip, die Vervielfältigung des Einzelbildes durch Erweiterung der Leinwand, wird nicht weiterverfolgt: Das monumentale Epos »How the West was won« (»Das war der wilde Westen«) wird 1962 nicht nur mit einer Vielzahl von Stars, sondern auch mit gleichzeitig drei Kameras gedreht, die den Breitwandeffekt des Cinemascope vergrößern und Landschaftsbilder zu Panoramen machen. Ein Verfahren, das David Hockney Mitte der neunziger Jahre malerisch aufnimmt, als er in Gemälden vom Grand Canyon den Horizont gleich unter die obere Bildkante hebt und das Format extrem in die Breite zieht. In der Kunst funktioniert das konventionelle Rechteck des Gemäldes schon seit Jahrhun-

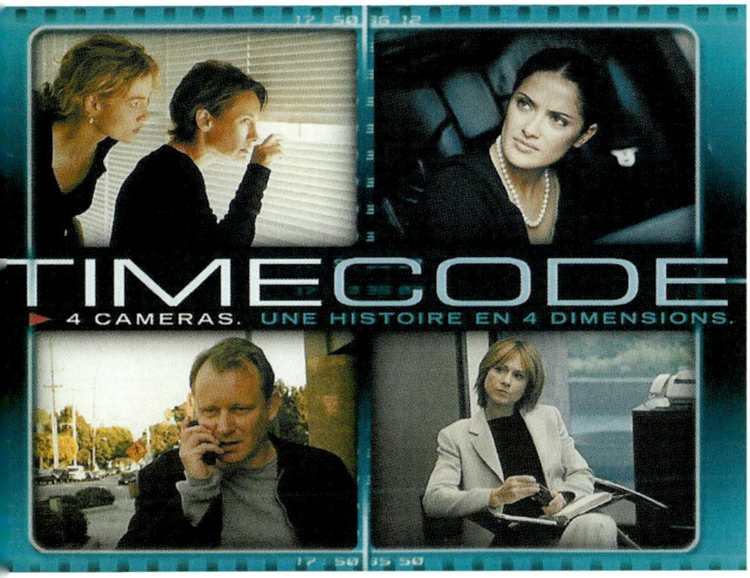

Mike Figgis

»Timecode«: Eine Geschichte in vier Dimensionen, erzählt in Echtzeit, gedreht wie eine musikalische Partitur.

derten in vielerlei Konstellationen, Kino dagegen muss das Auge des Publikums – und der Produzenten – erst an Experimente gewöhnen.

Dabei hat schon der französische Filmpionier Abel Gance 1927 seinen »Napoléon« durch zeitweiligen Einsatz mehrerer Leinwände in den Raum wachsen lassen, eine Frühform des Expanded Cinema, wie es heute Imax-Verfahren und 3D-Projektionen virtuell simulieren. Während diese Prozesse allesamt visuelle Ausweitungen, nicht konzeptuell begründete Abschaffungen des Rahmens sind, geht Hollywoodregisseur Mike Figgis 2000 einen Schritt weiter und zerlegt in »Timecode« die Leinwand in vier Einzelbilder, die über Spielfilmlänge auch die Handlung mit vier multiplizieren, also für eine Ausweitung des geographischen wie des dramatischen Raums sorgen. Vor allem aber spielen sie mit der Zeit: Durch die Gleichzeitigkeit von vier in einer einzigen Einstellung, ohne jeden Schnitt gedrehten Sequenzen erfindet Figgis dank des Splitscreen eine neue Art von Traumzeit, die der Echtzeit von Museumsinstallationen nahe kommt.

Der in Kalifornien arbeitende Brite Figgis liebt es, gegen formale und inhaltliche Tabus Hollywoods zu verstoßen. Im existenzialistischen Melodram »Leaving Las Vegas« forciert er eine pathetische Liebesgeschichte bis zum – herbeigesehnten – Tod des alkoholkranken Antihelden, gespielt von Nicholas Cage. Auch in »The Loss of Sexual Innocence« geht es 1999 um Selbsterfüllung und Todessehnsucht, erzählt am Beispiel zweier Zwillingsschwestern, die nichts voneinander wissen. Figgis »Timecode« ist nicht inhaltlich, sondern formal revolutionär, und bisher der mutigste Schritt Hollywoods, den formalen Grenzen des Films, immerhin einer Erfindung des vorletzten Jahrhunderts, zu entkommen. Entworfen wird das Projekt für ein Theater in London, bis der Studiochef von Sony darauf aufmerksam wird und Figgis freie Hand gibt. Einer jener seltenen Glücksfälle, die einen großen Film, aber auch einen scharfen Karriereknick im Leben eines Hollywood-Managers bedeuten können.

Vier Geschichten werden in »Timecode« erzählt, die nach und nach zusammen- und wieder auseinanderlaufen. Wie es sich für ein experimentelles Werk gehört, geht es einmal mehr ums Filmemachen: Alex, Gründer und Chef einer erfolgreichen Produktionsfirma, die alles dreht, was Geld verspricht, von Hip Hop und Soap bis Teenager Movies und Porno, versucht sich mit Alkohol, Drogen und Sex an der eigenen Langeweile vorbei zu

Mike Figgis

Vier Schicksale sprengen den Rahmen des Einzelbilds und werden in »Timecode« gleichzeitig erzählt.

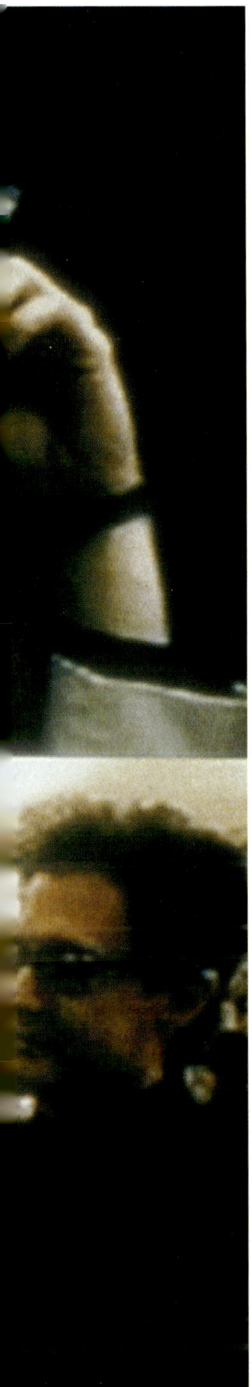

schummeln. Die scheiternde Beziehung mit seiner großen Liebe, ein hastiges Casting auf der Couch, theatralische Sitzungen mit New Age Stars: Erzählt wird in – gespielter – Echtzeit ein einziger Vormittag im Alltag eines lebensmüden Produzenten.

Laufen vier Aktionen mit bis zu fünfzehn Schauspielern gleichzeitig über die Leinwand, geht das leicht auf Kosten der psychologischen Tiefe. Auf die hat Figgis aber keinesfalls verzichten wollen; er lässt dank ihrer Spleens sympathische Individuen auftreten, die verzweifelt versuchen, sich im Hollywood des schnellen Dollars einen kleinen Platz zu sichern. Da ist der besagte Produzent Alex, der seiner Freundin vom Haus in der Toskana vorschwärmt und nicht ahnt, dass die Psychiaterin ihr gerade zum Bruch geraten hat. Eine schöne, sexuell in alle Richtungen offene Latina ist bereit, alles zu tun, um eine Rolle zu ergattern. Ihre reiche ältere Geliebte und Gönnerin wird aus Eifersucht zur Mörderin werden, eine romantische Kleindarstellerin beim Porno enden. Weiter tritt eine erfolgreiche Jungregisseurin auf, die zum Finale ein Gesamtkunstwerk verspricht, das gleichzeitig Gropius, Eisenstein, Leibniz, Tadeusz Kantor und Erwin Piscator vor Neid hätte erblassen lassen.

Schon die Aufreihung dieser in Hollywood gänzlich unbekannten Namen europäischer Hochkultur zeigt, wie spöttisch und doch liebevoll Mike Figgis das intellektuelle Milieu seiner Wahlheimat zu verulken weiß. Figgis ist eigentlich Jazztrompeter; seit seinem noch in England gedrehten, schwermütigen Erstling »Stormy Monday« – mit Sting in seiner bis heute besten Rolle – schreibt er seine Filmpartituren selbst. In »Timecode« mischt er jazzigen Groove mit melancholischen Streichern und zwei leitmotivisch eingesetzen Klassikern: Gustav Mahlers Adagietto und der bebenden Erde von Los Angeles. Beides sind Hommagen an Filmklassiker, von Lucchino Visconti und Robert Altman, gleichzeitig aber auch Zitate wie postmoderne Readymades, Artefakte der Filmgeschichte. Nur dass der Tod den todessüchtigen Kreativen Alex eben nicht im italienischen Venedig, sondern im kalifornischen Venice ereilen wird.

Figgis Film ist strukturiert wie eine Fünfsatzsinfonie. Er hat das Drehbuch in Form einer musikalischen Partitur verfasst und in vier exakt gleichlangen Sequenzen abgedreht – ein kalifornischer Reigen, der dank hervorragender Schauspieler wie Stellan Skarsgard, Salma Hayek, Saffron Burrows, Holly Hunter, Danny Huston, Kyle MacLachlan spannend bis zum Schluss ist. Auge und Ohr des Zuschauers sind permanent überfordert und werden dennoch nicht müde. Der Reigen könnte gern noch weitergehen, doch dazu hat Hollywood angesichts des finanziellen Misserfolgs von »Timecode« nicht den Mut. Und die Verleihfirmen in Deutschland, wo der Film nie zu sehen war, auch nicht.

Mehrkanal

Wozu das Kino sich nicht traut, das fällt der Kunst um so leichter. Zumindest manchmal. Künstler wie Sam Taylor-Wood, Eija-Liisa Ahtila oder Isaac Julien arbeiten ebenfalls mit einer Art Splitscreen, allerdings nicht durch Division, sondern Multiplikation. Sie erzählen nicht mehrere, sondern eine einzige Geschichte, diese aber simultan auf mehreren Videokanälen, ohne die narrative Illusion zu zerstören. In »Atlantic« zeigt die Britin Sam Taylor-Wood 1997 lakonisch und schweigsam eine beiläufige Szene – ein Paar beim Essen in einem gut besuchten Restaurant – aus drei zeitgleichen Perspektiven. Jede Kameraposition bringt eine Information, die zum Verständnis der Situation nötig ist. Doch erst die dritte Kamera, die das nervöse Spiel der Hände des Mannes aufnimmt, erklärt dem Zuschauer, dass das Paar eine Krise oder gar Trennung durchlebt.

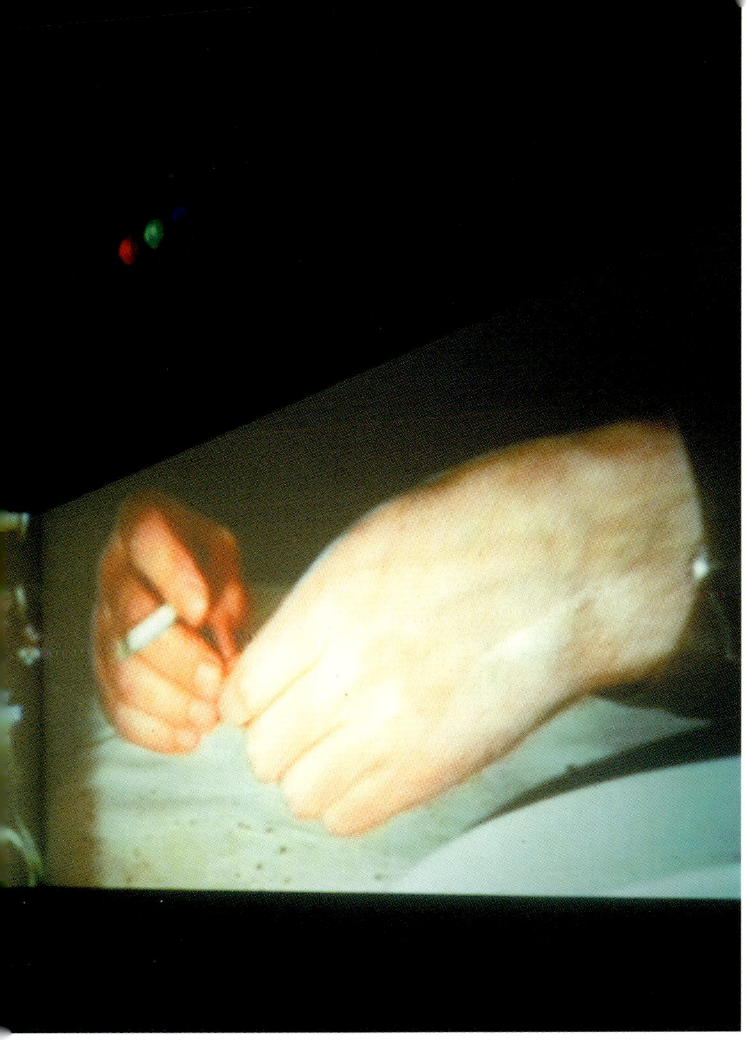

Sam Taylor-Wood

Durch Überdimensionierung des projizierten Bildes erhält in »Atlantic« das Individuum seine Anonymität zurück.

Taylor-Woods »Atlantic« wird auf drei Wänden über Eck projiziert, während die jüngsten Filme der Finnin Eija-Liisa Ahtila auf drei nebeneinander stehenden Großbildmonitoren vorgeführt werden. Monolog oder Dialog werden aus dem Finnischen in englische Untertitel übersetzt, die zeitgleich auf allen drei Kanälen erscheinen, während die Projektionen zwar dieselbe Handlung, aber verschiedene Fragmente zeigen. Filme wie »The Wind« (»Der Wind«) oder »The House« (»Das Haus«) spielen jeweils in einem Haus oder einer Wohnung, die durch die Verdreifachung des Bildes in unregelmäßigem Rhythmus um Großaufnahmen, Wände oder Zimmer erweitert werden. Die Hauptperson – und Erzählerin – mag von einem zum anderen Monitor wechseln, aber sie wird nicht vervielfältigt. Die für das Erzählkino so wichtige Identifikation des Zuschauers mit der Protagonistin bleibt erhalten.

»Das Haus« von 2001 zeigt die Wahnvorstellungen einer jungen Frau, die allein in einem Landhaus lebt, das sich – in ihrer Einbildung – mit Boten der Außenwelt zu bevölkern scheint. Ihr Auto taucht plötzlich auf einer Wand auf, die schwarzweiße Milchkuh einer Fernsehsendung wandert durchs Wohnzimmer. Töne machen sich selbständig, ein Dröhnen dringt von außen ins Haus. Ahtila zitiert Krankheitsbilder, aber auch eigene Erlebnisse. Sie erzählt, wie es ihr in ihrem Landhaus passierte, dass sich plötzlich ein Geräusch selbständig zu machen schien. Zu dieser Einbildung kam es durch ein starkes Ohrensausen, vielleicht bedingt durch Kreislaufstörungen oder Allergien.

In »Das Haus« beginnt die Frau, schwarze Vorhänge zu nähen, um Licht und Außenwelt auszusperren. Ihr psychischer Zustand wird mehr und mehr durch surreale Einfälle gespiegelt, die nicht selten an Dalí und Buñuel erinnern. Diese Bildeffekte werden nicht suggeriert, sondern ausgeführt, ohne deshalb zur schlichten Illustration zu verkümmern. Hinzu kommt die Vervielfältigung der Bilder, die einerseits Brechung innerhalb einer einzigen Welt, andererseits die Multiplikation des erzählenden Ichs signalisiert.

In »Der Wind« dagegen wendet sich die Erzählerin aus ihrer Wohnung heraus ganz realistisch und direkt an das Publikum. Sie erzählt ohne jeden visuellen Effekt ihre Krankheit, die mit Nägelkauen und einer großen, allumfassenden, unerklärlichen Wut begann. Dabei geht sie Alltagsbeschäftigungen nach, wechselt vom Wohnzimmer in die Küche, bezieht ein Bett. Manchmal laufen alle drei Bildschirme simultan, manchmal wird die Zeitgleichheit minimal versetzt, so dass die Handlung kleine Wiederholungen erfährt. In die klare Erzählung der Frau brechen Besonderheiten ein, narrative Ticks, Episoden von drei Mädchen, die angeblich in ihre Wohnung eingedrungen seien, und von einem Mann, der eines Tages an der Tür geklingelt habe, um ihr die Zeitungen zu bügeln. Der titelgebende Wind taucht nur in der Tonspur auf, ein Echo der Außenwelt, eine geträumte Erweiterung der eigenen vier Wände.

Ahtilas Filme beruhen auf tatsächlichen Krankheitsfällen von Frauen mit Borderline Symptom. Sie sind nicht mehr imstande, zwischen Erfahrung und Einbildung, dem Ich und dem Anderen zu unterscheiden. Beispiele von Schizophrenie also, die allein lebende Frauen in ihren geschlossenen vier Wänden überfällt. In »Das Haus« kann die Hauptperson plötzlich fliegen, sie schwebt durch das Astwerk der Bäume. In »Der Wind« wächst die Wut der Erzählerin, bis sie – im wahrsten Sinne des Wortes – die Wand hoch geht. Es sind visuell sehr verführerische, weil einprägsame Bilder, die Ahtila erfindet. Nicht zuletzt, um die Macht des Einzelbildes zu erproben, hat sie 2002 mit »Love is a Treasure« den Sprung zurück zur Kinoleinwand gewagt und mehrere ihrer Kunstinstallationen als Einkanalversion in 35mm neu geschnitten. Mit dem Ergebnis, dass das komplexe Spiel mit Zeit und Raum auf drei Bildern nun zurück zum Einzelbild schrumpft.

In Isaac Juliens »Paradise Omeros« ist die Technik, drei Kanäle untereinander zu vernetzen, noch aufwendiger. Julien ist ein erfahrener Filmemacher, der nach vielen militanten dokumentarischen Experimenten 1996 mit dem Kinofilm »Frantz Fanon – Black Skin, White Mask« mehrere Festivalpreise gewann. »Frantz Fanon« erzählt als stilisiertes Dokudrama das Leben des in der Karibik lebenden farbigen Ethnologen und Psychiaters Frantz Fanon. Im thematisch verwandten »Paradise Omeros« mischt Julien autobiografische Jugenderinnerungen,

Mich interessiert vor allem, wie die Zuschauer Informationen aufnehmen, und wie sie daraus Bedeutung machen. Im Film ist die normale, traditionelle Form, Informationen zu vermitteln, die chronologische. Gerade deshalb versuche ich auszuprobieren, wie man über die Wahrnehmung die Informationen anders an die Sinne bringen kann, simultan etwa, oder wie man bestimmten Tönen oder Farben eine andere Information gibt, und ob der Betrachter dann immer noch diese Informationen zu einer Bedeutung zusammen setzen kann.
Eija-Liisa Ahtila

Eija-Liisa Athila
In »The House« erzählen drei Bilder eine einzige Geschichte.

afroamerikanische Völkerwanderung und Aktualisierungen mythischer Stoffe, wie Odyssee oder Genesis. Neben dem Protagonisten, einem Alter Ego Juliens, gibt es eine fortlaufende Handlung mit vielen Spielszenen und Schauspielern. Mal erzählt das Mehrkanalsystem parallel, mal laufen Figuren von einer in die nächste Projektion. Es sorgt für ein ständiges Kommen und Gehen in einem Raum, der nicht mehr illusionistisch, sondern theatralisch funktioniert. Der Blick des Zuschauers wird nicht über-, aber gefordert, sein Auge wandert mit durch Raum und Zeit. Das Ohr hat es da leichter: Wie bei Ahtila sorgt die Tonspur für Ordnung und zwingt dank des fortlaufenden Textes die Handlung wieder in konventionelle Bahnen.

INTERVIEW
EIJA-LIISA AHTILA

Inwieweit unterscheidet sich die Schnittarbeit an einer Mehrkanalinstallation von der an der Kinoversion?

Eija-Liisa Ahtila Beim traditionellen Filmschnitt hängt man die Bilder aneinander, und ihre Anordnung entscheidet darüber, wie man eine Geschichte erzählt und mit der Dimension Zeit umgeht. Normalerweise wird dieser Umgang mit Zeit chronologisch sein. Arbeitet man aber an Installationen wie »The House« oder »The Wind«, dann erscheinen verschiedene Bilder zur selben Zeit auf drei Bildschirmen. Mit meiner Cutterin, die übrigens Turi, also Wind heißt, schneiden wir die Handlung so, dass die Bilder simultan funktionieren. Nehmen wir als Beispiel einen Dialog: Im Monokanal schneidet man gewöhnlich Schuss und Gegenschuss nacheinander, also erst den Sprechenden und dann die Person, zu der er spricht. Hat man drei Bildschirme, zeigt man das Gesagte und die Reaktion auf das Gesagte gleichzeitig und fügt noch ein Bild des Raumes hinzu.

Man entrinnt so einem nur linearen Gebrauch von Zeit.

Ahtila Man hat in jeder Hinsicht mehr Freiheit, beim Umgang mit Zeit, aber auch mit Raum und Personen. Man kann die narrativen Strukturen aufbrechen. Vor allem aber, und das ist vielleicht das Wichtigste, befreit man den Zuschauer. Im konventionellen Film sorgt die Auflösung der verschiedenen Kameraeinstellungen dafür, wie der Zuschauer im Hinblick auf die Geschichte positioniert wird. Tritt eine neue Figur auf, entdeckt der Zuschauer diese erst in einer Totalen, dann folgt der Ransprung in die Großaufnahme. Bei drei Bildschirmen kann man Totale und Großaufnahme gleichzeitig anbieten, und gleichzeitig weitere Ton- und Bildinformationen.

Wie gehen Sie in »The House« und »The Wind« mit Raum um?

Ahtila Es sind zwei unterschiedliche Ansätze. »The Wind« handelt von einer Frau, die sich in ihrer Wohnung einschließt und diesen Wohnraum definiert; sie nimmt Dinge und stellt diese an einen von ihr bestimmten Platz. Wir haben mehrere Sets gebaut und sind immer innerhalb des Raums geblieben, denn es geht um eine klaustrophobische Situation, um eine Begrenzung von Raum. Dann haben wir in der Dreikanalversion diesen Raum durch Toneffekte geöffnet: Man hört Küchengeräusche von links oder Straßenverkehr von rechts und denkt sich, dass rechts ein offenes Fenster sein muss. Was aber keinesfalls durchgehend der Fall ist.

Nur ein einziges Mal verlässt in »The Wind« die Frau ihre Wohnung, nämlich um einen Psychiater aufzusuchen. Was wahrscheinlich nur Einbildung ist.

Eija-Liisa Athila
»The House«

Ahtila Richtig. In »The House« sind wir ganz anders vorgegangen. Man sieht die Frau auch außerhalb ihres Hauses, auf der Straße und im Wald. Wir haben kein Set gebaut, sondern das Haus gibt es wirklich, ein Bühnenbildner hat es vorbereitet. Ich kannte es vorher, hatte aber mit der Schauspielerin woanders geprobt, so dass beim Drehen immer neue Entscheidungen getroffen werden mussten, wie sie sich innerhalb des gegebenen Raumes zu bewegen hatte. Auch hier ist die Tonspur wieder sehr wichtig: Das Haus bricht langsam zusammen, die Außenwelt dringt nach innen vor, die Geräusche kommen immer näher. Wir haben mehrere Vormischungen gemacht, um die Toneffekte einzusetzen, und das funktioniert in der Mehrkanalversion sehr gut, der Zuschauer bekommt viel mehr Informationen.

In Ihren letzten vier, fünf Arbeiten geht es immer um weibliche Hauptpersonen mit psychischen Problemen. Sind das fiktive Charaktere oder beruhen sie auf klinischen Fällen?

Ahtila Ich habe eine größere Menge von Zeitschriften studiert, die Ende der siebziger Jahre von einem Verein für psychisch Kranke herausgegeben wurden und in denen die Kranken ihre eigenen Fälle und Erfahrungen schilderten. Dann habe ich mit mehreren klinischen Fällen lange Gespräche geführt. Das Meiste aber ist Fiktion. Nur in »The Wind« gibt es ein erkennbares reales Vorbild für die Frau, aber der Dialog ist neu geschrieben.

Eija-Liisa Athila
»The House«

Ihr Umgang mit diesen Krankheitsbildern ist sehr behutsam. Es geht nicht um unheilbare Fälle, neben der Verzweiflung ist immer auch Hoffnung spürbar.

Ahtila Ja, das ist mir wichtig. Ich will Frauen zeigen, die krank sind, aber trotzdem ihr eigenes Leben leben. Wenn man mit solch komplizierten Themen arbeitet, muss man das vorhandene Material immer wieder auf bestimmte Blickwinkel einschränken. Meine Entscheidung war von Anfang an, dass diese Frauen aktiv und selbstbestimmt sein sollen, selbst wenn sie kein wirklich normales Leben führen können. Es geht mir darum zu zeigen, dass solche Phänomene auch in unserem Alltag auftauchen. Trotzdem soll Geisteskrankheit nicht geschönt werden, sie hat nichts Poetisches, sondern ist traurig und sehr schwierig zu ertragen.

Die Traurigkeit unterlaufen Sie durch lakonische, fast surreale Bild- und Tonideen. In »The House« läuft eine Kuh durchs Bild,

und ein Spielzeugauto fährt die Wand entlang. Sind das von Ihnen erfundene Ideen, oder kommen Sie aus den Fallschilderungen?

Ahtila Die erfinde ich. Am Anfang des Projekts »The House« stand ein persönliches Erlebnis. Eines Sommers begann ich abends in unserem Landhaus plötzlich ein seltsames Geräusch zu hören, das immer wiederkam, obwohl alles absolut still war. Es war ein Brummen wie von mehreren Kühlschränken. Sobald ich gähnte, ging das Geräusch weg, und ich bekam Panik und dachte, es wäre in meinem Kopf. Ich bin dann zum Arzt gegangen, und der hat das Rätsel gelöst.

Und Ihre surrealen Special Effects? Das erste Mal fielen sie mir in »Consolation Service« auf, dieser merkwürdige Pixeleffekt, wenn der tote Gatte auftaucht oder verschwindet. Welchen Sinn haben solche Bildeffekte?

Ahtila Den Effekt mit dem Pixelschwarm würde ich heute sicher anders, weniger sichtbar gestalten. Aber im Allgemeinen gilt: Genauso wie es mehrere Textebenen gibt, existieren auch mehrere Bildebenen. Mich interessiert vor allem, wie die Zuschauer Informationen aufnehmen, und wie sie daraus Bedeutung machen. Im Film ist die normale, traditionelle Form, Informationen zu vermitteln, die chronologische. Gerade deshalb versuche ich auszuprobieren, wie man über die Wahrnehmung die Informationen anders an die Sinne bringen kann, simultan etwa, oder wie man bestimmten Tönen oder Farben eine andere Information gibt, und ob der Betrachter dann immer noch diese Informationen zu einer Bedeutung zusammen setzen kann.

Welche Kinoregisseure haben Sie besonders beeinflusst?

Ahtila Das kann ich so eindeutig nicht beantwortet. Antonioni gehört zu den Regisseuren, deren Filme ich nie vergessen habe. In den achtziger Jahren habe ich viel Fassbinder angeschaut, und als ich jung war natürlich Ingmar Bergman ...

Beziehen Sie Ihre Inspiration mehr aus der Bildenden Kunst oder aus dem Kino?

Ahtila Mich fasziniert schon immer vor allem traditionelles Erzählkino. Zum Beispiel Samuel Fuller.

Welche Ausbildung haben Sie?

Ahtila Erst habe ich Jura studiert. Dann bin ich an die Kunsthochschule gegangen und habe 1984 für ein Jahr zu malen begonnen. Danach bin ich zu Foto / Text-Arbeiten übergegangen, habe einige Zeit mit einer anderen Künstlerin zusammen gearbeitet und auch Videos gedreht. Anschließend habe ich ein Jahr lang in London Film studiert, bin dann nach Helsinki zurückgekehrt und habe meinen ersten Kurzfilm gemacht. In Los Angeles habe ich dann noch einmal ein Jahr lang Film studiert, und das war sehr wichtig, denn die Studenten kamen aus der ganzen Welt und wir hatten sehr gute Lehrer aus der Filmindustrie.

Sie haben also richtigen Film und nicht Kunst oder Video studiert.

Ahtila So etwas wie richtigen Film gibt es für mich gar nicht. Ich tue zurzeit genau das, was ich mir erträumt habe. Ich probiere die Möglichkeiten aus, wie man Geschichten erzählen kann.

KAPITEL 3
KINO LIEBT KUNST

Du sollst dir kein Bild machen

So wie die Projektionsfläche und der Monitor das Kino bis heute an seiner Entfaltung hindern, haben Leinwand und Staffelei lange die Kunst beschränkt. Bis 1966 der amerikanische Konzeptkünstler Joseph Kosuth die Malerei symbolisch für tot erklärt. Zwar ist diese seither wiederholt auferstanden, die dominierende Rolle im Konzert der Kunstgattungen Skulptur, Installation, Performance, Multimedia spielt sie jedoch nicht mehr. Es fällt ihr zusehends schwerer, Jetzt-Zeit zu reflektieren und mit den aktuellen gesellschaftlichen Phänomenen umzugehen. Gehören nicht die meisten bedeutenden Maler – wie Georg Baselitz oder David Hockney, Sigmar Polke oder Gerhard Richter und Cy Twombly – jener Generation an, die vor oder zeitgleich mit Kosuth ihr eigenes Medium in Frage stellen? Ausnahmen von Gary Hume oder Martin Kippenberg bis Luc Tuymans bestätigen die Regel.

Nicht wegen ihrer künstlerischen Bedeutung, sondern wegen ihrer ungebrochenen Popularität greift Kino über Künstlerleben immer wieder auf Maler zurück. Dabei dürfte Picasso weder heroischer noch unterhaltsamer im Atelier gedarbt haben als ein Bildhauer oder Konzeptkünstler. Niemand in Hollywood dachte bisher daran, das Leben von Marcel Duchamp oder Joseph Beuys – in der Titelrolle Anthony Hopkins? – zu verfilmen. Die Reihe der Malerbiografien dagegen will nicht abreißen: Allein im Kinojahr 2002 kamen zwei aufwendige und komplexe Verfilmungen von Malerschicksalen in die Kinos, die sich nicht mit Kalenderblattkunst, sondern mit Meistern der Moderne des zwanzigsten Jahrhunderts beschäftigen: »Pollock« von Ed Harris und »Frida« von Julie Taymor.

Beiden Filmen geht eine lange und schwierige Entstehungsgeschichte voraus. Es handelt sich um rein amerikanische Produktionen, die sich ohne die finanzielle Hilfe

Julie Taymor
Mit Liebe und Leid bei der Sache: Salma Hayek als Frida Kahlo in »Frida«

durch Filmförderung allein dank der Einspielergebnisse tragen müssen. Diese Filme sind aber einerseits zu teuer, um noch als Arthouse durchzugehen – wie Hollywood abfällig Autorenfilme nennt – und andererseits zu billig, um Großinvestoren mit zweistelliger Rendite zu locken.

Der Schauspieler Ed Harris erhält von seinem Vater zum Geburtstag eine Pollock-Biografie und lernt bei deren Lektüre Kunst über das Leben eines American Hero kennen. Anschließend sucht er sechs Jahre lang nicht nur Geld, sondern auch einen Regisseur. Bis er Regie und Koproduktion selbst in die Hand nimmt und wie im Familienbetrieb die eigene Frau Amy Madigan gagengünstig für die Schlüsselrolle der Peggy Guggenheim verpflichtet. Bei »Frida« ist es noch komplizierter: Mehrere weibliche Stars kämpfen als Konkurrentinnen um die Chance, das Leben der mexikanischen Malerin Frida Kahlo zu verfilmen. Erst scheint Popstar Madonna deutlich im Vorteil, da sie nicht nur über den berühmtesten Namen, sondern mit Maverick auch über eine eigene Produktionsfirma

Julie Taymor

Frida zwischen Diego Rivera, Leon Trotsky und den Ruinen von Teotihuacan

verfügt und ein Gemälde der Kahlo ihr Eigen nennt. Doch gilt Madonna in Hollywood als hoher Risikofaktor: Seit ihrem Debüt »Desperately Seeking Susan« von Susan Seidelman wurde keiner ihrer Filme mehr zum Kassenschlager; als Schauspielerin überzeugte sie lediglich in dem intensiven, den Mythos Madonna mit Gewalt zertrümmernden Meisterwerk von Abel Ferrara »Snake Eyes«.

Nach Madonna liegt lange die Latina Jennifer Lopez vorn, gedopt durch ihre Plattenverkäufe und Popularität bei den Teenies. Allerdings will Lopez kein eigenes Geld investieren; und sie stammt auch nicht aus Lateinamerika, sondern aus der Bronx. Darüber hinaus hat sie wohl kaum das intellektuelle Format, eine Gestalt wie Frida Kahlo zu verkörpern, die sich nach einem schweren Verkehrsunfall mit nur achtzehn Jahren zeitlebens gegen unmenschliche Schmerzen, Drogen und Mexikos Machos durchsetzen musste. Schließlich macht Salma Hayek das Rennen um Frida, eine in Los Angeles lebende Mexikanerin, die trotz eines Auftritts im Blockbuster »Wild Wild West« in den Vereinigten Staaten eher Sternchen als Star ist. Hayek stammt aus einer wohlhabenden Politikerfamilie und hat sich nie gescheut, ihre Karriere durch anspruchsvolle Experimente zu gefährden. Etwa den bereits erwähnten Film »Timecode« von Mike Figgis, Produktionen von Quentin Tarantino sowie den Dokumentarfilm von Carlos Marcovich »¿Quién diablos es Juliette?« (»Wer zum Teufel ist Julietta?«), ein schlichtes und bewegendes Mädchenporträt aus Kuba.

Salma Hayek hat einmal gesagt, sie habe Kahlos Malerei als »grauenvoll und widerlich« empfunden, als sie sie zum ersten Mal sah. Da war das 1966 geborene Fotomodell noch ein Teenager der MTV-Generation, der Fernsehserie »Baywatch« näher als dem Surrealismus. Als ihre Vision der Kahlo nach siebenjähriger Geldsuche am 29. August 2002 zur Eröffnung der Filmfestspiele in Venedig uraufgeführt wird, ist dem Premierenpublikum trotz technischer Projektionspannen jedoch schnell klar, dass die Koproduzentin Hayek die Idealbesetzung für die Rolle der Malerin ist. Die Mexikanerin kämpft mit ihrer Leistung um die Bestätigung als Leading Latina unter Hollywoods Schauspielerinnen, obwohl sie kein akzentfreies Englisch spricht; dann um die – längst vollzogene – Anerkennung Kahlos als große Malerin; und schließlich um die Rehabilitierung ihrer Heimat als Kulturlandschaft und nicht Drittweltstaat.

Vom Maskenbildner in eine etwas zu schöne Frida ohne Oberlippenbart verwandelt, spürt man Hayeks totale Identifikation mit einer Frau, die in Mexiko als Frida die Rote galt, als revolutionäre Künstlerin und tragische Märtyrerin ihres Geschlechts. Der Schriftsteller Carlos Fuentes hat Frida Kahlo zur »aztekischen Ikone« verklärt, wobei die Malerin das Kunststück fertig brachte, in ihren Selbstporträts diese Ikone selbst zu gestalten und zu verewigen. Das ist der Stoff, aus dem man Kino macht.

Julie Taymor, Regisseurin einer glatten Shakespeare-Verfilmung mit Anthony Hopkins und der Broadway-Version von »König der Löwen«, konzentriert sich in ihrer Inszenierung ganz auf die Person der Kahlo. Nur einige wenige Passagen versuchen, Kahlos Bildwelt filmisch umzusetzen, indem die Regisseurin, und gelernte Bühnenbildnerin, diese als surreales Dekor einsetzt. Allerdings mit dem Nachteil, dass die Bilderrätsel der Kahlo, in drei Dimensionen übersetzt, eine übertriebene Dramatik entwickeln und nicht mehr künstlerisch, sondern künstlich wirken.

Hollywood-Stars wie Ashley Judd als Fotografin Tina Modotti, Antonio Banderas als Maler Siqueiros oder Ed Norton als Nelson Rockefeller treten in Kleinrollen auf. Alfred Molina als erotomanischer Ehemann Diego Rivera ergänzt das kommerzgerechte Casting. Der Australier Geoffrey Rush spielt den alten Leon Trotsky, mit dem die Kahlo eine kurze, aber legendäre Affäre hat. Es wird viel gelitten, geliebt und geredet in Taymors Film, letzteres vor allem über Politik. In Sachen Revolution hat Hollywood schließlich einiges nachzuholen.

Nur eines spart der Film »Frida« bis auf eine Szene fast völlig aus: den Malakt. Genau dieser steht im Mittelpunkt von »Pollock«, der erst 2002, zwei Jahre nach seiner Entstehung, in die deutschen Kinos kommt – begleitet vom Reklameslogan »Jackson Pollock ist der James Dean der Kunstszene«, den Peter M. Brant, just jener Produzent der Sony-Studios, der Mike Figgis Film »Timecode« nicht überleben sollte, formulierte. Glücklicherweise ist »Pollock« weniger platt als dieser Gemeinplatz. Das liegt nicht nur an den schauspielerischen Leistungen, vor allem von Marcia Gay Harden als Lee Krasner, sondern an der Sorgfalt, mit der die Kunst behandelt wird.

Mehr als 250 Gemälde von Pollock – und seiner Frau Lee Krasner – werden für den Film angefertigt und nach Ektas von Kopisten auf Silkscreen übertragen. Jede Linie wird peinlich genau nachgemalt. Das größte Problem ist, die Bilder vor der Kamera entstehen zu lassen. Die Kopistin Lisa Lawler ist für das Pollocksche Frühwerk zuständig und betreut als Malcoach den Darsteller Ed Harris. Man versucht, Harris vor laufender Kamera halbfertige Bilder zum Fertigmalen zu geben. Es klappt nicht. Stattdessen lässt man Harris schließlich Pollocks Drippings selbst malen. Der Schauspieler – und Regisseur – hat sich zum Üben ein kleines Atelier an sein Landhaus anbauen lassen und lernt dort malen. »Ich fing einfach an herumzuschmieren, benutzte verschiedene Pinselgrößen, eine andere Farbe. Nach einiger Zeit brachte ich Bilder zustande, die zumindest kohärent waren, und das gab mir Selbstvertrauen.«

Das Ergebnis auf der Leinwand wirkt ebenso kohärent. Das hat jedoch weniger mit der Malerei als der perfekten Darstellung des Malakts zu tun. Dieser wurde zur virilen Schaugeste, Symbol für den künstlerischen Einzelgänger, der – in der Tradition der amerikanischen Pioniere – ganz allein Neuland betritt und dabei, frei übersetzt, aus der Hüfte schießt. In diesem Sinne interpretiert die Britin Sam Taylor-Wood schon 1992 in ihrer Fotografie »A Gesture Toward Action Painting« die mit sexueller Symbolik befrachteten Drippings männlicher Aktionsmaler. Harris dürfte Taylor-Wood kaum kennen, aber er hat Pollocks Handwerk nicht nur studiert, er hat es begriffen. »Das hatte nichts mit Rumspritzen und Farbe auskippen zu tun, oder damit, Bilder wiederzugeben. Pollock wusste um das Ergebnis jeder noch so lässigen Handbewegung.« Malerei als Darstellung von Malerei. Pollocks Gemälde sind die Umsetzung von Körperrhythmus in Farbe, und auf diesen Rhythmus kommt es an. Harris hat die Choreografie des Malens gelernt und perfekt nachgespielt, nur deshalb wirken auch seine Bilder authentisch.

Dabei helfen ihm natürlich die berühmten Dokumentaraufnahmen des Fotografen Hans Namuth, die Jackson Pollok 1950 beim Malen auf Glas zeigen. Harris ist klug genug, sein brillantes Nachmalen eines Pollockschen Gemäldes mit der Nachstellung der Film- und Fotoaufnahmen durch Namuth zu kombinieren. Durch den Film im Film erinnert er daran, dass der Erfolg von Namuths Fotos, die zuerst in der Zeitschrift ›Life‹ veröffentlicht wurden, Pollock in tiefe Selbstzweifel und eine Schaffenskrise stürzte. Er problematisiert die – von Pollock und nun von Harris am eigenen Leib erfahrene – Absurdität eines medialen Nachstellens des Malakts. Denn Hollywoods Versionen des Malerlebens illustrieren vor allem eines: Du sollst dir kein Bild machen vom Maler, der Bilder malt.

Ed Harris
Nicht auf das Bild, sondern auf die Bewegung, nicht auf Malerei, sondern auf die Choreografie des Malens kommt es an: Ed Harris als »Pollock«.

Körperfiktion

Warum versucht Hollywood immer wieder, Maler beim Malen darzustellen? Kann man nicht ganz auf Bilder verzichten, wie Maurice Pialat es 1991 in seinem unvergesslichen »Van Gogh« tut, in dem Jacques Dutronc in 159 Filmminuten kein einziges Bild malen, sondern nur leiden muss? Und gibt es außer Malern wirklich keine anderen Künstler, die sich für die Leinwand eignen?

Nicht mit Leinwand und Ölfarbe, sondern mit Haut und Skalpell malt die französische Künstlerin Orlan. Ergebnis ist kein totes Objekt, das man an die Wand hängen könnte, sondern ein sehr lebendiger Mensch mit viel streitbarem Temperament. Orlans Auftreten, Persönlichkeit und Aussehen sind Teil ihrer Kunst. Denn sie arbeitet am eigenen Gesicht als Kunstwerk, das international renommierte Schönheitschirurgen in ein Puzzle aus Fragmenten berühmter Frauenporträts der Kunstgeschichte verwandeln.

Orlans Thema ist die weibliche Identität. Ende der siebziger Jahre schraubt sie im Museum Neue Galerie-Sammlung Ludwig in Aachen einen Fernsehmonitor an die Wand, der das in einem Nachbarraum aufgenommene Livebild ihres nackten Geschlechts überträgt. Vor dem Eingang der Pariser Kunstmesse FIAC verhökert sie Fremden einen Künstlerkuss für fünf Francs. Sie tritt als Heilige Orlan auf, oben Nonne in Kutte, unten Hure mit – wiederum – nacktem Unterleib. So spielt sie mit den extremen Polen der weiblichen Geschlechterrolle, stellt sie nach und unterläuft sie gleichzeitig: Keine feministische, sondern feminine Aktionskunst, die vor dem sexuell provozierenden Einsatz des eigenen Körpers nicht zurückschreckt.

1990 lässt Orlan sich zum ersten Mal operieren. Ihre Idee ist ein vollständiger Identitätswechsel: neues Gesicht, neuer Name, neuer Pass. Der administrative Teil des geplanten Gesamtkunstwerks soll schnell an der Uneinsichtigkeit der französischen Behörden scheitern, den chirurgischen Teil jedoch hat Orlan konsequent fortgesetzt. Sie verändert ihren Mund zum rätselhaften Lächeln der Mona Lisa, lässt ihre Nase zum Botticelli verlängern und die Backenknochen erhöhen. Jede der Operationen zwischen 1990 und 1993 ist eine Performance: Chirurg und Personal tragen von Orlan entworfene Kostüme, und die Eingriffe werden grundsätzlich unter lokaler Betäubung vorgenommen, damit die Künstlerin – trotz großer Schmerzen – unter dem Messer Gedichte, Texte, Manifeste deklamieren kann. Nicht jede Operation hat geklappt: Ein in den Vereinigten Staaten vorgenommenes Aufblähen der Augenbrauen verfehlt das Ziel, die Sillikonpölsterchen sitzen plötzlich wie Höcker auf der Stirn. Ein Unfall, den Orlan sofort in ihr Konzept integriert; es

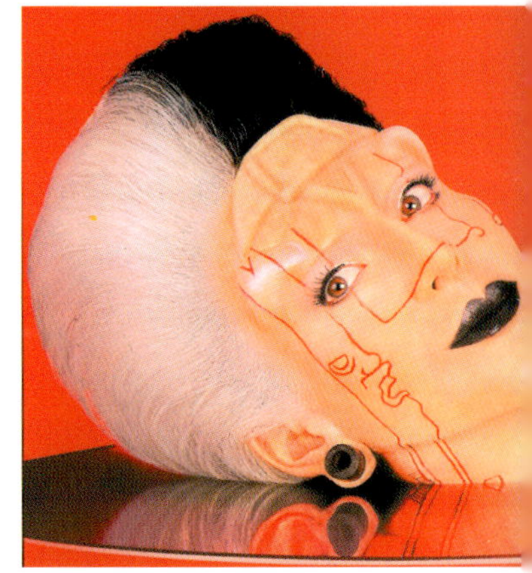

Orlan
Ein neues Gesicht, serviert auf dem Tablett der Kunstgeschichte.

geht ihr darum, sich ein technologisch manipuliertes Gesicht zu bildhauern, das sowohl die Schönheit als auch den übertriebenen Kult gerade dieser Schönheit spiegelt.

Cannes, Internationale Filmfestspiele, Mai 2002. Bei der Pressekonferenz zu seinem Wettbewerbsbeitrag »Spider« kündigt der kanadische Regisseur David Cronenberg im Festivalpalast ein spektakuläres neues Projekt an: einen Kinofilm mit und über Orlan. Die Künstlerin wird aufs Podium gebeten, der Regisseur erläutert, was Orlans Kunst für ihn und seine Vision von Kino bedeutet: gelebte Science-Fiction. Deshalb wird Cronenberg für seinen Film die nächste – und letzte – Operation Orlans inszenieren.

Thema fast aller Cronenberg-Filme ist der Einfluss von Technologie auf Psyche und Körper des Menschen. In »Die Fliege« wird 1985 Schauspieler Jeff Goldblums DNS bei einem Experiment der Teleportation mit der DNS einer Fliege vermischt. Langsam müssen er und seine Lebensgefährtin mit ansehen, wie er zu einem bösartigen und häßlichen Monster mutiert. Zwillinge, Transvestiten, metaphysische Körperfresser: Cronenberg liebt den manipulierten Körper und die Auswirkungen dieser Veränderungen auf die Psyche. In »Crash« ist es 1995 das Automobil als Zivilisationssymbol, das im Alltag erst wie eine Prothese den Körper verlängert, mit der Zeit aber die Kontrolle über Psyche, Sexual- und Todestrieb übernehmen wird. In »eXistenz« schließlich werden 1998 Menschen für ein neuartiges, die Lebens- und Spielwelt verknüpfendes Computerspiel durch eine Art künstliche Nabelschnur an den Rechner gehängt: Technologischer und physischer Körper, emotionale und virtuelle Realität verschmelzen zu einem einzigen Organismus.

Ähnlich wie sein jüngerer Landsmann Atom Egoyan hat der 1943 geborene Cronenberg immer wieder systematisch die Nähe zur Bildenden Kunst und ihren Künstlern gesucht. In Orlan findet er nun eine Partnerin, die den eigenen Körper als fiktionalen Raum zum lebenden Kunstwerk macht. Orlan wiederum hat in den letzten Jahren immer wieder das Massenmedium Kino beschworen, um ihr Rollenspiel zu popularisieren. Sie reist ins indische Bollywood und lässt sich dort als Star plakatieren. Sie fertigt Leuchtkästen als Werbung für nicht existierende Filme mit sich selbst in wechselnden Hauptrollen an.

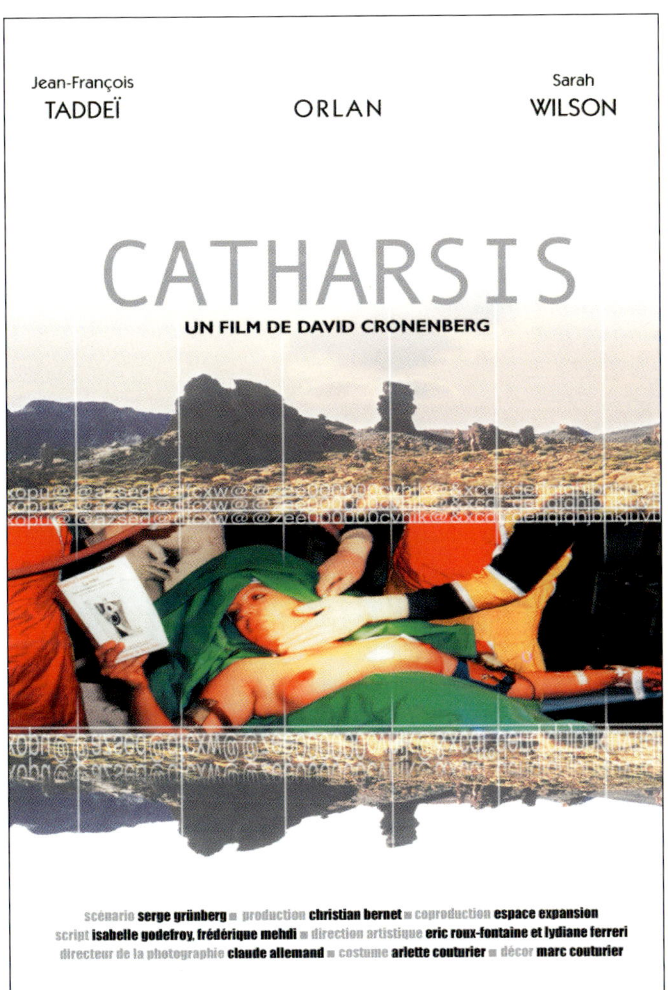

Orlan
Plakat für einen Film,
den es noch nicht gibt

Tracey Emin

Geld oder Liebe, oder der systematische Tabubruch als künstlerische Geste: »I've got it all«, 2000

Schließlich entwirft sie Miniplots für Genrefilme wie Horror, Krimi oder Komödie und lässt neben dem Plakat auch den Trailer produzieren. Der erste dieser Miniplots wurde übrigens gerade in Frankreich verfilmt. Ohne Orlan.

Auch in England versucht das Kino derzeit einen Brückenschlag zur Gegenwartskunst, der nicht nur Heroisierung der Künstlerfigur sein soll, sondern als Weiterführung des künstlerischen Werkes gelten kann. Der britische Regisseur Michael Winterbottom, der mit der Liebesgeschichte »Jude« bereits eine filmische Hommage an die Malerei des 19. Jahrhunderts inszenierte, bereitet einen Kinofilm über das Leben der Künstlerin Tracey Emin vor, der neben Damien Hirst prominentesten Vertreterin einer seit den neunziger Jahren den Kunstmarkt beherrschenden BritArt.

Thema von Emins Kunst ist ihr Leben, oder, präziser gesagt, ihr Liebesleben. Sie macht die eigene Intimsphäre öffentlich, indem sie authentische Objekte ihres sexuellen Alltags – ein Zelt mit Schlafsack, ein Bett mit schmutzigen Laken – ins Museum transportiert. Das museale Umfeld sorgt dank Marcel Duchamps Vorarbeit für die künstlerische Weihe selbst des banalsten Objekts. Das Kunstwerk wird bei Emin zum Relikt einer Performance, die nicht auf der Bühne, sondern im – horizontalen – Alltag stattgefunden hat. Natürlich geht es ihr auch um Provokation: Das Museumspublikum entstammt mehrheitlich immer noch bürgerlichen Kreisen und hat für schmutzige Wäsche und Tampons im Museum wenig Verständnis. Aber Emins Kunst hat auch ihre sentimentalen Qualitäten: Sie ist authentisch, stammt von einer Frau – welcher Mann dürfte sich so mit seinem sexuellen Abenteuern brüsten – und sie handelt von der Liebe; oder dem Fehlen der Liebe.

Emin hat eine Abtreibung zum Kunstwerk gemacht, indem sie den Fötus ihres ungeborenen Kindes ausstellte. Aus ihrem bewegten Leben wählen die Künstlerin und der Regisseur Winterbottom ein besonders dramatisches Kapitel aus: ihre Vergewaltigung. Als Dreizehnjährige wird sie gewaltsam entjungfert, ein Erlebnis, das sie – nach eigener Aussage – erst zur Künstlerin werden lässt. Im Film soll das biografische Element durch Fiktion erweitert werden, was Emins Kunst nicht mehr gerecht würde. Bisher fehlten in der künstlerischen Arbeit konkrete Anspielungen auf dieses traumatische Erlebnis. Weil es eine dramatisch höchste – und niedrigste – Form sexueller Erfahrung ist, die mit den Mitteln der Bildenden Kunst nicht mehr darstellbar scheint? Jedenfalls wirkt es schlüssig, wenn Emin, die dank des Ritterschlags der Kunst aus dem eigenen Leben Fiktion macht, für dieses entscheidende Kapitel ihrer Vergangenheit jenes Medium aussucht, das Fiktion wieder zu Leben, nämlich zu Emotion, werden lässt.

»Hitchcock et l'art« im Centre Pompidou

Obsession

Unter einer Glashaube thront auf blutrotem Samt wie eine Preziose der Moderne eines der hässlichsten Objekte der Filmgeschichte: ein linksseitig ins viktorianische Biedermeier ausbrechendes, versilbertes Benzinfeuerzeug mit Widmung »A to G«. Gemacht für die Leinwand, da zu groß für jede Hosentasche, zu klein für den Couchtisch. Eine Requisite also. Die im Museum zur Reliquie wird.

Was ist Kino? »Emotion«, antwortet in »Pierrot le Fou« der amerikanische Action-Regisseur Sam Fuller. »Die eigentliche Kunst des 20. Jahrhunderts«, wird die französische Filmkritik seit André Bazin nicht müde zu behaupten. »Kino ist Form«, beschied dagegen zeitlebens Alfred Hitchcock und zog dem Anspruch der Kunst den Trick der Künstlichkeit vor. Und was meint Jean-Luc Godard, die lebende Inkarnation aller Widersprüche und Gemeinsamkeiten von Kunst und Kino, der 1999 in Paris mit dem Großen Nationalpreis für Bildende Kunst, 2002 mit dem japanischen Praemium Imperiale für Kino und Theater ausgezeichnet wurde? »Es gibt vielleicht zehntausend Leute, die sich an Cézannes Apfel erinnern; aber bestimmt eine Milliarde Menschen kennen das Feuerzeug des Fremden im Zug.«

Godard lieferte das Motto für eine Ausstellung, die 2001 im Pariser Centre Pompidou zeigte, wie der Formalist Hitchcock bewusst und unbewusst die Malerei des 19. und frühen 20. Jahrhunderts plündert, Erzählstrukturen von Romantik, Symbolismus und Surrealismus filmisch weiterentwickelt und das kommerzielle Kino mit Bildender Kunst nährt. Die Ausstellung macht über Hitchcock hinaus auf ein bisher nur wenig analysiertes Phänomen aufmerksam: Wie das Kino in der Kunst zu klauen versteht.

Am Auftakt der Schau steht – wie es sich für einen Hitchcock gehört – ein Verstoß gegen die guten Sitten, ein Verbrechen wider die Hochkultur: Ein Stockwerk über Brancusi, Picasso und Giacometti ruhen neben dem Feuerzeug aus »Strangers on a train« auf Samt und Sockel die mörderische Krawatte mit Schottenkaro aus »Frenzy«, Cary Grants Taschenrasierer aus »North by Northwest«, Tippi Hedrens zerbrochene Brille aus »The Birds« und sogar der schwarze Büstenhalter, den Vera Miles in »Psycho« trägt. Objekte also, die Simulationen des Alltags sind, durch Hitchcocks Kamera zum Fetisch und durch den Ausstellungsort zum Kunstwerk geadelt werden. Wo sonst klassische Avantgarde zelebriert wird, liegt nun eine Kamera der Marke Exacta: kein Klassiker des Industriedesigns, sondern das phallische Sehwerkzeug des an den Rollstuhl gefesselten Amateurdetektivs James Stewart in »Rear Window«.

»Hitchcock et l'art: coïncidences fatales« funktioniert wie ein 3D-Film ohne Brille. Der Betrachter wandert durch Standbilder, sauber gehängte und beschriftete museale Kabinette, in denen sich Abgründe öffnen – die man erst bemerkt, wenn man schon hineingefallen ist. Die Schnitttechnik der Montage funktioniert hier als räumliche Collage, Zeit findet nur im Gedächtnis des Betrachters statt. Wie ein Leitmotiv klingt immer wieder Bernard Herrmanns Thema aus »Vertigo« durch die Stellwände, auf denen sich Gemälde, Standfotos und Videomonitore abwechseln. Falsche Spuren werden ausgelegt: Im Kapitel Symbolismus geht es nicht um die anfangs zitierten Fetische Hitchcockscher Obsessionen, sondern um ikonographische Quellen: Willy Schlobachs Pastell »Die Tote« von 1890 könnte durchaus als Vorlage für die in »Vertigo« angeblich ertrinkende Kim Novak gedient haben; eine malerische Assoziationskette, die sich detektivisch weiterführen lässt zu Fernand Khnopff, Arnold Böcklin oder Odilon Redon. Ebenso schlüssig der Einfluss bestimmter Gemälde von Dante Gabriele Rossetti, wie »Bocca Baciata« (»Geküsster Mund»), auf Frisur und Kopfhaltung Ingrid Bergmanns in »Under Capricorne« («Sklavin des Herzens«).

Der postmoderne Viktorianer Hitchcock kennt Kunst, ohne Kenner zu sein. Er besitzt Bilder von Klee und De Chirico, doch interessiert ihn Zeigenössisches nur bedingt und abstrakte Avantgarde überhaupt nicht. Der Formalist Hitchcock ist im Kino Revolutionär, aber in der Malerei Akademiker. Abgesehen von seiner – gescheiterten – Zusammenarbeit mit dem Surrealisten Salvador Dalí für den psychoanalytischen Trip ins Irrenhaus von »Spellbound« gibt es kaum Kontakt zur Moderne. Edward Hoppers melancholisch isolierte Häuser oder das Zwielicht der belgischen Symbolisten haben dagegen den Hitchcock von »I confess« oder »Psycho« mit Sicherheit beeinflusst.

Die Kuratoren Guy Cogeval und Dominique Païni verweilen in ihrer Ausstellung nur kurz bei bereits Bekanntem, etwa Hitchcocks Obsession für Blondinen und sexuelle Anspielungen. Stattdessen bedienen sie sich seiner narrativer Kniffe, die sie museal umsetzen. Neben dem sogenannten McGuffin ist vor allem die Rückprojektion Hitchcocks bevorzugtes Stilmittel. Durch sie gelingt es ihm, die Landschaft, das Draußen, auf die Leinwand zu holen und trotzdem im Studio, im Inneren, zu arbeiten. Landschaften werden von Assistenten gefilmt – dokumentarisch, ohne jede filmische Signatur – und anschließend in Endlosschleife als Rückprojektion hinter die Schauspieler geworfen. Ein Verfahren, das an die Großateliers mancher Maler erinnert, in denen der Hintergrund von Assistenten gestaltet wird.

So entsteht auf der Kinoleinwand ein fiktiver innerer Bewusstseinsraum, in dem das Individuum, der Schauspieler, nicht in, sondern vor der Welt steht. Diese wird zur Kulisse entwertet, zum Spiegel, zum Abgrund. Ein Kniff, den der französische Regisseur Eric Rohmer ein halbes Jahrhundert später in seinem Kostümfilm »L'Anglaise et le Duc« (»Die Lady und der Herzog«) von 2001 aufgreift: Der historische Kontext des Films, die Revolution, bleibt im wahrsten Sinne des Wortes außen vor, denn die Handlung konzentriert sich ganz auf das Drama einer monarchisch gesinnten englischen Lady und dem der Revolution wohlgesonnenen Herzog.

Um die Auslassung der viel zu oft, viel zu schlecht und viel zu teuer im Kino rekonstituierten Revolutionsgreuel zu rechtfertigen, bricht Rohmer die Illusion des Kostümfilms:

Eric Rohmer

Historienmalerei aus dem Carnavalet-Museum dient als künstlicher Hintergrund für ein Kammerspiel der Revolution: »L'Anglaise et le Duc«.

Die Schauspieler spielen vor Illustrationen des Pariser Stadtbilds, und diese Darstellungen der Stadt um 1790 sind nicht auf Karton gemalt, sondern elektronisch hergestellt und per Trick hinter die Schauspieler gestellt. Genauso, wie es Hitchcock mit seinen Rückprojektionen zu tun pflegte, nur dass Rohmer sich zum Trick – und zur Malerei – offen bekennt. Einer sachbezogenen Malerei, die zeitgenössische Illustration von Wirklichkeit zum Thema hat – und der historischen Authentizität damit viel näher kommt als das Kino.

INTERVIEW
DOMINIQUE PAÏNI

Sie nennen den Betrachter des ausgestellten Künstlerfilms einen Flaneur. Was bedeutet diese Bezeichnung für den Zuschauer von Multimediakunst?

Dominique Païni Der Ausstellungsbesucher ist Flaneur im doppelten Sinne. Einmal, weil er entscheiden muss, ob er die von einem Künstler angebotenen bewegten Bilder in ihrer vollen Länge anschauen will. Er hat die Qual der Wahl, und das ist für einen Kinobesucher, der es seit fast hundert Jahren gewohnt ist, im Sessel zu sitzen und seinen Blick zentralperspektivisch auf die Leinwand zu richten, völlig ungewohnt. Ich spreche bewusst von fast hundert Jahren, weil die Anfänge des Kinos der heutigen Museumssituation ähnelten. Als Firmen wie die der Lumière-Brüder anlässlich der Weltausstellung 1900 ihre in der ganzen Welt gedrehten Filme zeigten, standen die Zuschauer oder spazierten zwischen den projizierten Bildern herum. Kino begann also wie eine moderne, zeitgenössische Kunstinstallation. Danach wurden Filme auf Jahrmärkten gezeigt, und auch dort war der Zuschauer nicht gezwungen, wie hypnotisiert in seinem Sessel zu verharren. Erst mit Erfindung der Filmtheater – Kinos nannte man ja früher Filmtheater – wurde der Zuschauer auf den vom Theater bekannten Sitzplatz gezwungen.
Das zweite Charakteristikum des heutigen Ausstellungsbesuchers ist, dass der Flaneur nicht mehr gezwungen wird, das zeitgestützte Kunstwerk überhaupt anzuschauen. Er spaziert herum, geht weiter, kommt zurück, durchquert eine Installation. Bei Lyotard habe ich eine sehr interessante Definition dessen gefunden, was er das ›Figurale‹ nennt. Er sagt, das Figurale sei ein Raum, der nicht ›interpretierbar‹, aber ›durchquerbar‹ sei.

Nicht nur das physische, auch das intellektuelle Kunsterlebnis wird also ein anderes.

Païni Der Flaneur wird in zweifacher Hinsicht gefordert. Erstens muss er sich der Dauer der gezeigten bewegten Bilder nicht stellen, seine Entscheidung wird verlangt. Und zweitens wird er durch die Natur der gezeigten Bilder zwangsläufig enttäuscht. Diese Frustration ist Teil des Werks jener Künstler, die narrative Arbeiten zeigen, ohne wirkliche Geschichten zu erzählen. Nehmen wir als bekannteste Beispiele Eija-Liisa Ahtila, Stan Douglas oder Pierre Huyghe, alles Künstler, die im Museum mit Erzählkino arbeiten. Sie stellen das Funktionieren von Fiktion in Frage, bleiben sich aber bewusst, dass das, was sie ausstellen müssen, dreidimensionale, visuelle Bildende Kunst ist. Und ich glaube, dass es einen tiefen Widerspruch gibt zwischen der Plastizität von Bildender Kunst und der Narration. Gerade dieser Widerspruch und die daraus resultierenden Spannungen geben dem Ausstellungsbesucher das Gefühl einer Promenade und erinnern an den Begriff des Flaneurs bei Baudelaire und Walter Benjamin.

Die Kunst, Kino auszustellen: »Hitchcock et l'art: coïncidences fatales«

Wie wirkt die räumliche Nachbarschaft von Filminstallationen innerhalb einer Ausstellung auf den Flaneur?

Païni Mehrere Werke bewegter Bilder veranlassen den Besucher und Zuschauer dazu, den Schnitt selbst zu übernehmen und sich selbst eine Erzählung zusammenzubauen, die seinem zurückgelegten Weg von Leinwand zu Leinwand entspricht. Ein schönes Beispiel war die Arbeit »Electric Earth« von Doug Aitken auf der Biennale in Venedig 1999. Aitken ging so weit, zwischen den von Projektionsleinwänden gebildeten Räumen trennende Schleier aufzuhängen, so dass man das nächste Bild im folgenden Raum nur durch einen Schleier sah, der wie eine Überblendung funktionierte. Der Besucher vollzog diese Überblendung durch seine Fortbewegung von einem Raum in den nächsten.

Pipilotti Rist Das Sofa im Wohnzimmer von Himalaya Goldstein

Sie nannten Beispiele von Bildenden Künstlern, die sich ganz besonders mit diesem Grenzbereich von Narration und Plastizität auseinandersetzen. Gibt es für dieses Problem der Bildenden Kunst analoge Fragestellungen im Kino?

Païni Die gibt es. Ich denke besonders an Atom Egoyan oder David Lynch, beides Regisseure, die mit Spannungselementen und Handlungswechseln arbeiten. Ich war überrascht, schon sehr früh in Filmen wie »Blue Velvet« oder »Lost Highway« einen Effekt zu entdecken, der einem Korridor von Bruce Nauman entspricht, oder einer Kreisbewegung von Dan Graham. »Lost Highway« zum Beispiel ist ein Film, dessen Anfang ziemlich umständlich ist. Lynch bringt immer mehr Personen ins Spiel und macht die Beweggründe, warum wer was macht, immer undurchsichtiger. Und plötzlich fährt die Kamera auf eine Tür zu, ein schwarzes Loch im wahrsten Sinne des Wortes. Nicht zufällig führt es in einen Tunnel. Die Kamera zwängt sich in diesen Tunnel, und der wie hypnotisierte

Zuschauer folgt ihr. Man verlässt den Tunnel und ist in einer anderen Geschichte. Von der man erst einmal nichts versteht, denn man hat es mit neuen Protagonisten zu tun, die aber irgendwie mit den Personen der alten Geschichte verbunden bleiben. So zwingt Lynch immer wieder das Erinnerungsvermögen des Zuschauers zur Mitarbeit. Aber anstatt ihm beim Verständnis zu helfen, anstatt ihn Gemeinsamkeiten zwischen alter und neuer Geschichte finden zu lassen, bringt Lynch den Zuschauer nur noch mehr durcheinander. Alte und neue Geschichte werden zu absolut entgegengesetzten Welten.

Durch Tür und Tunnel betritt man einen filmischen Raum, der nicht mehr interpretierbar, sondern nur durchquerbar ist.

Païni So baut Lynch innerhalb seines Films eine Struktur auf, also genau jene Versuchsanordnung, die, ähnlich wie das Konzept der Installation, heute im Zentrum der Gegenwartskunst steht. Wie Pipilotti Rist es benutzte in ihrer Ausstellung im Pariser Städtischen Museum für Moderne Kunst. Zuerst stand man in der Küche, in der ein Film projiziert wurde. Dann kam man in Wohn- und Schlafzimmer, auch dort gab es jeweils Filmprojektionen. All diese Orte und Filme waren voneinander klar getrennt, trotzdem gab es Gemeinsamkeiten. Es war Aufgabe des Besuchers, eine ›souture‹, eine ›Nahtstelle‹ zwischen den drei Räumen und Bildern zu finden. Doch hob genau diese Nahtstelle die Unterschiede noch hervor.

Jeder Film von David Lynch besitzt seine eigene Organisation von Fiktion. Eine Form von Dramaturgie, die sich nicht mehr an die dramatische Linearität hält, jene aus dem 19. Jahrhundert stammende Tradition mit einer zentralen Hauptperson, auf die alle optischen und dramatischen Perspektiven zugeschnitten sind und auf die der Zuschauer seine Identifikation projiziert. In Lynchs Filmen funktioniert die Organisation der Fiktion wie eine Installation, wie ein Aufbau, wie eine Promenade. Ein Spaziergang durch den Saal eines filmischen Museums, in welchem gleichzeitig und nebeneinander mehrere ausformulierte und dennoch völlig verschiedene Handlungsvorschläge angeboten werden.

Neben Lynch nennen Sie Atom Egoyan.

Païni Ich finde, dass es in Filmen wie »Family Viewing«, »Speaking Part« und vor allem »The Adjuster« diese Anordnung der Fiktion als Versuchsaufbau gibt. Dieses Verwandeln der Fiktion in Rauminstallation innerhalb des Films.

In den sechziger Jahren sprach man vom ›Expanded Cinema‹, etwa anlässlich einer Doppelprojektion wie Andy Warhols »Chelsea Girls«. Gemeint war eine Erweiterung des Kinos nicht im Sinne der optischen Perspektiven, sondern des Aufbaus der Vorführung, welcher traditionell den Blick des Zuschauers dank eines einzigen gebündelten Lichtstrahls auf die Leinwand lenkt. Ich glaube, dass heute die Grundidee des ›Expanded Cinema‹ von manchen Filmemachern innerhalb der von ihnen erzählten Geschichte weitergedacht wird. In die Narration. Man könnte anstelle des ›Expanded Cinema‹ von ›Expanded Narration‹ sprechen.

Wenn heute Bildende Künstler auf Museumswänden Film ausstellen, dann nicht, um Geschichten aufzuzeichnen oder Figuren darzustellen, sondern um Bilder abzubilden. Für mich noch spektakulärer ist allerdings, wenn das, was uns alle in die Kinos trieb und treibt, die wichtigste Kraft des klassischen Erzählkinos, nämlich die Sorge um den Helden, wenn diese Sorge von Regisseuren wie David Lynch verwandelt wird in die Sorge um die Bilder.

KAPITEL 4
HOLLYWOOD IN DER KUNSTGALERIE

Der Flaneur

Wie aber steht es mit dem Aufbau des Illusionsraums nicht innerhalb der Leinwand, sondern um sie herum? Die Behauptung, angesichts der aktuellen Flut von Künstlerfilmen werde sich bald schon der konventionelle Ort postmoderner Kunstpräsentationen, der Weiße Würfel oder White Cube, in eine Black Box des Programmkinos verwandeln, ist ein schon jetzt abgegriffenes Schlagwort. Natürlich gibt es Künstler, welche die Filmtheatersituation mit Halbdunkel, Sitzreihe und Einkanalprojektion explizit in ihre Arbeit aufnehmen. Aber andere Installationen bleiben offen, arbeiten mit mehreren Projektionsflächen, verzichten auf Sitzplätze. Sie bespielen zwei oder drei Räume en suite, benutzen Korridore anstelle abgeschlossener Räume, oder sie ziehen sich an sinnträchtige Orte zurück, von der Kirche bis zum Heizkeller; Kunsträume, die zum Umhergehen, Verweilen, Wiederkommen einladen. Der bei Popcorn an den Klappsessel gefesselte Zuschauer der Black Box wird zum im Bewegungsradius freien Flaneur, ein vom Vertrieb definiertes

Stückchen Zeit mit Anfang und Ende wird zu einem offenen Fragment unbestimmter Dauer.

Die Gestalt des Flaneurs stammt aus der Literatur, genauer gesagt der französischen Lyrik der zweiten Hälfte des neunzehnten Jahrhunderts. Bei Baudelaire ist der Flaneur ein großstädtischer Nichtstuer, ein ziellos durch die Straßen streifender Beobachter, elegant, unabhängig, von allen sozialen Schichten losgelöst. Herkunft und Zeit spielen beim Flaneur keine Rolle mehr; er ist kein Wanderer, sondern ein sich von der Laune treiben lassender Spaziergänger, der dem Zufall huldigt, nicht dem Ziel. Der französische Filmhistoriker Dominique Païni beschrieb als erster, wie sich der Flaneur im Kunstraum seinen persönlichen Standpunkt sucht und so – ähnlich dem Flaneur Walter Benjamins vor den Schaufenstern der Pariser Passagen – die Bilder selbst zusammen schneidet.

Der Flaneur ist der geborene Beobachter, Hinseher, Zuschauer. Es gibt Projektionen, bei denen er sich auf den Boden hockt, was ihm ein nicht unbedingt genehmes, unfreiwilliges Gemeinschaftsgefühl aufzwingt, aber wegen seiner unbequemen Sitzhaltung auch etwas sympathisch Provisorisches hat. Perfekt ist ein einziges, lakonisch in der Mitte des Raums platziertes Sofa, wie etwa Eija-Liisa Ahtila es benutzt. Bis zu vier Flaneure – vier sind mehr als ein Einzelner, aber weniger als eine Gemeinschaft – können Platz nehmen, sich räkeln, aufstehen, weitergehen.

Bei über mehrere Ausstellungsorte verstreuten Großveranstaltungen bezieht der Flaneur die Stadt mit ein; er beschleunigt den Schritt nicht, wenn er von Venedigs Giardini in das einige Kanäle entfernte Arsenale wechselt. Da er ziellos schlendert, kann er durchaus auf einen Campari im Café hängen bleiben. Er darf weniger interessante Kunst keines Blickes würdigen und sich weigern, bei Werken mit festen Anfangszeiten in Warteschleife zu verharren. Vor allem aber fällt es ihm leicht, von Saal zu Saal zwischen den Medien zu wechseln; egal ob Malerei, Fotografie oder Filmprojektion, die Freiheit des Flaneurs in Raum und Zeit ist zumindest subjektiv eine absolute.

Oft kommt der Zeitbegriff der Kunst dem des Flaneurs entgegen. Etwa, wenn Dauer so gekürzt und Zeit so gestreckt wird, dass beide wie aufgehoben wirken. Das kann etwa durch Endlosschleifen bewirkt werden, wie in den gefilmten Szenen der Niederländerin Marijke van Warmerdam. Eine schlichte Alltagssituation – ein duschender Mann, eine sich ausziehende Frau – wird in Schleife gezeigt, meist auf einem sicht- und hörbaren 16mm Projektor.

Auch einige Filme des Kanadiers Rodney Graham, die in 35mm gedreht, aber als DVD abgespielt werden, funktionieren als Schleife. »Vexation Island«, eine Persiflage von

Rodney Graham

Der Papagei als Startschuss zum Loop:
»Vexation Island«

Robinson Crusoe und Sisyphos, aber auch vom Aussteigermythos westlicher Zivilisationsmüdigkeit, ist 1997 der neunminütige Beginn einer dreiteiligen Serie von sorgfältig gedrehten Kostümfilmen. Ein englischer Marineinfanterist, offensichtlich ein Schiffbrüchiger, liegt am Strand einer paradiesischen Insel. Neben ihm sitzt ein Papagei. Lange passiert gar nichts. Man sieht blauen Himmel, Strand, und eine Palme. Dann krächzt der Papagei, »Wach bitte auf.« Der Soldat tut, wie ihm geheißen, erhebt sich und erblickt die Palme. Mit aller Kraft rüttelt er an ihr, wie gewünscht fällt eine Kokosnuss herunter – und haut ihn in Zeitlupe um. Der Soldat liegt im Sand, ohnmächtig. Der Film beginnt von vorn.

Rodney Graham wurde 1949 in British Columbia geboren und lebt in Vancouver. Seit Beginn der achtziger Jahre arbeitet er an der Grenze von Konzeptkunst und Dialog mit Hollywood-Klischees. In »Fishing on a Jetty« inszeniert er eine Szene aus Hitchcocks »To Catch a Thief«, in der Cary Grant so tut, als würde er angeln, um polizeiliche Verfolger abzulenken. In seiner Kostümtrilogie geht es Graham um Zeit: Die objektiv kurze Dauer aller drei Filme wird durch die Schleife aufgehoben, das Anekdotische wird beschränkt auf den immer wieder kehrenden Witz, die Filmsprache kommt aus Hollywood: Breitwand, satte Farben, ruhige Fahrten.

»Vexation Island«, »How I became a Ramblin' Man« und »City Self / Country Self« sind ironische Zitate aus dem Genrekino, nämlich Piratenfilm, Western und Kostümsaga. Sie funktionieren als dialektische Künstlichkeiten, zwischen Literatur und Stammtischwitz, Erzählkino und Konzeptkunst. In »How I became a Ramblin' Man« reitet Graham auf die Kamera zu, steigt ab, macht Feuer, singt ein Lied zur Gitarre und reitet wieder weg. Auch hier geht es um den Aussteigermythos, und darum, dass die Flucht aus der Zivilisation in eine neue Sackgasse führt: die des Klischees.

»City Self / Country Self« beginnt mit einem Hut, der zu Boden fällt und wieder aufgehoben wird. Ein Landmann, an seiner Kleidung als Provinzler zu erkennen, klaubt ihn auf

und geht eine Straße hinunter. Die Kirchturmuhr steht auf kurz vor Zwölf. Droschken fahren vorbei, ein eleganter Dandy lässt sich seine Schuhe putzen. Dann flaniert er herum, blickt in Schaufenster und immer wieder auf die Uhr. Punkt Zwölf kreuzt der Landmann seinen Weg. Der Städter gibt ihm in Zeitlupe einen Tritt in den Hintern – der Landmann verliert seinen Hut. Ein befremdlicher Gag, der dadurch noch rätselhafter wird, dass beide Männer Masken mit den Gesichtszügen Grahams tragen. Es geht also wieder um eine Clownerie mit dem doppelten Selbst des Künstlers: Stadtmensch und Aussteiger.

Wie kann, muss, darf das »City Self«, sprich der Flaneur, mit Zeit umgehen, wenn sie so bemessen wird, dass sie für den Zuschauer physisch kaum mehr zu ertragen ist? Bisher wurden monumentale Formate in der Tradition von Andy Warhols Film »Sleep« ausschließlich in der Black Box gezeigt. Bruce Naumans Installation »Mapping the Studio I (Fat chance John Cage)«, im ersten Halbjahr 2002 in der New Yorker Dia Art Foundation in Chelsea uraufgeführt, bricht mit dieser Tradition. Fünf Stunden und fünfundvierzig Minuten werden auf vier Wände insgesamt sieben Einstellungen des – leeren – nächtlichen Ateliers in Galisteo projiziert, gedreht mit Überwachungskameras und Infrarotlampen. Die Arbeit ist eine Hommage an John Cage, den Komponisten der Stille. In der Mitte des großen Raumes stehen Drehstühle auf Rollen bereit – was dem Flaneur ermöglicht, sitzend im Raum spazieren zu fahren.

In Naumans »Mapping the Studio« passiert nicht viel. Ab und zu schlendert eine Maus durchs Bild, oder die Katze schaut rein und würdigt besagte Maus keines Blicks. Durch die übertriebene Dauer wird eine ohnehin reduzierte Handlung beinahe vollkommen ausgelöscht. Der Eindruck von Statik und Leere entsteht, als handle es sich um Filmaufnahmen in Echtzeit – was genauso falsch ist wie bei Warhols »Empire« oder den Internetübertragungen des in New York lebenden Deutschen Wolfgang Staehle. In all diesen Werken ist angebliche Realzeit immer manipulierte Filmzeit. Warhol projiziert sein

Rodney Graham

Der Künstler als Klischeebild des Aussteigers, als kostümierter »City Self / Country Self« oder als Cowboy in »How I became a Ramblin' Man«

Drehmaterial des Empire State Building mit achtzehn anstelle von vierundzwanzig Bildern und filmt die Projektion ab, was eine Art Zeitlupe mit nicht mehr nachvollziehbaren Magazinwechseln ergibt. Staehles Zeit wird durch Computer bestimmt, die aus den fünfundzwanzig Bildern pro Sekunde einer Videokamera ein Drittel auswählen, diese durchs Netz schicken und anschließend sampeln.

In »24-Hour-Psycho« aus dem Jahre 1993 macht der schottische Videokünstler Douglas Gordon die Dimension fiktionalisierter Zeit deutlich, indem er Hitchcocks Gruselklassiker »Psycho« auf einen ganzen Tag dehnt und dadurch die Handlung – fast – zum Stillstand bringt. Gordon betont die dramaturgische Bedeutung von Zeit, indem er den Aufbau von Handlung und Spannung durch Vernichtung von Schnitt und Tonspur unsichtbar macht. Stattdessen wird durch Einfrieren der einzelnen Momente die Bedeutung von Bildkomposition und theatralischer Geste herausgestellt, also die Ästhetik Hitchcocks bei der Darstellung menschlicher Emotion.

Der 1966 geborene Gordon ist innerhalb weniger Jahre zum Klassiker der Kunst über Kino geworden. Sein Konzept ist, Inkunabeln der Filmgeschichte dank Video zu sezieren und durch das Isolieren einzelner technologischer Eigenheiten das Funktionieren Hollywoods zu demonstrieren. Das ist simpel, manchmal zu simpel. Entscheidend für den Erfolg seiner Arbeiten ist, wie der Flaneur in die Installation der Projektionen einbezogen wird. Ob er Zeuge einer Demonstration oder Teil einer Handlung wird wie in »Through a looking glass«, wo die Leinwände mitten im Raum hängen und beidseitig bespielt werden, so dass der durch das Lichtbündel flanierende Zuschauer selbst zur Leinwand wird.

In seiner Arbeit »Whirlpool« benutzt Gordon den gleichnamigen Film von Otto Preminger, einen Prototyp des Psychokrimis mit Gene Tierney in der Hauptrolle, und verstärkt ihn durch stroboskopische Effekte. Hauptthema von Premingers Krimi ist die Hypnose, doch wenn Gordon dies durch bildmechanische Tricks überdeutlich macht, wirkt der zu schlichte Kunstgriff gegenüber Premingers subtiler Inszenierung nur noch mechanisch. Ein zu formalistisches Vorgehen der Gegenwartskunst bleibt dem die Phantasie stimulierenden Erzählkino Hollywoods unterlegen.

Erfolgreicher ist Gordon, wenn er seine eigene Intervention auf ein Minimum beschränkt und Hollywood sich selbst persiflieren lässt. Etwa indem er auf eine einzige, mitten im Raum hängende Leinwand von zwei Seiten zwei verschiedene Filme zu ähnlichen Themen projiziert. »Der Exorzist« und die Lebensgeschichte der Heiligen Bernadette von Lourdes vermischen sich so vor den Augen des Zuschauers zu einer einzigen, unfreiwilligen Komödie des Katholizismus, die weit über das Kino hinausweist.

Douglas Gordon
Die Leinwand wird Rauminstallation, der Mord unter der Dusche eine stumme Choreografie abstrakter Bewegung: »24-Hour-Psycho« von 1993.

Hitchcock

Scottie, ein ehemaliger Polizist, hat den Dienst quittieren müssen, weil er unter Höhenangst leidet. Als ein Freund und früherer Kollege ihn bittet, auf seine psychisch labile Frau aufzupassen, versagt Scottie: Madeleine verunglückt vor seinen Augen, weil er wegen seines Schwindels nicht eingreifen kann. Erst als ihm mit Madeleines angeblicher Doppelgängerin Judy dasselbe noch einmal zu passieren droht, begreift Scottie, dass er Opfer eines Komplotts geworden ist.

In seinem als 35mm Film gedrehten, aber letztendlich nur als Video vorgeführten »Feature Film« isoliert Douglas Gordon 1999 die Tonspur aus Hitchcocks anspruchsvollstem Thriller und beraubt so den Betrachter seines Blicks. Doch bleibt diese künstlerische Entwendung eine Geste der Frustration: Anstatt den Film konsequent zum Hörspiel zu machen, lässt der Künstler Bernd Hermanns Filmmusik von einem Sinfonieorchester unter Leitung des amerikanischen Dirigenten James Conlon nachspielen, damals Generalmusikdirektor in Köln. Dabei filmt er Conlon in Großaufnahmen: Auge, Mund und immer wieder die Hände. Die fertige Arbeit besteht aus der vollständigen Tonspur des Films und dem dirigierenden Conlon. Pausiert die Musik, beispielsweise in Dialogszenen zwischen Scottie, gespielt von James Stewart, und Madeleine/Judy alias Kim Novak, dann bleibt die Leinwand schwarz. Den Rest der Zeit sieht man Conlon, oder zumindest Teile von ihm.

Natürlich sind die meisten Zuschauer in der Lage, sich »Vertigos« Handlung und Personen dank des Tons in Erinnerung zu rufen. Schließlich handelt es sich um einen Klassiker, der längst der Filmgeschichte und dem zumindest westlichen kulturellen Erbe angehört. Aber die Präsenz Conlons stört, weil sie der bildlosen Wucht der Musik ein schnell eintöniges dokumentarisches Bild hinzufügt. Der Zuschauer setzt seine Fantasie zudem rein reproduktiv ein, anstatt wie ein Flaneur des inneren Auges durch die eigene Imagination zu spazieren.

In der pariser Ausstellung »Hitchcock et l'art: coïncidences fatales« wird die Titelmusik aus »Vertigo«, in der alle durch den Film geweckten Emotionen mitschwingen, zum Leitmotiv einer Ausstellung. Während man durch die Säle des Centre Pompidou flaniert, klingt das Vertigo-Motiv immer wieder wie zufällig auf, bis es sich schließlich im Kopf des Besuchers festgesetzt hat. Damit wird die Wichtigkeit von Filmmusik, vor allem aber die Bedeutung von gezielt eingesetzten Obsessionen bei Hitchcock illustriert. Als musikalische, visuelle, dramaturgische Kunstgriffe setzen sie im Hirn des Betrachters

David Reed

Psychische Spannung wird zu Malerei abstrahiert, ins Szenenbild eingebaut und anschließend als »Scottie's Bedroom« ausgestellt.

unkontrollierbar Emotionen frei. Das Publikum wird zum Opfer jener Obsessionen, die angeblich den Protagonisten des Films vorbehalten sind. Hollywoods industriell produzierter Effekt funktioniert heute noch so gut wie vor fünfzig Jahren, im Kino wie im Museum.

Hitchcock liefert idealen Rohstoff für die Experimente der Bildenden Kunst. Die Filme sind vertraut und bleiben dank ihrer technischen Fertigkeit bis heute aktuell. Seine Bildsprache verweist immer wieder auf die europäische Malerei und ihre Farbexperimente. Die posthume Restaurierung des Negativs von »Vertigo« etwa wurde angesichts der unorthodox eingesetzten Farbfilter zum Glücksspiel: Mal ist Judys Kostüm grün, mal blau. Hitchcocks mit allen Ticks kollektiver Psychosen gewürzte Geschichten in »Psycho«, »Vertigo« oder »Die Vögel« bleiben Spiegel einer männlich dominierten westlichen Gesellschaft. Kein Wunder, wenn die postmoderne Malerei der achtziger Jahre ihm sein Plündern in der Kunstgeschichte des neunzehnten Jahrhunderts heimzahlt und ihrerseits von Hitchcock profitiert.

Der New Yorker Maler David Reed übersetzt Filmszenen in Abstraktion. Er benutzt, ähnlich wie Douglas Gordon, Hitchcock wie ein Readymade kollektiver Erinnerung, ein industriell gefertigtes Trivialobjekt, das dank des Transports ins Museum zum Kunstwerk

Cindy Bernard

»Ask the Dust«: Originalschauplätze bilden eine Landkarte der amerikanischen Massenkultur.

geadelt wird. In »Scottie's Bedroom« baut Reed seine Gemälde in die Rauminstallation eines Schlafzimmers ein, das einem Filmausschnitt aus »Vertigo« entspricht. Trotz oder wegen ihrer formalen Freiheiten ist die Malerei naturgemäß konzeptueller als die Hitchcocksche Theatralisierung von Wirklichkeit; das Filmset bekommt ein narratives Übergewicht, das nicht die Trivialkultur Kino auf-, sondern die Malerei abwertet und den Künstler leicht zum Vampir werden lässt.

Das Problem bei Hitchcock ist, dass seine Filme im Unterschied zu Duchamps Readymades weder zum Pissoir noch zum Flaschenständer taugen. Sie sind derart künstlich befrachtet mit sichtbaren und unsichtbaren kulturellen Referenzen, dass sie des Ritterschlags der Bildenden Künstler keinesfalls bedürfen. Im Gegenteil, sie bringen das Kunstwerk in qualitativen Zugzwang; es genügt nicht, den Filmklassiker als Folge psychoanalytischer Untiefen zu konzeptualisieren, wie dies Cindy Bernard in ihrer Serie »Ask the Dust« tut. Originalschauplätze berühmter Filme werden abfotografiert, mit nachgestellter Kameraposition, aber ohne Schauspieler. Vielmehr bedarf es der bereits erwähnten Suggestion, will die Kunst das Kino nicht nachahmen, sondern weiterdenken.

Alfred Hitchcock

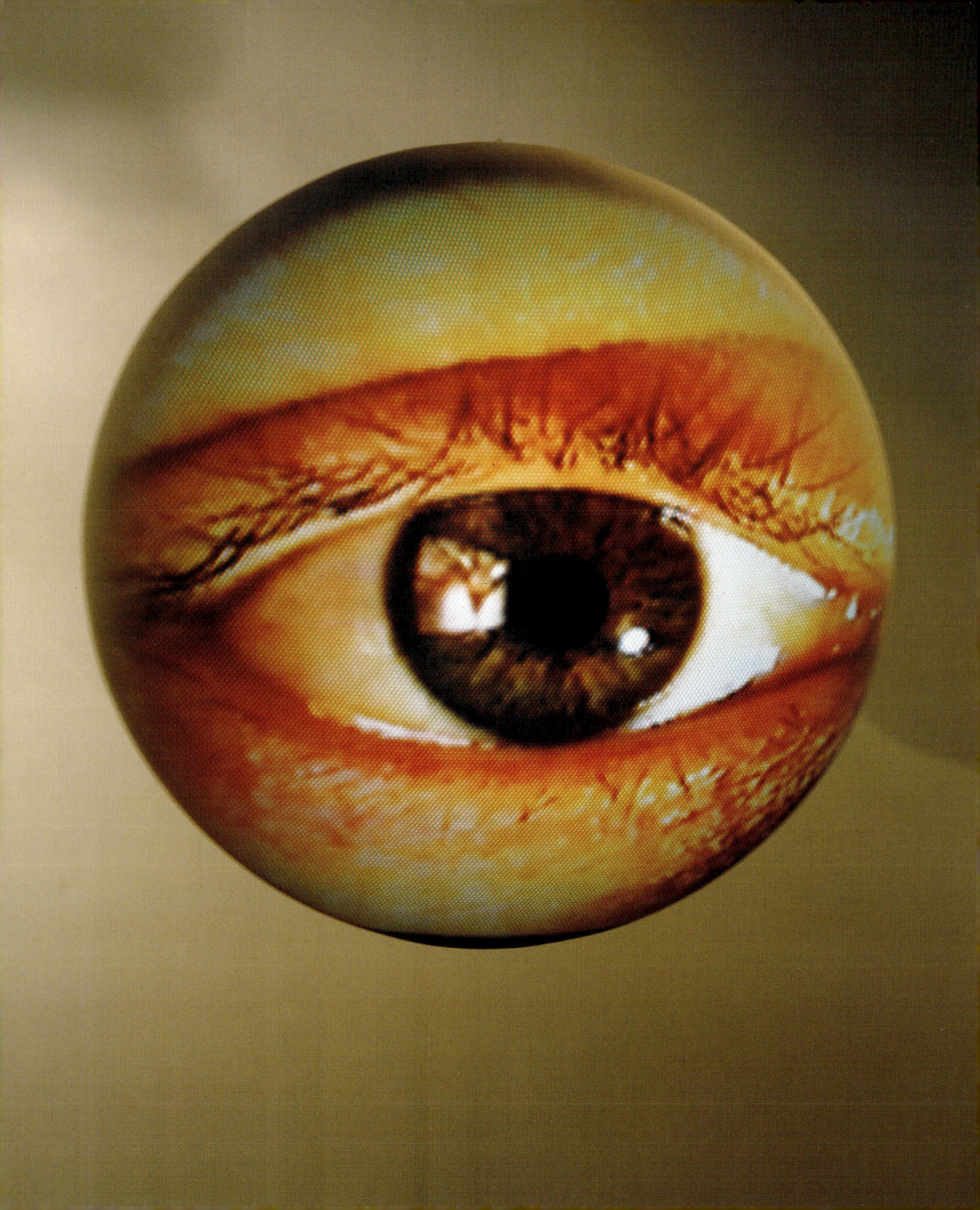

Cindy Sherman
»Untitled Film Still #51«

Ein Beispiel hierfür ist der »Film Still #51« aus Cindy Shermans Serie fotografischer Selbstinszenierungen in den – frei nachempfundenen – Dekors berühmter Hollywoodfilme. Die nicht betitelten Fotos verweisen auf anonyme Filmklassiker, die Teil von Hollywoods – und Amerikas – Kulturgeschichte sind. Sherman, geboren 1954 in New Jersey, stellt sich selbst in weiblichen Standardrollen dar, die nicht nur Starpose erfordern, sondern auch Klischeevorstellungen von Schauspielerin und Rolle befriedigen. Es sind keinesfalls Selbstporträts: »Ich sehe mich bloß als Modell, und das ist eine andere Person«, meint sie selbst dazu. Nummer 51 kombiniert Hitchcocks typische Ingredienzen wie die einsame Blondine, das nächtliche Haus, eine Treppe, zu einem undramatischen Szenenfoto. Undramatisch, weil das Verbrechen noch bevorzustehen scheint. Wenn es denn überhaupt passiert. Auch der Täter ist – noch – nicht zu sehen. Wir, die Zuschauer, denken das Foto weiter und machen es zum Still aus einem Film Hitchcocks.

Ein weiteres Beispiel sind die verschreckten Lebewesen des New Yorkers Tony Oursler, die als überdimensionierte Pupillen oder unter der Couch versteckte Marionetten humorvoll mit Hitchcocks Gruseleffekten spielen und gleichzeitig einen besonders wichtigen Aspekt aus Hitchcocks Universum betonen: das Spiel mit dem kollektiven Unterbewussten. Philosophie und Psychoanalyse haben lange vor der Kunst Hitchcock als ideales Studienobjekt für westliche Psychosen und Neurosen entdeckt; von Gilles Deleuze bis Slavoj Zizek reicht die Liste der schreibenden Interpreten, die in Hitchcocks Bilderwelt nach allgemeingültigen psychosozialen Verhaltensmustern graben. David Reed und Tony Oursler beteiligen sich – mit unterschiedlichem Ansatz – an dieser Archäologie des Verdrängten.

Hollywood kennt die Bedürfnisse seines Publikums und versteht seit bald einem Jahrhundert sie zu bedienen. Was Hitchcock für die Großen, ist Walt Disney für die Kleinen: eine virtuelle Lehr- und Erziehungsanstalt, die die Werte und Tabus der amerikanischen Gesellschaft gewinnbringend ausschlachtet. Während Hitchcock sich mit den dunklen Schichten des Seins befasst, stehen Disneys Filme für die Sonnenseiten des Lebens: Arbeit, Familie, Liebesglück. Gemein ist beiden nur das Happy End, ohne das weder »Bambi« noch »Die Vögel« denkbar wären.

Tony Oursler
Sehen und gesehen werden: »(No) Skin?« von 1996, der Blick ohne Schlüsselloch, das Auge ohne seinen voyeuristischen Besitzer.

Bertrand Lavier »Walt Disney Productions«

Heidi

Die Geschichte von Walt Disney und der Gegenwartskunst ist komplexer als man ahnt. Wenn Los Angeles seit Jahrzehnten über die vielleicht besten, sicher aber fortschrittlichsten Kunsthochschulen Amerikas verfügt, nämlich Cal Arts und UCLA, dann ist das auch Disneys Verdienst. Dieser finanziert lange das Chouinard Institute, ehe er Mitte der sechziger Jahre die Nachfolgeakademie Cal Arts gründet. Dort darf der Fluxus-Künstler Allan Kaprow den Lehrplan bestimmen und weltweit eine der ersten Videoklassen einführen. Schon in Chouinard werden nicht nur künftige Zeichner für den Film ausgebildet, die Schule ist in den fünfziger Jahren die Talentschmiede für Amerikas Kunstszene. Der Maler Ed Ruscha etwa, dessen grafisch ausgeklügelte Wort- und Landschaftsbilder die Ästhetik von deutscher Romantik, internationalem Pop und kalifornischem Hollywood kombinieren, studiert dort ab 1957. Damals kommen die künftigen Künstler oft aus dem kulturell öden Mittleren Westen und müssen sich zwischen Ost- und Westküste entscheiden, wobei nicht selten die Qualität der Kunstschule den Ausschlag gibt.

Fragt man den heute 65jährigen Ruscha nach seinen wichtigsten Einflüssen, antwortet er ohne eine Spur Ironie: »Meine Mutter, Norman Rockwell und Walt Disney«. Kalenderblattmaler wie Andrew Wyeth und Norman Rockwell sind bis weit in die fünfziger Jahre für die nordamerikanische Massenkultur weit wichtiger als etwa Edward Hopper, der eigentliche Begründer einer spezifischen US-Malerei. Ganz zu schweigen von den abstrakten Künstlern der Ostküste um Pollock und De Kooning. Den Disney-Studios gelingt 1937 mit »Snow White and the Seven Dwafts« (»Schneewittchen und die sieben Zwerge«), dem ersten abendfüllenden Zeichentrickfilm der Geschichte, trotz Wirtschaftskrise ihr erster großer Erfolg. Vorher wird vor allem mit Comics über Mickey, Goofy und die Ente Donald Geld verdient.

Mit den versteckten Anspielungen auf die Kunst der damaligen Zeit in Disneys Comic Strips beschäftigt sich der Franzose Bertrand Lavier. Aus dem Mickey-Maus-Heft »Very abstact lines« von 1947 lässt Lavier vierzig Jahre später von Disney-Zeichnern entworfene abstrakte Bilder, die beim Museumsbesuch der Mäuse an der Wand hängen, vergrößern und nachmalen. Das gleiche Verfahren wendet er seit 1995 auch bei Skulpturen an, die er per Computer in 3D nachzeichnen und in Kunststoff gießen lässt. Damit stellt er heute aus, was vor fünfzig Jahren für Disneys fiktives MoMA erfunden wurde, und demonstriert, wie die kreative Factory des bekennenden Kunstignoranten Walt Disney in ihren goldenen Zeiten am Gesamtkunstwerk der Trivialkultur arbeitet.

Paul McCarthy und Mike Kelley

Von der Alm nach LA: »Heidi«, die angebliche Unschuld aus dem Lande Disney

Solche Gesamtkunstwerke funktionieren wie Thermometer des Zeitgeists. Sie messen das Befinden des Publikums und verordnen Unterhaltung wie eine schmerzlindernde, entspannende Medizin. Disneys Filme wollen weder existenziell tief schürfen noch politisch erziehen, wie man es ihnen in den antiamerikanisch geprägten sechziger Jahren vorwarf. Sie wollen verkaufen und richten sich nach dem Geschmack angeblicher Mehrheiten. Diese sind in den vierziger Jahren nicht nur in Amerika blond und blauäugig. In den heutigen multikulturellen Zeiten kann sich Disney solchen Rassismus nicht mehr erlauben. Doch die Firmenpolitik bleibt: Disney vertreibt von Gewalt, Sexualität und finaler Grausamkeit gereinigtes Entertainment an die lukrativste aller Zielgruppen, die Kinder.

Sieben Jahre braucht der amerikanische Künstler Paul McCarthy für seine sehr persönliche Neuverfilmung eines der bekanntesten Disney-Stoffe: Heidi. Johanna Spyris Roman über die jungmädchenhafte Unschuld aus den Schweizer Bergen begleitet die ersten Leseversuche von Generationen europäischer Leseanfänger. Dann schwappen Bilderbücher, Filme, Fernsehserien und Videokassetten in die Kinderzimmer. McCarthys

Heidi ist zunächst wie das Vorbild eine Unschuld vom Lande, aber nicht lange. Ihr Domizil auf der Engardiner Alm wird bevölkert von schmutzigen, lüsternen, mit Ketchup und Schokolade um sich werfenden, Würste scheißenden Individuen namens Peter, Großvater oder Ziege, an deren Ausschweifungen Heidi lebhaften Anteil nimmt.

Paul McCarthy
Ein American Hero auf Abwegen: In »The Garden« widmet sich 1991 der bewegte Mann ausschließlich der Natur.

Der im Norden von Los Angeles unweit der großen Studios lebende Paul McCarthy realisiert seine »Heidi« zusammen mit dem jüngeren Mike Kelley. Beide übernehmen abwechselnd verschiedene Rollen, improvisieren vor der Kamera, toben sich in einem Set aus, das weder authentisch schweizerisch noch disneyhaft ist, sondern eine apokalyptische Mischung von Alpenfolklore und früher österreichischer Moderne. McCarthy hat sich immer wieder mit dem Einfluss der heilen Welt des Fernsehens auf Amerikas Jugend auseinandergesetzt. In der Kunstraseninstallation »The Garden« lässt er 1991 zwei einsame Männer Wald und Wiese nageln, in einem Originalset aus der Kultserie »Bonanza«, in deren Männerwelt Frauen Mangelware waren.

Mit Ketchup, Öl und Schokolade inszeniert er anfangs live, später nur noch vor der Videokamera von Disney verdrängte oder auf hübsch getrimmte dunkle Zonen der Märchenwelt, vor allem Gewalt und Sex. In den fast immer aus Europa stammenden literarischen Stoffen wie »Heidi« oder »Schneewittchen« sind existenzielle Parabeln und Andeutungen auf Grausamkeit und Lebensangst enthalten, die bei Disney im wahrsten Sinne des Wortes ausradiert werden. Ähnlich wie Walt Disney sich nicht scheut, persönlich in »Fantasia« zu schwierige oder schwermütige Passagen der Originalmusik kurzerhand zu kippen. Darunter auch die komplexesten Teile der Stücke Igor Strawinskys, der zu jener Zeit bereits in Los Angeles lebt und durch einen Scheck ruhig gestellt wird.

Eine der berühmtesten Arbeiten McCarthys ist »Pinocchio Pipenose Householddilemma« von 1994. McCarthy spielt selbst die kurzbehoste, blauäugige Holzpuppe mit Röhrennase, deren Abenteuer im neunzehnten Jahrhundert vom Italiener Collodi erfunden wurden. Die Nase des literarischen Protagonisten, der mal Kind, mal Marionette ist, wächst oder schrumpft, je nachdem ob er lügt oder

Mich verbindet eine Art Hassliebe mit Los Angeles. Ich habe mich wegen ihrer eigenwilligen Mischung aus oberflächlicher Banalität und schwelender sozialer, aber auch sexueller Gewalt für diese Stadt entschieden – und weil es die Medienstadt schlechthin war, eine von Hollywood und Walt Disney geprägte, virtuelle Welt. Wenn ich in Filmen mit Figuren wie »Heidi« oder »Pinocchio« arbeite, dann interessiert mich daran vor allem ihr kulturelles Gepäck, mit dem sie belastet sind. Und selbst wenn ich konkrete Installationen baue, sind es virtuelle Räume: Sie funktionieren wie Miniaturen, in die wir unsere Wunsch- und Alpträume hineinprojizieren. Nehmen Sie »Der Garten«: Inmitten von Plastikbäumen, einem authentischen Walddekor aus der Fernsehserie »Bonanza«, bumsen zwei Männer. Beide sehen aus wie Hollywood-Charaktere, und das ist wichtig. »Der Garten« funktioniert wie eine Insel, man schaut von oben hinein in den Wald und wird so zum Voyeur, denn die beiden Männer bemerken einen nicht, sie sind mit sich selbst beschäftigt. Es ist ein Wirklichkeit gewordener virtueller Raum, ein Modell für die westliche Kultur und ihre Medien.
Paul McCarthy

Paul McCarthy
Kinder sind keine Engel, und Marionetten auch nicht: »Pinocchio Pipenose Householddilemma« von 1994.

die Wahrheit sagt. McCarthys Pinocchio trifft keine guten oder bösen Menschen oder Wale, er ist im Haushalt beschäftigt. Dort steckt er seinen phallischen Lügendetektor in Ketchup und bläst dieses durch den Raum, stopft Schokolade in einen Kollegen aus Stoff und verprügelt ihn dann mit Brachial- und Sexualgewalt.

In McCarthys Pinocchio stecken Gestalten aus anderen Performances des Künstlers, vor allem aber verbirgt er ein Disney entgegengesetztes Bild des Kindes, das keinesfalls unschuldig, friedliebend und auf Unterhaltung aus ist, sondern genauso unbeholfen, laut, böse, tollpatschig und grausam agiert wie ein Erwachsener. Schon das Kind wird gelenkt von zwei Grundtrieben, die zu befriedigen es nicht müde wird: dem Verlangen nach Nahrung und Sexualität. Just jene Instinkte, die den Menschen nicht vom Tier unterscheiden, kommen bei Disney nicht vor.

Walt Disney prägt nicht nur die Jugend Amerikas. Früher und erfolgreicher als andere Studios Hollywoods wie Warner oder MGM formuliert er eine ihm eigene, leicht zu verstehende und wieder zu erkennende Sprache, deren Helden Protagonisten der ersten global erfolgreichen Medienprodukte überhaupt werden. Diese Helden denken amerikanisch und sprechen englisch; dennoch werden sie weltweit verstanden. Der Franzose Pierre Bismuth hat 2001 den Disney Klassiker »Dschungelbuch« nachsynchronisiert – Mogli spricht bei ihm serbisch, und Ballou antwortet auf Mandarin – oder umgekehrt. Der Dschungel wird zum modernen Babylon, jedes Tier benutzt eine andere Sprache. Trotzdem bleibt der Plot absolut verständlich: Bildsprache, Charaktere und narrative Struktur sind universell.

Ein anderer französischer Künstler, Pierre Huyghe, nahm sich 1997 Disneys »Schneewittchen« vor. Auch er behandelt den universellen kulturellen Einfluss Disneys, doch verfolgt er die Spur Schneewittchens von Paris, seiner Heimatstadt, zurück nach Hollywood. Huyghe spürte Lucie Dolène auf, 1962 die französische Synchronstimme Schneewittchens. Madame Dolène, unzufrieden mit der Weigerung Disneys, ihr Autorenrechte zuzugestehen, hatte angekündigt, das amerikanische Studio verklagen zu wollen. In Huyghes vierminütigem 35mm Film »Blanche Neige Lucie« spricht sie über die schwierigen Arbeitsbedingungen und die fatalen Konsequenzen dieser entscheidenden Synchronrolle auf ihr Berufsleben. Dann singt sie den berühmten Schneewittchen-Song in der Version von Miles Davis »Some Day my Prince will come«, und Huyghe blendet die Geschichte ihres Prozesses ein.

Schon in der Videoinstallation »Dubbing« hatte Huyghe fünfzehn Synchronsprecher bei der Arbeit gefilmt und den zu synchronisierenden Kinofilm auf seine Tonspur, präziser, die Tonspur seiner französischen Fassung, geschrumpft. In »Blanche Neige Lucie« geht es ihm nicht nur darum, einer von der Filmgeschichte vergessenen Stimme wieder zu ihrem Gesicht zu verhelfen. Er sucht das Bild hinter der Stimme, den Menschen hinter der Rolle, das Individuum hinter einer kollektiven Kindheitserinnerung. So wie Paul McCarthy der kulturellen Substanz nachspürt, die unter Disneys Verkitschung zugeschüttet wurde. Globalisierung fordert Opfer – erst recht, wenn sie marktwirtschaftlichen Zielen folgt.

Paul McCarthy
Das Künstleratelier
als Filmstudio

Remake

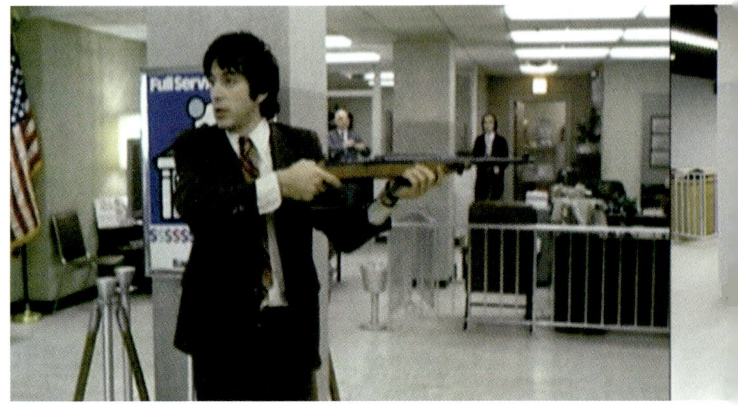

Ein früh ergrauter Herr steht am Schalter einer New Yorker Bank und erzählt, wie er vor gut einem Vierteljahrhundert als junger Mann eben diese Bank überfiel. Unaufgeregt erklärt er Eingang, Kundenhalle, Tresorraum. Um sich Mut zu machen, gehen er und sein Komplize, beides Anfänger im Bankengeschäft, vor der Tat ins Kino und schauen sich Francis Ford Coppolas »Paten« an. Das beschert ihnen einige hübsche Einfälle für ihre Tat. Trotzdem laufen sie dem Schicksal – und den Lügen der Polizei – ins Messer. Kann Kunst helfen, die Wunde des Versagens zu heilen?

Der nette Herr mit Embonpoint erzählt seine Geschichte nicht nur, er inszeniert sie. Mit Hilfe einer Gruppe von Statisten rekonstruiert er die Tat, als sei sie gestern passiert. Vier junge Damen schickt er hinter einen Kundenschalter und erklärt ihnen, wie man Geld zählt. Ein Assistent reicht ihm ein halbautomatisches Gewehr. Der Mann richtet es auf die Statisten: »Das ist ein Überfall! Wer schreit, dem blase ich das Hirn aus dem Schädel!«

John Wojtowicz ist der berühmteste Bankräuber aller Zeiten. Aber wir kennen weder ihn noch seinen Namen. Wir schauen ihm zu, wie er in einem Pariser Filmstudio den wichtigsten Moment seines Lebens nachspielt, vor zwei Kameras, auf zwei Leinwänden. Dann springt das Bild auf der linken Leinwand, Al Pacino reißt ein halbautomatisches Gewehr hoch und richtet es auf die Bankangestellten: »Das ist ein Überfall! Wer schreit, dem blase ich das Hirn aus dem Schädel!« Sofort ordnet der Zuschauer das vertraute Gesicht Pacinos in den passenden Film ein: »Dog Day Afternoon« (»Hundstage«) von Sidney Lumet erzählt 1975 die Geschichte eines Anfängers, der an einem besonders heißen Sommertag des Jahres 1972 eine Bank in Brooklyn überfällt, weil er Geld für die Geschlechtsumwandlung seines Liebhabers braucht.

Lumets Film hat für sein Drehbuch einen Oscar gewonnen. Er ist großes Kino, weil er scheinbar in Echtzeit sehr realistisch einen Überfall inszeniert, der in einem Fiasko endet. Erst trifft die Polizei, dann die Presse am Tatort ein, die Bankräuber werden mitsamt ihren Geiseln in der Bank eingeschlossen. Es beginnt eine Belagerung, ein vom Fernsehen live übertragener Nervenkrieg, der mit der dramatischen Verhaftung der Verbrecher und ihrer nur teilweise gelungenen Exekution endet und zusammen mit dem Münchner

Pierre Huyghe
Der Bankräuber
und sein Darsteller:
John Wojtowicz
und Al Pacino

Überfall der Gruppe »Schwarzer September« auf das israelische Olmympiateam die Ära des Verbrechens als Medienspektakel begründet.

Lumet erzählt eine wahre Geschichte mit den Mitteln Hollywoods. Pierre Huyghe gibt in seinem Film »La Troisième Mémoire« diese Geschichte an die Wirklichkeit zurück und zeigt, wie ein Film mit jener »tatsächlichen Begebenheit« umspringt, mit der er im Vorspann protzt. Der Titel spielt auch auf einen Begriff des französischen Philosophen Roland Barthes an, für den Fotografie und Film eine zusätzliche, dritte Form von Gedächtnis aktivieren.

Der inzwischen aus dem Gefängnis entlassene Wojtowicz übernimmt Pacinos Part, der mit dieser Rolle berühmt wurde. Huyghe korrigiert Einzelheiten der Hollywoodversion und verwandelt so dank einer dritten Stufe der Erinnerung die Tatsächlichkeit nachstellende Fiktion zurück in Fiktion nacherzählende dokumentarische Wirklichkeit. Doch sie ist nur scheinbar dokumentarisch, denn Wojtowiczs Erzählung vor Huyghes Kameras ist natürlich geprobt. Die Handlung wird professionell in Kameraeinstellungen aufgelöst, die Statisten nach Gewerkschaftssatz bezahlt.

Huyghes Film zeigt, wie Hollywood in industrieller Routine von Dreh, Schnitt, Vertonung Wirklichkeit aufbereitet und wie in unserer Erinnerung die Kinoversion das tatsächliche Geschehen ausblendet. 1962 in Paris geboren, gehört Huyghe zu einer Generation, die mit Bildern aufgewachsen ist. Seine visuelle Kultur ist vom Film, nicht vom Fernsehen geprägt. In seiner Kunst setzt er sich mit allen Kategorien des Mediums Film auseinandersetzt, von Hollywood und Hitchcock bis zum Autorenkino Pasolinis, vom japanischen Trick- zum klassischen Experimentalfilm, den er 2001 im französischen Pavillon der Biennale von Venedig mit »Les Grands Ensembles« digital wiederbelebt.

Als »großes Ganzes« bezeichnet man im Französischen am Reißbrett entworfene Wohnsiedlungen, überdimensionierte Architekturkomplexe aus der Vorstadt, in deren Sozialsilos Tausende von Menschen ein mehr oder weniger anonymes Dasein fristen. Huyghe baut zwei solcher Wohntürme im Studio nach und inszeniert einen visuellen Dialog zwischen den aufblinkenden und erlöschenden Fenstern, die vom Lebensrhythmus der Bewohner künden. Gleichzeitig verändern sich die Jahreszeiten, Nebel, Schnee, Sonne lassen ein Jahr im Zeitraffer vorbeirauschen. In Vistavision gedreht, wirkt das Bild der beiden Türme täuschend naturalistisch, obwohl es nur digital nachbearbeitete Modellarchitektur ist. Gebäude, Licht, Zeit, Klima: Jede Spur von Leben in diesem achtminütigen, manchmal in Schleife gezeigten Films ist künstlich. Virtuelle Wirklichkeit aus dem Reich der cineastischen Trickkiste.

INTERVIEW
PIERRE HUYGHE

Welchem Kinoregisseur gelingt es Ihrer Meinung nach am besten, den Zwängen des Erzählkinos zu entkommen?

Pierre Huyghe David Lynch. Obwohl Lynch in »Mulholland Drive« den klassischen Regeln von Ermittlung und Aufklärung folgt, kann man den Film auch ganz anders verstehen. Dieser Film ist wie dafür gemacht, zuhause angeschaut zu werden, wo man zurückspulen und sich bestimmte Szenen ein zweites Mal ansehen kann. Als würde man ihn physisch besitzen, ihn vor sich ausbreiten. Weil es im Lauf der Handlung unmerklich zu einem Bruch kommt; die Handlung wird in kleine Erzählblöcke zerschlagen, welche übereinander und nicht nacheinander geschichtet werden. So zerschlägt Lynch die Linearität der Handlung.

Welche Bildenden Künstler verfolgen erfolgreich ähnliche Ziele?

Huyghe Ich bin nicht sicher, ob die Bildende Kunst sich noch lange für erzählerische Modelle interessieren wird. Im Augenblick spielt das noch eine wichtige Rolle, das stimmt. Seit rund zehn Jahren arbeiten Künstler mit der räumlichen Inszenierung von Erzählung. Sie lassen den Zuschauer im Raum herumwandern, und während dieses Herumwanderns konstruiert er selbst die Erzählung. Das Problem ist, dass der Zuschauer gar nicht unbedingt Lust hat, aktiv zu werden. Dass er zufrieden damit ist, passiv zu bleiben. Er will nicht Versuchskaninchen sein, sondern in der Wunderkammer sitzen.

Im Raum ausgebreiteter Film erfreut sich heute großer Beliebtheit in der Kunst. Der interaktive Film, das angebliche Zukunftsformat, stößt dagegen auf wenig Gegenliebe bei Künstlern und Publikum.

Huyghe Weil die Leute gerne kontemplativ bleiben möchten. Sich in einer Geschichte vergraben wollen. Sonst können sie genauso gut in einen Freizeitpark gehen.

Kunst benutzt heute Kino gern als Rohmaterial. Aber können Künstler wie Douglas Gordon dem Kino überhaupt gerecht werden? Ist das Kino der Kunst nicht immer einen Schritt voraus?

Huyghe Ich würde bestimmt nicht das Gegenteil behaupten. Mich interessieren Künstler, die Filme drehen, überhaupt nicht. Sie animieren Bilder, das ist alles.

Das Kino fasziniert Sie stärker als die Kunst?

Huyghe Absolut. Ich fühle mich keinem einzigen mit bewegten Bildern arbeitenden Künstler nahe. Obwohl ich selbst dieses Medium benutze, interessiert es mich in der Kunst bis auf einzelne Ausnahmen kaum, weder in der Gegenwart noch in der Vergangenheit. Meine Aufmerksamkeit richtet sich vor allem darauf, was außerhalb des eigentlichen Werkes bleibt. Ob ein Projekt wie Ann Lee zu

Sidney Lumet
»Dog Day Afternoon«
oder das erste Verbrechen
mit Live-Übertragung

Filmen oder Gemälden oder Büchern führt, ist völlig unwichtig. Mir kommt es auf das Projekt selbst an.

Was ist Ihre Ausbildung als Kinogänger? Die Pariser Cinémathèque oder das Fernsehen?

Huyghe Ich habe nur zwei Jahre lang intensiv die Cinémathèque frequentiert, mit bis zu vier Filmen am Tag. Und mich dann ausgeklinkt. Aber ich bin natürlich weiter täglich ins Kino gegangen und habe auch viel über Film gelesen.

Wenn Sie mit Kinofilmen arbeiten, dann ohne Rücksicht auf das Genre. Sie wechseln von Pier Paolo Pasolini zu Sidney Lumet, vom Autorenfilm zum Kommerzkino.

Huyghe Das stimmt. Meine Arbeit »L'Ellipse« beispielsweise habe ich mit Bruno Ganz und einem Ausschnitt aus »Der Amerikanische Freund« gemacht, aber Wenders Kino interessiert mich überhaupt nicht, kein einziger seiner Filme.

Pierre Huyghe
Wohntürme im Dialog:
»Les Grands Ensembles«,
2001

Warum haben Sie dann den »Amerikanischen Freund« benutzt?

Huyghe Ich arbeite an einem Darsteller, filme einen Schauspieler, der in einem bestimmten Augenblick von einer Figur zu einem normalen Menschen wird. Der aus seiner Geschichte ausschert und Teil eines Traums wird, ehe er wieder zu der Geschichte zurückkehrt. Dieser Prozess beschäftigt mich eine Zeit lang, aber wie lange, das bestimme ich.

Gilt das auch für andere von Ihnen benutzte Filme?

Huyghe Im Falle von Sidney Lumet, ja. Nicht der Film interessiert mich, sondern was im Kopf meiner Hauptperson John Wojtowicz vor sich geht. Bei Pasolini ist das anders, ich schätze sein Engagement, und auch sein Kino. Ähnliches gilt für Nanni Moretti, David Lynch, Stanley Kubrick oder Jacques Tati.

»La Troisième Mémoire« ist nicht nur eine Arbeit über einen Film von Sidney Lumet, sondern über Hollywood, und wie Hollywood unser kollektives Gedächtnis beeinflusst.

Huyghe Stimmt. Der Film erzählt, wie zum ersten Mal ein solcher Überfall live im Fernsehen übertragen wurde. Danach hat die Polizei durch Verordnungen dafür gesorgt, dass ohne Sondererlaubnis nicht mehr live übertragen werden durfte. Weil es bei dem Banküberfall durch die Anwesenheit der Presse wirklich zum Chaos gekommen ist. John Wojtowicz hat vom Fernsehen profitiert, er hat seine Tat in eine Show verwandelt. Er war ziemlich extravertiert und intelligent. Er hat das wirklich brillant gehandhabt.

In »La Troisième Mémoire« wirkt er eher wie ein alt gewordenen Bürger.

Huyghe Das ist er überhaupt nicht. Er lebt bei seiner Mutter, ist verarmt, ein gebrochener Mann. Ich passe immer auf, dass die Leute, mit denen ich arbeite, nicht armselig wirken. Ich will auf keinen Fall, dass man Mitleid hat mit diesen Leuten, die teilweise harte Zeiten hinter sich haben.

Das gilt auch für »Blanche Neige Lucie« ...

Huyghe Ja. Ich habe darauf geachtet, dass sie gut aussieht, dass das Licht schön ist. Das mag lächerlich klingen, aber ich will keine falschen Gefühle beim Zuschauer hervorrufen und erst recht keine Alarmglocke läuten. Ich arbeite mit Fakten und damit basta. Die betreffende Person sagt, was sie denkt und ist, und ich eliminiere alles, was wehmütig oder nostalgisch wirken könnte. Zumindest versuche ich das.

»La Troisième Mémoire« ist eine Werk der Prozesskunst, sie wenden eine Art formalen Verfahrens an, um durch Ihre eigene fiktive Inszenierung das komplizierte Verhältnis von Erinnerung und Fiktion herauszustellen.

Huyghe Das ist richtig. Wojtowicz kann nur erzählen, woran er sich erinnert, aber diese Erinnerung ist an den Film gebunden. Es handelt sich also nicht um eine wirklichkeitsgetreue Rekonstitution der Fakten, sondern ich zeige einen Zustand, in dem Fiktion und Erinnerung sich vermischen. Ergebnis ist, was der Protagonist erzählt. Das ist absolut nicht die Wahrheit, sondern es ist idealisiert, eine geträumte Erinnerung dessen, was er heute von seiner Geschichte erinnert haben möchte. Er bedient sich bei Fiktion und Wirklichkeit und fügt beides zusammen zu seiner eigenen Geschichte. So verfahren wir alle, nicht nur Wojtowicz. Und mich interessiert daran, dass diese Art zu verfahren wie eine Partitur funktioniert, man kann sie immer wieder neu und anders interpretieren.

Die Filme, die sie benutzen, stehen alle für eine Art kollektiver Erinnerung der Kinokultur. Pasolini, Wenders, Hitchcock, Lumet, sie sind Teil unseres kulturellen Erbes. Wofür aber steht »Les Grands Ensembles«? Für die Tradition des Experimentalfilms?

Huyghe «Les Grands Ensembles« ist für mich absolut kein Film, im Unterschied zu vielen meiner vorherigen Arbeiten. Sondern der Versuch, ein Bild zu finden für einen bestimmten Augenblick in der Geschichte des französischen Urbanismus, nämlich dem der Satellitenstädte. Will man sich aus der Nähe mit diesem Phänomen beschäftigen, kann man das nicht mit einem Dokumentarfilm oder einem Zeitungsartikel oder einem Buch. Bisher hat nur Godard es geschafft, das Phänomen dieser Wohnsilos zu erhellen, in seinem Film »Zwei oder drei Dinge, die ich von ihr weiß«. Sie, das ist die Vorstadt.

Ich versuche ein sehr präzises, sehr scharfes Bild, wie in 70mm Format gedreht, von einem sehr verschwommenen Augenblick dieser Wohnungspolitik wiederzugeben. Weder will ich eine Fiktion produzieren noch mit meiner Kamera raus fahren und die Armseligkeit irgendeines bekannten und gefürchteten Wohngettos dokumentieren. Wenn eine Wirklichkeit vorüber und Vergangenheit geworden ist, kann man ihr nur noch mit Einbildungskraft gerecht werden, aber nicht mit Fiktion. Fiktion täuscht, sie ist nichts als Illusion.

KAPITEL 5
ZITATWUT

Stoizismus

Steve McQueen
Beginn einer Katastrophe: »Deadpan«

Ein Mann steht vor einem Haus. Mann und Fassade sind leicht von unten und bildfüllend aufgenommen. Sie werden auf die Stirnwand einer Ausstellungskoje projiziert, von der Decke bis zum Boden. Betritt der Zuschauer die museale, nur vom Videobild erleuchtete Black Box, steht er dem unbeweglich wartenden Mann gegenüber. Sitzplätze gibt es nicht.

Plötzlich fällt die Fassade des Hauses in einer langsamen Bewegung nach vorn, auf den Mann und damit auch auf den Betrachter zu. Der Zuschauer bleibt unversehrt, weil es sich nur um eine Filmprojektion handelt; der Mann, weil er genau vor einer Fensteröffnung steht. Besser noch: Er scheint die Katastrophe gar nicht wahrzunehmen, sondern bleibt stoisch stehen. Der Film geht weiter, die Fassade fährt wieder hoch und fällt erneut, insgesamt vier Minuten lang, ohne einen einzigen Ton.

Die meisten erinnern sich an diesen visuellen Kalauer aus Buster Keatons 1928 gedrehtem Stummfilmklassiker »Steamboat Bill, Jr.«. Aber nur wenige kennen den britischen Videokünstler Steve McQueen, obwohl dieser unter anderem mit dem publicityträchtigen Londoner Turner Prize ausgezeichnet wurde. McQueen, geboren 1969 in London, lebt und arbeitet in Amsterdam. Seine Videos sind sperrig, sie spielen mit filmischer Dramatik, deuten Handlung nur an, um sie sofort wieder zu unterlaufen – kopflastige Filme über Verführung und Verweigerung.

Buster Keaton
Die Katastrophe geht weiter: »Steamboat Bill, Jr.«.

In »Deadpan« tritt McQueen 1997 selbst auf, als gleichmütiger, durch nichts aus der Fassung zu bringender Erbe Buster Keatons. Die Szene ist Hommage und Aktualisierung des Erfinders des stoischen Humors, denn McQueen lässt es nicht beim Nachspielen der

Beinahe-Katastrophe eines einstürzenden Hauses bewenden: Die Aktion wird mehrfach wiederholt, immer schneller, immer absurder, immer beklemmender.

Der anarchische Humor des Slapstick hat Künstler schon früh fasziniert. Buster Keaton ist sein wichtigster – und filmisch anspruchsvollster – Vertreter. Bereits die Surrealisten verehren ihn ob der Absurdität seiner Filme, in denen Gegenstände sich verselbständigen und ein Eigenleben entwickeln. Die in Berlin lebende Künstlerin und Filmemacherin Rebecca Horn hat Keatons Welt in ihrem Spielfilm »Buster's Bedroom« 1990 in die Gegenwart weitergedacht. Ihr Film spielt in jener kalifornischen Klinik, in der der Komiker vereinsamt starb. Dort agieren die Ärzte, etwa Donald Sutherland als Klinikchef, ebenso apathisch wie die Patienten. David Warrilow spielt einen Hausdiener, der mit seinem Hämmerchen die Wände abklopft und nach Leben horcht. Geraldine Chaplin ist eine angeblich gelähmte Domina. Vor allem aber spielen Objekte mit, die eigene psychische Regungen zeigen: etwa ein Rollstuhl, der sich allein in Bewegung setzt und seine Besitzerin abstraft.

Auch der Franzose Christian Boltanski zitiert in seinen absurden Kurzfilmen der frühen siebziger Jahre Keaton. Er nimmt eine einzige, völlig normale Aktion, etwa einen hustenden Mann, und dehnt diese solange ins Absurde, bis die Szene gespenstisch, ja gewalttätig erscheint. Eine leichtere und zeitgenössische Hommage an Keaton sind die Filme des New Yorkers John Pilson, etwa »Mr. Pick-Up« von 2000. In einer alltäglichen Bürosituation wird ein Anwalt zu einer Besprechung gerufen. Er will einen Aktenordner einstecken, dabei fällt ein anderer zu Boden. Als er sich bückt, um diesen aufzuheben, wankt ein ganzer Stapel und kippt. Es beginnt eine siebzehnminütige, erfolglose Aufräumarbeit, projiziert als Loop und auf mehreren zeitversetzten Monitoren. Der Anwalt zieht sein Jacket aus, bleibt ruhig und gelassen, versucht, die Akten aufzuklauben. Seine Sekretärin ruft an und fragt, wo er bleibe. »Ich muss nur noch ein paar Akten einsammeln«. Er wird es nicht schaffen und den Raum schließlich ohne Ordner verlassen.

Steve McQueen verfährt anders mit Keaton. Er zitiert ihn direkt, spielt eine Filmszene in eigener Person und wortwörtlich nach, nimmt den stummen Komiker sozusagen beim Wort. Durch diese Identifikation lässt er eine Beziehung entstehen, nimmt Kontakt auf, nicht zum Darsteller, sondern zum Menschen und Künstler Keaton, einer Persönlichkeit voller Willenskraft und Durchsetzungsvermögen. Bei McQueen wird Keaton jemand, der nur scheinbar die Zusammenstöße mit Alltag und Schwerkraft, mit Maschinen oder Menschen verliert. Ein unfrei-

Ich habe nicht nur selbst Filme gedreht, sondern mein gesamtes Werk, Fotoromane, Schattenrisse, Installationen, all das besitzt einen starken filmischen Aspekt. Und obwohl es klischeehaft und lächerlich klingt, wenn man sich auf Proust beruft, gibt es doch ziemlich am Anfang von »Auf der Suche nach der verlorenen Zeit« eine für mich wichtige Szene. Der Erzähler ist einsam, liegt allein im Bett, beginnt vor sich hin zu singen und benutzt schließlich eine Laterna Magica, um Bilder zu projizieren. Diese Stelle ist wunderschön. Der Erzähler beschreibt, wie im Licht der Laterna Magica die Vorhänge zu Wäldern werden und die Türklinke zu einem prächtigen Schloss oder einem Gesicht. Sein ganz normales Zimmer, das er bis in die kleinste Einzelheit kennt, wird zur Zauberwelt. Diese Idee der Projektion als etwas Unfassbares hat mich sehr beeindruckt. Denn eine Projektion besteht wirklich aus Nichts, sie ist ein Windhauch, unfassbar eben. Das ist das Schönste am Kino: Dass man es nicht berühren kann.

Christian Boltanski

John Pilson

Buster Keaton lebt, oder der alltägliche Wahnsinn des Bürolebens: »Mr. Pick-up«, 2000.

williger Pannen-August, der jeder Unbill des Lebens letztendlich dank seines Gleichmuts überlegen bleibt. Slapstick wird gedeutet als stoisches Bekenntnis zum Anderssein. Keaton war sein Leben lang Außenseiter und starb verarmt in der Psychiatrie. Steve McQueen ist ebenfalls Außenseiter. Er ist schwarz.

Gern benutzt McQueen Reliquien des Genrekinos, um falsche Fährten auszulegen. In »Deadpan« ist es der absurde Bildwitz des Stummfilms, der durch die Unmittelbarkeit der großen, raumfüllenden Videoprojektion den Betrachter physisch einbezieht und zum beklemmenden und gar nicht mehr lächerlichen Gag wird. In einem neueren Film »Western Deep« spielt McQueen 2002 mit Inszenierungstricks aus dem Actionkino: Ratternd rast eine Bergbaulore unter Tage. Man kennt solche Kamerafahrten aus James-Bond-Filmen, in denen der Held trotz veralteter Transportmittel die Welt bedrohende Urankracher, von diabolischen Fieslingen per Funk gelenkt, auf den letzten Drücker entschärft. Kamera und Tonspur täuschen bei McQueen Abenteuerkino vor, doch handelt es sich – lediglich – um den Alltag afrikanischer Bergarbeiter. »Western Deep« befördert nicht unterhaltsame, sondern bittere Botschaften: Schlechtbezahlte farbige Bergleute fahren zwecks Versorgung der Wohlstandsgesellschaft mit Schmuck in die Mine wie zu Zeiten des Frühkapitalismus.

Wie die auf den Betrachter zustürzende Hausfassade wird auch die lautstarke Fahrt in den Untergrund zur körperlichen Erfahrung für das Publikum. McQueen betreibt mit filmischen Mitteln eine Weiterführung von öffentlichen Performances der siebziger Jahre, als Künstler wie Gina Pane, Günter Brus oder Mike Hentz die Zuschauer das Fürchten lehrten. Pane und Brus malträtieren den eigenen stellvertretend für den kollektiven Körper; Mike Hentz lässt Slapstickfilme mit Tortenschlacht und Handgemenge aufführen und rempelt das Publikum an. McQueen überlässt das Rempeln seinen Bildern, er bedrängt den Zuschauer nur visuell, zieht ihn psychisch in seinen Bann. Aber auch bei ihm geht es um eine Kunst, die stellvertretend für ihre Zeit Aggressionen auslebt, anstatt sie zu sublimieren.

Ähnlich wie sein Landsmann Isaac Julien, dessen Thema die doppelte gesellschaftliche Außenseiterrolle des Farbigen und Homosexuellen ist, führt McQueen die künstlerische Tradition militanter Randgruppen fort. Mehrfach spielt er an auf die aus Sport und Massenmedien vertrauten Klischees des Farbigen. In »Bear« tritt er 1993 selbst als Boxer auf und verwandelt den von Weißen organisierten und von Afroamerikanern praktizierten Kultsport des Prügelns in einen choreografierten Pas-de-deux, visuell anziehend, psychisch abstoßend.

In »Five Easy Pieces« übernimmt er 1995 den Titel eines berühmten, aber oft missverstandenen Kinofilms von Bob Rafelson aus dem Jahre 1970, in dem der junge Jack Nicholson einen Konzertpianisten spielt, der seine vielversprechende Karriere vorzeitig abbricht und wie ein Obdachloser durch die Welt zieht. Lautmalerisch begleitet von Bach, Mozart, Chopin erzählt Rafelson die Geschichte eines freiwilligen Aus- und Abstiegs. McQueen zitiert das beschriebene Universum gesellschaftlichen Aussteigertums, übersetzt es in die Jetztzeit und fragmentiert die angedeuteten Geschichten bis zur Unverständlichkeit. So bricht er mit der manchmal sehr klischeehaften Darstellung des Außenseitertums durch Hollywood und macht es zum Alltag.

Jean-Luc Godard
Aus dem Misstrauen wächst die Verachtung, aus der Liebe die Leere: Brigitte Bardot und Michel Piccoli in »Le Mépris«.

Verachtung

Das zitierende Nachspielen von Kino durch Kunst wird nur interessant, wenn letztere über das Vorbild hinausweist. Wenn der Stoizismus eines Buster Keaton nicht mehr nur komische, sondern existenzielle Aussage wird. Es gibt aber auch Gegenbeispiele für das Scheitern der Kunst beim Spiel mit Kinozitaten: Die New Yorkerin Cheryl Donegan erzählt 1996 in »Line« mit sparsamen Videomitteln den Handlungsstrang von Jean-Luc Godards »Le Mépris« (»Die Verachtung«) einem der berühmtesten Kinofilme der sechziger Jahre. Sie will deutlich machen, wie simpel ein klassischer Filmplot gestrickt ist, wenn man ihn seiner Gesichter, Bilder, Töne beraubt. Dazu benutzt sie die ihr eigene Ästhetik des Billigen, sie dreht mit Wackelkamera, sich selbst in der Hauptrolle und im eigenen Atelier.

Da fällt es natürlich leicht, die Trivialität einer Handlung um existenzielle Langeweile, verliebte Eifersucht und berufliches Scheitern zu demonstrieren. Doch ist es ja Godards

Konzept – und seine Trumpfkarte bei den Produzenten – die sinnentleerten Klischees Hollywoods zu benutzen, um einen Film gerade über diese Leere zu drehen. Eine ihm von Warren Beatty angebotene Verfilmung von »Bonny und Clyde« hat Godard seinerzeit abgelehnt und Arthur Penn überlassen; zu viel Handlung, um Form wirksam in Frage zu stellen.

Heute wird Godard verehrt als der Prototyp des Kinoregisseurs, der auch Künstler ist; der zwischen Erzählkino und künstlerischem Video hin- und her zu springen versteht; der auf Filmfestivals und Kunstausstellungen mitmachen darf. Über dem späten Kult wird oft vergessen, dass schon die frühen, angeblich linear erzählten Kinostücke wie »Pierrot le Fou« (»Elf Uhr Nachts«) künstlerische Auseinandersetzungen mit Malerei, Collage und bewegter Skulptur waren. Lange bevor das Thema Kunst in »Passion« explizit ausformuliert wird.

Die Bewunderung der Kunstwelt für »Le Mépris« ist also verständlich. Der Film war teuer und Godards aufwendigste Produktion. Er engagiert für die sehr freie Nacherzählung eines Romans von Curzio Malaparte das Sexsymbol Brigitte Bardot, besetzt einen Hollywoodproduzenten mit dem populären Filmbösewicht Jack Palance und einen scheiternden Regisseur mit der mythischen Figur des Autorenfilmers schlechthin, nämlich

Fritz Lang. Jedes Detail, von der Besetzung bis zur Sprache, bleibt doppelbödig. Bis hin zum Titel »Le Mépris«, der sowohl Verachtung als auch Misstrauen bedeutet.

Aus einem postexistenzialistischen Liebesdrama macht Godards Kameramann Raoul Coutard ein klassizistisches Bildgedicht in Blau, der Farbe des Mittelmeers – und des Todes. Schauplatz ist die Villa Malaparte auf der Südseite Capris, ein Haus wie eine Himmelstreppe, dabei schlicht wie ein Kunstwerk der damals erst aufkommenden Minimal Art. Fritz Langs Film im Film, dem Jack Palance schließlich ein vorzeitiges Ende setzt, handelt vom Blick der Skulpturen, also der Lebendigkeit toten Steins. Godards Hauptperson, gespielt von Michel Piccoli, ist dagegen ein Beispiel für innerliches Absterben, eine Negativfigur, ein Waschlappen. Die einzige Actionszene des Films, ein tödlicher Autounfall, wird dem Zuschauer ebenso vorenthalten wie die Darstellung von Sex.

Kennt man die Entstehungsgeschichte von »Le Mépris«, wird Donegans »Line« überflüssig. Dann weiß man um die Anfangssequenz zwischen Brigitte Bardot und Michel Piccoli, die nachträglich gedreht wird, um die wunderbare Linie von Schenkel und Hinterteil der auf dem Bauch liegenden Bardot in Szene zu setzen und den Ruf der Geldgeber nach Nacktheit zu befriedigen. Mehr Sex ist nicht. Mit dieser Linie, gefilmt wie die Kontur einer Körperskulptur, hat Godard schon am Anfang des Films alles gesagt. Wer ihn zitieren will, muss weiterdenken.

Rosemarie Trockel
Der Alptraum des Fetischisten: Statt Blondmähne ein geopferter Körper

Jean-Luc Godard
Misstrauen im Blick und in der Körperhaltung: Brigitte Bardot verachtet.

Puppenpsycho

»Es gibt kein unglücklicheres Wesen unter der Sonne als einen Fetischisten, der sich nach einem Frauenschuh sehnt und mit dem ganzen Weib vorlieb nehmen muss.« Dieser soignierte Aphorismus von Karl Kraus ist Titel einer Skulptur der Kölner Künstlerin Rosemarie Trockel von 1991. Ein Robbenbaby, in edle Bronze gegossen, ist kopfüber aufgehängt und trägt eine blonde Perücke. Die Skulptur ist eine Anspielung auf Brigitte Bardot, in den sechziger Jahren das berühmteste Frauenideal des europäischen Kinos. Unter der blonder Mähne des Seehunds versteckt sich eine Mensch gewordene Meerjungfrau mit Schwanzflosse und eine als Sexsymbol vermarktete Frau, die im Alter für Robbenbabies Krokodilstränen vergießt und gleichzeitig einen fremdenfeindlichen Rechtsradikalen ehelicht.

In ihrem Film »Yvonne« hat Rosemarie Trockel 1997 das Thema Bardot als sozio-kulturellen Artefakt, der eine ganze Generation von Frauen prägt, ein weiteres Mal aufgegriffen. »Yvonne« ist eine filmische Collage von Found Footage Material, Fotos und Filmschnipseln von Kindheitserinnerungen, Werken, Freunden, Alltag. Auch hier kommt, wie in anderen Arbeiten, eine Schulfreundin vor, welche die Bardot so sehr verehrt, dass sie eine Perücke trägt und deren Gesten nachäfft. Brigitte Bardot ist, wie Marylin Monroe, deren Gesicht Andy Warhol zur Mona Lisa der Moderne stilisiert, ein Produkt des Kinos, das zur Ikone einer ganzen Epoche wird. Bei Trockel taucht sie wie ein kulturelles Readymade auf, ein Symbol ungezähmten Sexappeals für eine ganze Generation braver deutscher Wohlstandsjugend und durch Anstand gezähmter Weiblichkeit.

In die gesellschaftliche Pflicht genommene Weiblichkeit beherrscht auch die fotografischen Selbstinszenierungen der Amerikanerin Cindy Sherman. Sherman lebt und arbeitet seit Mitte der siebziger Jahre in New York, eine empfindsame, zurückgezogene Frau, deren Scheu vor der Öffentlichkeit mit dem Erfolg wächst. Ihr bisheriges Werk kann man in drei große Blöcke aufteilen: Die bereits erwähnten titellosen Filmstills, die zwischen 1977 und 1980 entstehen, sind in schlichtem Schwarzweiß gehalten und bilden eine Art weibliches Gedächtnis Amerikas und des amerikanischen Kinos. Ab 1980 entsteht ein gutes Dutzend verschiedener Serien von grotesken, immer exaltierter wirkenden farbigen Fotos, in denen sich Sherman mittels Verkleidungen in immer neue Frauenrollen versetzt. Schließlich folgt ab Anfang der neunziger Jahre ein schrittweiser Rückzug der Künstlerin aus ihren Fotos. Nach einer privaten Trennung verwendet sie nun Masken und Puppen in immer brutaleren Darstellungen sexueller Knechtschaft, die auf verdrängte Obsessionen und Perversionen zielen.

In den »Untitled Film Stills« fotografiert sich Cindy Sherman in Posen, deren Körpersprache von männlich definierten Frauenklischees erzählt: der toupierten Blondine, wie sie bei Rosemarie Trockel als BB-Verschnitt auftaucht, aber auch der Hausfrau, der Studentin, der Diva, der Verlassenen, der Prostituierten, der Trinkerin, dem Filmstar. Die Fotos wirken realistisch und künstlich zugleich: künstlich wegen ihrer perfekten Oberfläche und realistisch wegen ihrer Künstlichkeit, die nicht auf wirkliches Leben, sondern auf das Klischee von Wirklichkeit im amerikanischen Kino zielt.

Für Amerika war die Beschwörung des Alltags durch Kino lange realer als der Alltag selbst. Heute hat das Fernsehen diese Rolle teilweise übernommen, doch prägt die von Medien vermittelte Massenkultur weiterhin Denken und Taten der Amerikaner. Das Reale dringt durchs Fernsehen in die Wohnzimmer und durch Bilder in die Köpfe. Diesen in Europa so extrem nicht nachvollziehbaren Einfluss des Films auf die Menschen unterstreicht Sherman in ihrer Arbeit. Sie bedient sich der vom Kino formulierten Chiffren, kultiviert sie und treibt sie in Extreme – Extreme des Horrors.

In den früheren Werken Shermans gibt es einen leisen Humor, der nicht die gezeigten Frauengestalten, sondern die zitierte, Wirklichkeit nachäffende Welt des Kinos liebevoll verspottet. Ab Anfang der achtziger Jahre wird dieser Humor lauter und Shermans Welt böser. Erst befreit die Farbe, dann die Fantasie Sherman von den Fesseln eines fiktiven Realismus. Sie komponiert Rollen, in denen Hässlichkeit, Gewalt und Opfergang Leitmotive sind.

Cindy Sherman
Horrorvisionen einer vom männlichen Blick missbrauchten Weiblichkeit: »Untitled #250« aus dem Jahre 1992

Bei einigen Serien von Historienbildern seit 1988, in denen Sherman die Posen von fiktiven historischen Figuren einnimmt oder sich hinter einem Vanitas-Schädel versteckt, dient die Malerei als Bildlieferant. Ansonsten triumphiert das Kino. Nicht mehr die

Nostalgie für den amerikanischen Film der fünfziger und sechziger Jahre, sondern ein Kino der Trickkisten, der Special Effects und Masken. Die Lust am Alptraum dominiert Shermans eingefrorene psychische Abgründe. Thema ist weiterhin das Bild der Frau, welches Hollywood rund um den Globus verkauft. Doch ist dieses Bild nicht mehr romantisch, sondern nur noch obszön.

Maurizio Cattelan »Hollywood«

Trademarks

Sizilien, Flughafen Palermo, ein sonniger Junimorgen des Jahres 2001. Eine Handvoll privat gecharterter Jets landet und entlässt Herren und Damen aus New York, Mailand, Zürich oder Paris auf die Landebahn, allesamt elegant, übernächtig und aufgeregt: Die Gutbetuchten des internationalen Kunstbetriebs besuchen einen Ableger der Biennale von Venedig. Unweit einer Müllhalde ist der Vernissagentisch gedeckt, mit feinstem Essen und unverbaubarem Blick auf Hollywood.

Das Wort Hollywood bezeichnet nicht nur die weltweit einflussreichste Filmindustrie, es steht auch für die meistexportierte US-Ware, das Kino. Darüber hinaus ist der kulturelle Kaugummi Hollywood neben Coca-Cola das wichtigste Schlagwort für den amerikanischen Way-of-life, der Müll zwar produziert, aber erfolgreich aus dem Bewusstsein verdrängt. Um so infamer die Idee des italienischen Künstlers Maurizio Cattelan, den Schriftzug Hollywood, der die Hügel über Los Angeles ziert, nach Sizilien zu schleppen, über einer Müllhalde zu installieren und zur Einweihung das große Geld des Kunstbetriebs in den darbenden Süden zu lotsen.

Hinter der Fassade des Clowns mit griffigen Bildeinfällen versteckt das Arbeiterkind Cattelan seinen an der Realität geschärften Blick für politische und soziale Hintergründe. In Originalgröße, jeder Buchstabe haushoch, prangt Hollywood über einer der ärmsten

Bertrand Lavier
Ein Schriftzug steht für die Wirklichkeit des Kinos: »Hollywood, détail« in Lyon, 2000.

Gegenden Europas. Sizilien ist Auswandererland, ein Großteil der amerikanischen Einwanderer trägt süditalienische Namen. Sizilien ist aber auch Mafialand, und lange bevor Francis Ford Coppola – auch so ein sizilianischer Name – die Geschichte der Familie Corleone verfilmt, investiert die Mafia bereits massiv in die Produktionen der großen Studios.

Als Bertrand Lavier Datails desselben Schriftzugs »Hollywood« 2000 in Lyon an die Wand hängt, folgt er einem anderen Ansatz. Die Biennale steht unter den Leitthemen Exotik, Fremdheit und Kolonialismus. Hollywood ist für Lavier ein Readymade, ein Slogan, der den amerikanischen Kulturkolonialismus verkörpert. Aus der kargen Hügellandschaft des nördlichen Los Angeles holt er die Trademark der wichtigsten amerikanischen Exportindustrie ins Innere eines Kunstraums, der – im Gegensatz zur europäischen Kinolandschaft – üppig restauriert und vom Alltag abgeschottet ist. Hollywood wird zur puren Formel, zur grafischen Leerstelle.

Die Arbeit »Hollywood, détail« wurde zum ersten Mal auf der Biennale von Lyon gezeigt. Wie im Film jeder Ausschnitt von Wirklichkeit als Bildausschnitt durch die Kamera definiert wird, so wird das Wort Hollywood, eines der Symbole für das Kino schlechthin, sein eigenes Thema, wenn es vom Raum cadriert und auf gut dreieinhalb Buchstaben in Originalgröße beschränkt wird: LYWO.
Bertrand Lavier

Ed Ruscha
Ein Schriftzug in der Leere Amerikas: »Hollywood« in einer Grafikversion von 1968

Die berühmteste Verwendung des Logos Hollywood durch einen Künstler stammt, lange vor Cattelan und Lavier, vom Maler Ed Ruscha. Ruscha benutzt seit Anfang der siebziger Jahre immer wieder das Buchstabenlogo aus den Hollywood Hills und stellt es beispielsweise mit einem dreidimensionalen Raumeffekt in eine fantastische orangefarbene Sonnenuntergangslandschaft. Ruscha arbeitet in einer umfunktionierten Industriehalle der Electric Avenue in Venice, nur einen Steinwurf vom muskelprotzenden Trubel des Strands entfernt. Trotz der Nähe zum Rummel malt er in völliger Abgeschiedenheit. Das trifft auch auf sein Verhältnis zu Hollywood zu: Obwohl selbst ein Star und durch eine lange Liaison mit der Filmszene verbunden, trägt er sein eigenes Universum in sich. Und das besteht aus Leere, nicht aus Glamour. Ruscha liebt die Wüste, in der er sich ein Haus gebaut hat. Obwohl von Anfang an der Mythos Kalifornien sein Thema war, hat er diesen systematisch abgekühlt und von Gefühlsdusel befreit.

In den sechziger Jahren veröffentlicht er wunderbar einfache Fotobücher von Tankstellen oder von Häusern des Sunset Boulevard, bei denen er streng systematisch vorgeht und die serielle Dokumentarfotografie vorbereitet, parallel zu den Rheinländern Bernd und Hilla Becher. Dennoch steckt hinter den kargen Schwarzweißfotos des »Sunset Boulevard« auch eine unausgesprochene Bedeutungsebene. Es ist die Dokumenta-

tion einer real existierenden, sich von Hollywood bis zum Pazifik dahinschlängelnden Straße, aber auch eines Mythos, der durch seine Geschichte, seine Lage, seine Bewohner, und nicht zuletzt durch Billy Wilders gleichnamigen Film eine versunkene Welt beschwört. Ähnliches trifft auf Ruschas fotografierte und gemalte Tankstellen zu, eine streng formale und dennoch sentimentale Zivilisationsarchäologie der kalifornischen Autogesellschaft.

In seinen frühen Gemälden isoliert Ruscha einen kleinen Ausschnitt aus Kaliforniens Realität, stilisiert ihn zur Ikone à la Edward Hopper und malt ihn in immer neuen Varianten. Auch wenn er Licht und Architektur benutzt, in einer Mischung aus rigoroser Zeichensprache und glühender Pop Art, produziert er cool und romantisch zugleich universelle Bilder, die über Südkalifornien weit hinausgehen. Menschen kommen bei Ruscha nicht vor, ebenso wenig wie Stillleben, Interieurs oder überhaupt die Kunstgeschichte. In den letzten Jahren werden vor allem lakonische Sprachfetzen oder jüngst Anagramme in hochdramatische Landschaften gestellt. Sprache, wie alttestamentarische Mottos in den Himmel gemeißelt, wird Metaphysik.

Ruscha betrachtet sich selbst als abstrakten Maler. Dank seines grafischen Trainings am Chouinard Institute beschäftigt er sich schon früh mit Werbelogos von Benzinmarken

Ed Ruscha

Gemaltes Studiologo: »Large Trademark with Eight Spotlights« von 1963

ebenso wie aus der Filmindustrie. Sein Gemälde »Large Trademark with Eight Spotlights« zeigt 1963 ein in den Himmel stechendes Projektor-Lichtbündel, das Emblem der Twentieth Century Fox, das dank der Kinonachrichten von »Fox tönender Wochenschau« weltweit bekannt wird. Um die selbe Zeit lässt sich übrigens auch der deutsche Maler Markus Lüpertz von der Trademark dieses Studios inspirieren, als er 1964 seine »Dithyrambe« erfindet, eine nicht metaphorische, sondern rein geometrische und dennoch mit malerischer Symbolik gefüllte grafische Formel, die er wie im Filmschnitt jahrelang immer wieder durchdekliniert, als würden viele Einzelbilder eine Art dithyrambischen Film ergeben.

Die »Dithyrambe« ermöglicht es Lüpertz, die damals problematische Klippe des Widerspruchs von Abstraktion und Gegenständlichkeit zu umgehen. Ebenso steht sie für die Zusammenführung von trivialer Kultur, Kino, und Hochkultur, also Malerei. Ähnlich wie die Pop Künstler integriert auch Lüpertz, dessen erste Serie 1962/63 die vage den Disney-Comics entlehnten »Donald Duck« Bilder sind, gewöhnliche kulturelle Chiffren für seine Kunst. Doch, auch darin Ruscha nahe, gibt er diese anschließend nicht dem Alltag zurück: Kunst bleibt Kunst.

Markus Lüpertz

Dasselbe Studiologo als künftige Ikone der Abstraktion: »Dithyrambisch mit rotem Streifen« von 1964/65

Gemalte Hommagen

Lange vor den Theoretikern der Kulturgeschichte hat die Bildende Kunst das Kino als ureigenste Kunstform des zwanzigsten Jahrhunderts erkannt und gewürdigt. Schon die deutschen Expressionisten liefern der Filmproduktion visuelle Ideen und Dekors und prägen die Ästhetik früher deutscher Filme. In Frankreich versuchen sich in den zwanziger Jahren Dadaisten und Surrealisten als Filmemacher und würzen ihre provokativen Eventabende mit Filmvorführungen. Ein Jean Cocteau überlebt bis heute als Filmemacher eher denn als Maler, und in Amerika besteht seit Edward Hopper ein sprachloser Dialog zwischen Malerei und Kino, der von den nachfolgenden Malergenerationen fortgesetzt wird.

Noch vor der Explosion der Pop Art übernehmen New Yorks gegenständliche Maler visuelle Kniffe aus den Massenmedien Kino und Werbung. Dazu gehört das maßstabsprengende Aufblasen des Motivs, die angeschnittene Cadrage bei Porträts oder die Benutzung von Weitwinkeleffekten. In den Gemälden von Alex Katz, Jahrgang 1927, sind solche Stilmittel ab 1959 offenkundig. Katz malt Personen, die anstelle von Seele Stil zeigen, visuelle Eleganz jenseits aller Psychologie. Sie bevölkern die flächige, ohne Tiefenschärfe oder innere Raumaufteilung strukturierte Leinwand und geben sich realistisch, aber keinesfalls naturalistisch. Nicht um naturgetreue Wirklichkeit geht es Katz, sondern um Oberfläche. Nur die Oberfläche erzeuge direkte Wirkung auf den Betrachter, meint er; das Bild wirke schneller, verberge aber mehr Geheimnisse als ein psychologisches Porträt.

Katz und seine Frau Ada sind begeisterte Kinogänger, und Ada taucht immer wieder in gemalten Situationen auf, die geradewegs dem europäischen Avantgardefilm entlehnt sind. Katz zitiert so etwa Michelangelo Antonionis »L'avventura«, der 1960 wegen seines Verzichts auf Psychologie zugunsten einer stilisierten Bildsprache bei den Filmfestspielen in Cannes für einen Skandal sorgt. Antonioni porträtiert in »L'avventura« eine Gruppe von Menschen, deren Distanz zueinander sichtbar bleibt; der filmische Raum wird psychischer Raum. Sie bleiben isoliert, selbst wenn sie sich suchen, lieben, versöhnen oder trennen.

Bei der Vergabe der Wettbewerbspreise in Cannes geht Antonioni leer aus. Fellinis »La Dolce Vita« gewinnt, aber auf Katz hinterlässt Antonioni bis heute bleibenden Eindruck. Vor allem die weibliche Hauptperson, gespielt von Monika Vitti, taucht – mit den Gesichtszügen Adas – bis weit in die siebziger Jahre hinein in vielen seiner Bilder auf.

Alex Katz
Gruppenbild mit Whiskey und Verlegenheitszigarette: »The Cocktail Party« von 1965

Jacques Monory
Blick eines einsamen Mannes auf die Waffen der Frau: eine Collage mit Fragmenten des Kurzfilms »Ex« von 1968

Das Kino hat Katz die gemalte Hommage übrigens inzwischen vergolten. Vor allem seine frühen Bilder scheinen die heutige Ästhetik medialer Inszenierung vorausgeahnt zu haben. Der amerikanische Dramatiker Neil LaBute benutzt Katz' Gemälde 1997 für seinen zweiten Spielfilm »Friends and Neighbours« als visuelle Einstimmung. Der Film erzählt die Geschichte dreier Freunde, ihrer Liebschaften, Krisen, Eifersüchteleien. Er demonstriert mit kruden, manchmal grausamen Monologen die psychische Einsamkeit des Individuums hinter einer Fassade freundschaftlicher Netzwerke. Unvergessen der Monolog eines gut aussehenden Sportlers und Frauenhelden, der im homoerotisch geladenen Schwitzbad einer Sauna und in einer einzigen langsamen Kamerafahrt seinen entsetzten Freunden die – von ihm genossene – Kollektivvergewaltigung seines besten Schulfreunds erzählt.

LaBute setzt in seinen Vorspann als Einstimmung eigentümliche, in der modernen Kunstgeschichte einzigartige Gruppenbilder, die Katz Mitte der sechziger Jahre malte. »Cocktailparty« und »Lawn Party« sind bunte Großformate, die betont flächig ein Nebeneinander erstarrter Menschen auf die Leinwand bannen. Jeder hält sich an seinen Zigaretten und Martinigläsern fest. Die Seichtheit gesellschaftlichen Partygeplappers wird ohne jede Metapher in visueller Beiläufigkeit dargestellt.

Auch in der europäischen Malerei der sechziger und siebziger Jahre gibt es Beispiele für Malerei, deren Motive aus dem Kino kommen und malerisch verwandelt vom Kino wieder aufgenommen werden. Etwa die Bilder des Franzosen Jacques Monory, der bis heute eine Pariser Variante der amerikanischen Pop Art pflegt. Wie sein cineastisches Pendant Jean-Pierre Melville mit seinen Filmen »Der Samourai« oder »Vier im roten Kreis« liebt auch der Maler Monory das Genrekino amerikanischer Gangsterfilme, und das bis zur Obsession. A la Melville trägt er breitkrempigen Hut und Cowboystiefel und beschwört in seinen Cinemascope-Gemälden eine Welt einsamer Männer, die Held oder Schurke, Detektiv oder Verbrecher sein können.

Monory arbeitet mit unterteilter Leinwand, kurz aufblitzenden Großaufnahmen und Farbschleiern, die sich über die Aktion legen, oder Unschärfen, die das Gehetzte der Individuen betonen. Es sind filmische Effekte, die er in Malerei verwandelt und in den eigenen Filmen ebenfalls aufgreift, wie etwa in dem rätselhaften Kurzkrimi »Ex« von 1968, der durch Großaufnahmen unterbrochenen Kamerafahrt eines durch die Großstadt rennenden Mannes. Das filmische Rezept entspricht dem der Bilder: Männer, Waffen, Farbe, Hektik, kurz: Chaos.

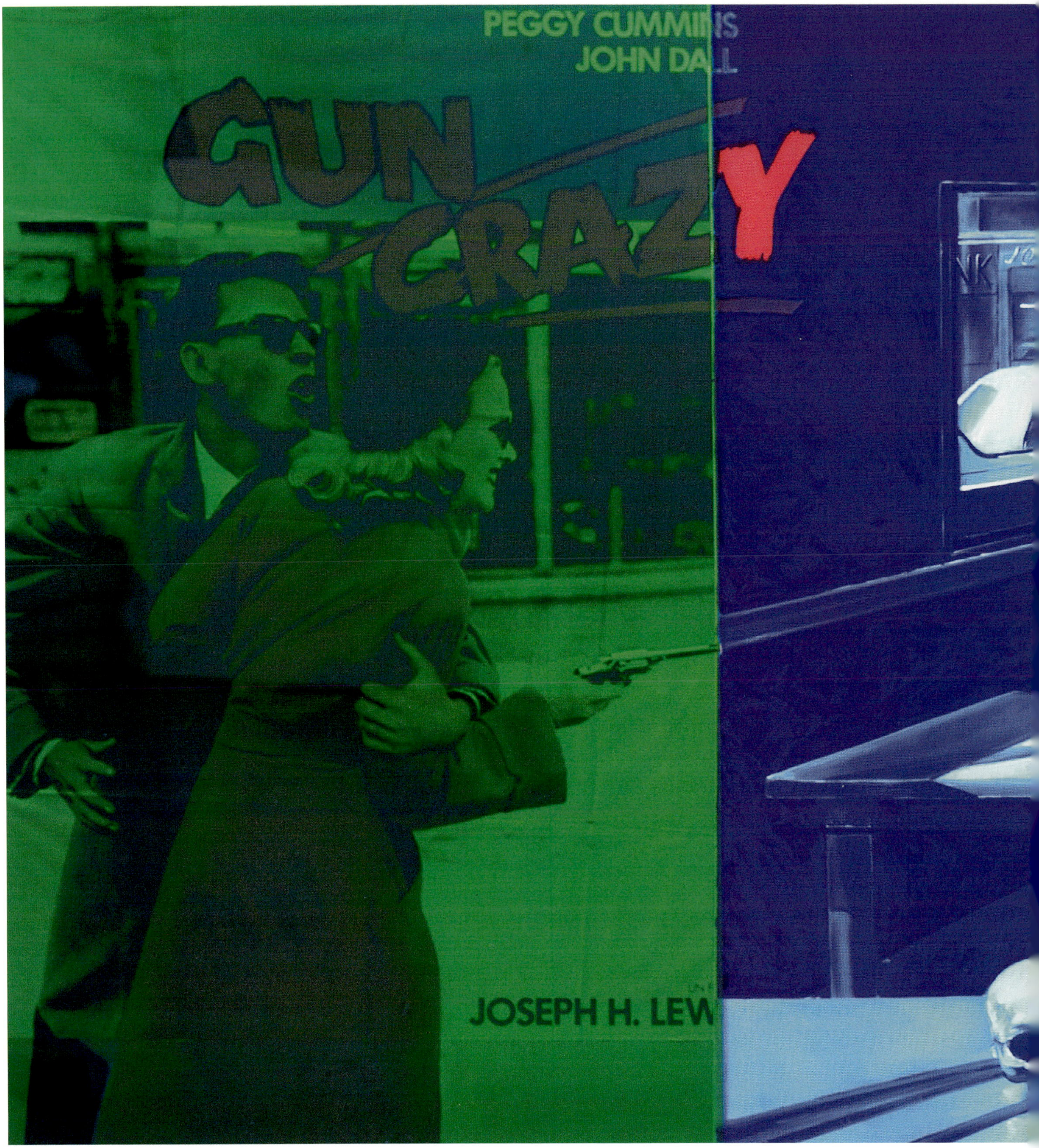
PEGGY CUMMINS
JOHN DALL
GUN
CRAZY
JOSEPH H. LEW

Jacques Monory »Couleur n° 1«

INTERVIEW
ALEX KATZ

Erinnern Sie sich noch an den ersten Film, der Sie visuell besonders beeindruckte?

Alex Katz Mein Problem als Maler war, dieses verflixte Rechteck aufzubrechen, das die Leinwand nun mal ist, und deshalb waren die ersten wirklich interessanten Filme für mich Western, weil sie Weitwinkelobjektive und Breitwand benutzten. Ich kann keinen bestimmten Film zitieren, sondern Western überhaupt, weil sie eine bestimmte Art hatten, Großaufnahmen der Helden und Totalen der Landschaft miteinander zu vermischen. Die meisten meiner gemalten Porträts stammten damals von Großaufnahmen im Kino. Kino lehrte mich den richtigen Bildausschnitt zu wählen – Kino und Werbeplakate. Erst viel später ging auch das Werbefernsehen dazu über, Großaufnahmen enger zu cadrieren, was die Einstellungen aggressiver machte. Es transportierte die Darsteller geradewegs ins Wohnzimmer hinein.

Interessierte Sie auch die Nebenwirkung des Weitwinkelobjekivs, nämlich eine größere Tiefenschärfe? Wie Orson Welles sie in seinen Filmen benutzte?

Katz Die Filme von Welles haben mich überhaupt nicht interessiert. Ich wollte keine Tiefenschärfe, ich wollte eine Ästhetik des Flachen. Das versuchte ich auch in meinen Bildern, die Oberfläche einzufangen und das Bild flach zu halten.

Haben Sie auch die Ausleuchtung der damaligen Kinofilme studiert? In Ihren Porträts bevorzugen Sie ein gleichmäßiges Licht mit wenig Schatten, das nur wenige Einzelheiten eines Gesichts hervorhebt.

Katz Porträtiert man ein Gesicht, dann hat man es mit Besonderheiten und mit allgemeinen Elementen zu tun. Besteht das Porträt nur aus Besonderheiten, steht man vor einem naturalistischen Gemälde. Meine Bilder sollen aber nicht naturalistisch, sondern realistisch wirken. Wie der Augenblick einer ersten Begegnung. Insofern ist mein Licht dem Filmlicht ähnlich, weil es schnell ist. Das Licht ist schnell und das Bild wirkt schnell. Es verzichtet auf ein Zuviel an Information. Realistische Malerei wird bestimmt durch das, was man weglässt.

Was ist mit Farbe?

Katz Ich mag Filme mit falschen Farben. In den frühen Western waren die Farben immer sehr hell und künstlich. Leider konnte ich nie mit solchen Farben malen, da ich mit Grundfarben arbeite.

Ist heute immer noch ein Einfluss von zeitgenössischem Kino in Ihren Bildern spürbar?

Katz Manchmal. Meine Frau Ada und ich gehen regelmäßig ins Kino, vor allem hier Downtown ins Film Forum, wo viele europäische Autorenfilme laufen. Amerikanische Kommerzfilme kann ich nicht ausstehen. Selbst in schlechten europäischen Filmen lernt man immer etwas dazu, neue Orte, neue Bilder. Ich erinnere mich an einen eher

Alex Katz »Blue Umbrella«, 1972

langweiligen russischen Film, in dem die Leute in seltsamen Kleidern in verschneiten Wäldern arbeiteten. Danach habe ich eine ganze Serie von Ada mit solchen Kleidern in Winterlandschaften gemalt.

Wonach suchen Sie die Filme aus? Bevorzugen Sie Dramen oder psychologische Studien?

Katz Ich interessiere mich nicht für Psychologie in der Malerei und genauso wenig für Psychologie im Film. Ich will nur Bilder. Als Antonionis »L'avventura« anlief, war das für mich ein fantastischer Film nicht wegen seiner komplexen Psyche, sondern wegen seiner Bildsprache, weil die Personen auf völlig neuartige Weise in den Raum gestellt wurden. Innenaufnahmen wie die Barszene sorgten dafür, dass der Abstand zwischen den Personen wieder plausibel wurde. Einige Kunstkritiker haben meine Bilder mit Antonionis Film verglichen. Ohne zu wissen, wie sehr er mich beeindruckt hatte.

Helden von Gestern

Während Maler wie Katz oder Monory die Fiktion von Gegenwart im Kino fasziniert, werden andere durch die Utopien des Kinos angezogen. Vor allem von Utopien, die in der Vergangenheit das Kino zu dem machten, was es heute ist: eine Traumfabrik. Das kapitalistische Hollywood ist nicht denkbar ohne seine revolutionären Vorfahren. Weder »Bladerunner« noch »Matrix« gäbe es ohne Fritz Langs »Metropolis«. Genauso sind die Bildausschnitte Antonionis nicht ohne Sergej Eisenstein, ist heutige Kamera- und Schnitttechnik nicht ohne den sowjetischen Filmpionier Dziga Vertow denkbar. Expressionistische und konstruktivistische Avantgarde haben im experimentellen und im erzählenden Film bis heute einen nachhaltigen Effekt, der dem in der Kunst entspricht. Bei vielen Künstlern schlägt sich der Dialog von Kunst und Kino in Malerei und Zeichnung, also nichttechnologischen Medien, nieder.

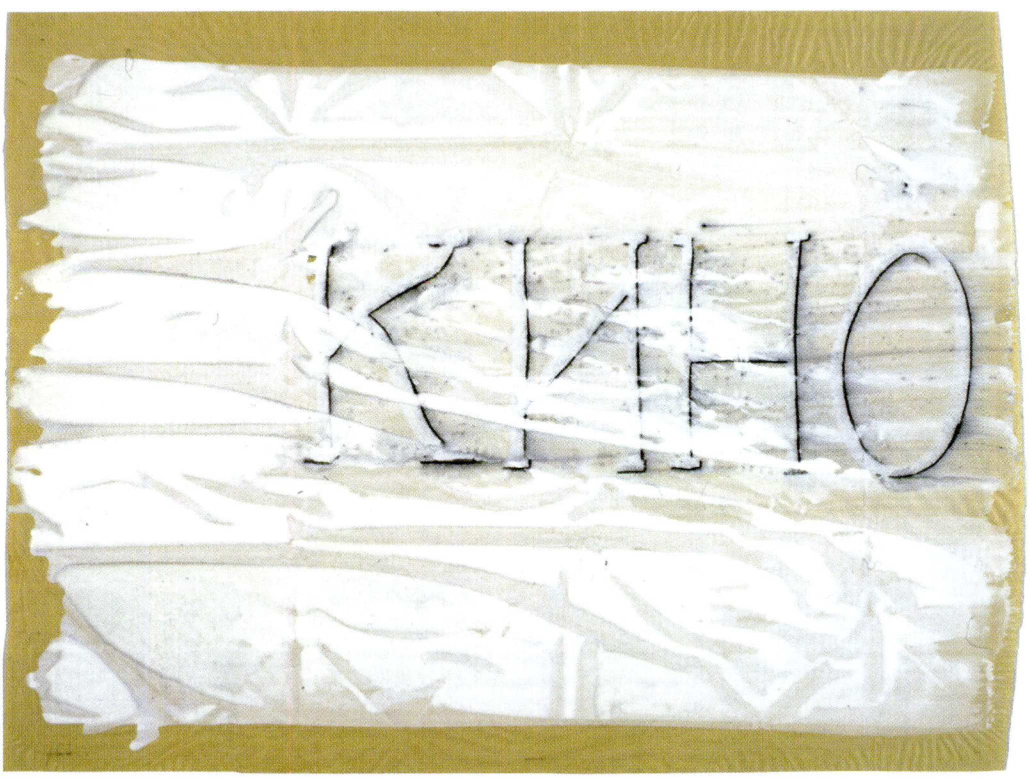

Jakob Mattner
Hommage an die Sowjetavantgarde als Ursprung westlicher Kultur: »Kino – Russisch«

Jakob Mattner

»Wie die Bilder die Kamera sehen«, 1991

Der Berliner Jakob Mattner, in dessen Arbeit wiederholt der Gedanke einer Kamera auftaucht, die nicht Bilder produziert, sondern von den Bildern dargestellt wird, ist ein Beispiel unter vielen. Der fotomechanische Vorgang des Fotografierens oder Filmens wird seines Trägermaterials, des Films, beraubt. Die Bilder treten wieder als purer Ausdruck von Wahrnehmung auf; sei es als Zeichnung, sei es als von Spiegeln an die Wand geworfene Schatten.

Die Serie »Zwielicht« enthebt Anfang der achtziger Jahre die Skulptur der Schwerkraft, so wie die Fiktion des Films der Wirklichkeit ihre Materialität nimmt. Auf den Fotografien des Japaners Hiroshi Sugimoto bleibt von einer Filmprojektion nur noch weißes Licht übrig, wenn man lange genug auf die Leinwand schaut. Beim Bildhauer Mattner wird das Bild nicht mehr dreidimensional gehauen, sondern entsteht nur noch in der Erinnerung. Das Auge ist ein Wahrnehmungsapparat, dem die Einbildung Streiche spielt und das dort Gegenständliches sieht, wo es nur Licht und Schatten gibt. Eine Gouache mit dem simplen Schriftzug ›Kino‹ auf Russisch zollt, als Pendant zu Ruschas »Holly-

David Diao

Vermählung filmischer und malerischer Avantgarde: »Dziga Vertov / Supremos 50« von 1985

wood«, den konstruktivistischen Ursprüngen des Kinos Tribut, die mit Andeutungen möglich machten, was Hollywood nur abendfüllend gelingt.

Visuell üppiger als die Hommagen Mattners ist der Ansatz des New Yorkers David Diao. 1970 galt Diao als ein Pionier monochromer Materialbilder. In den achtziger Jahren parodierte er die Postmoderne und verfolgte das von Barnett Newman oder Mark Rothko übernommene Glaubensbekenntnis gegenstandloser Malerei zurück in die formale Radikalität der sowjetischen Suprematisten. Diao versucht nicht nur den erzählerischen, sondern auch den metaphysischen Überbau des Geistigen in der Malerei hinter sich zu lassen. Im Gemälde »Vertow / Supremos 50« weitet der in China geborene, aber seit dem achten Lebensjahr in New York lebende Künstler dieses Thema auf den Film aus und stellt dem malerischen Suprematismus die Radikalität des Avantgardefilms zur Seite.

Zeitungs- und Magazinausrisse mit Interviews und Texten von Jean-Luc Godard, Experimentalfilmer Peter Kubelka oder Filmhistoriker Henri Langlois setzen sich mit Dziga Vertow auseinander. Vertow, Erfinder der sogenannten entfesselten, weil beweglichen Kamera, abstrahierte Ende der zwanziger Jahre den Alltag der Großstadt wie seine malenden Zeitgenossen des Suprematismus den Gegenstand des Tafelbildes entdinglichten. Wie kubistische Collagen hat Diao Ausrisse von Zeitungsartikeln auf die Leinwand geklebt, ergänzt durch Vertows eigene Schriften und Standfotos, und das Ganze anschließend mit der leuchtend roten Kreuzvariation von Malewitschs Suprematismus versehen. In seinen jüngeren Arbeiten spielt Diao, am Beispiel der eigenen Biografie, zunehmend mit den rassistischen und sexistischen Klischees von Kino und Kunst.

Beide Künstler, Mattner und Diao, benutzen eine malerische Bildsprache, um dem frühen Sowjetfilm die nichtgegenständliche Ehre zu erweisen. Abstrakte Malerei, die angeblich antiquierte Kunstform, sucht gegen Ende des zwanzigsten Jahrhunderts noch einmal den Dialog mit dem eigentlich revolutionären Medium der Neuzeit, dem Film. Und widerlegt damit den Fluch, modernistische Kunst habe immer nur sich selbst zum Thema.

KAPITEL 6
DER CHARME DES GENRES

Collagierte Ikonen

Andy Warhol interessierte das direkte Zitat aus Hollywood-Filmen nie. Sein Thema ist nicht der Mythos Kino, sondern die Maschine, der Apparat, der marktdeckend Träume produziert. Obwohl Warhols Factory Kinostars in industriellen Stückzahlen zum Kunstwerk macht, betreibt er nicht Verklärung, sondern Trivialisierung des American Dream. Hoch- und Massenkultur werden im Shaker seiner Pop Art durchgeschüttelt, Erfolgsrezept ist nicht das Meisterwerk, sondern der Kommerzhit. Er selbst wird ab 1966 nicht mehr Experimentalfilme, sondern Melodramen oder Western drehen oder drehen lassen. Er sucht mit Hilfe des Regisseurs und Handwerkers Paul Morissey den Weg ins kommerzielle Hollywood, wird ihn aber nicht finden. Wenn Warhol Stars wie Elisabeth Taylor reproduziert, dann nicht wegen ihres Status oder ihrer Persönlichkeit, sondern wegen der Klischees, die sie transportieren. Warhol benutzt Posen, nicht Seelen. Er will keine Porträts, sondern Heiligenbilder.

1962 malt er Marylin, ein massengefertigtes Produkt des Showgeschäfts. Nach der strahlenden Marylin folgt der doppelte Elvis, ein den Colt zückender Lächerling, der sich in grottenschlechten Filmen blamiert, wenn die Sangeskarriere ins Stottern gerät. Nach der Vervielfältigung dieser Kinostars begibt Warhol sich eine Stufe tiefer und malt Celebrities der Klatschmedien, etwa Jackie Onassis. Schließlich landet er, gegen gutes Geld, bei betuchten Lokalgrößen und vor allem Kunstsammlern, die er von seiner Factory reproduzieren lässt. Die moderne Form des schmeichelnden Gesellschaftsporträts für Möchtegerns ist erfunden und wird später vom New Yorker Fotografen Robert Mapplethorpe fortgeführt.

John Baldessari
Übermalte Kitschpostkarten vom Big Apple: der Film »NYC Postcard Painting« von 1971

Warhols Wechsel vom Kino zu Fernsehen und Presse ist bezeichnend. In den fünfziger Jahren wachsen Amerikas Künstler mit Hollywood, ab den Sechzigern mit dem Fernsehen auf. Massenmedien ersetzen das in Europa übliche Studium der Kunstgeschichte. Nicht nur wird Alltag dank Pop Teil der Kunst, sondern die Kunst durchdringt auch den Alltag. In Kalifornien studiert und lehrt John Baldessari, Jahrgang 1931, schon seit den späten sechziger Jahren diese Verquickung von Kunst, Alltag und Massenmedien. 1970 verbrennt er in einer Aktion das eigene Frühwerk und beginnt, als Fotograf, Collagist und Kurzfilmer, sein eigenes System von Zitat und Zufall, Erzählung und Fragment, Wortkunst und Lakonik, Verführung und Verweigerung auszubilden: Film- und Fernsehzitate werden in mechanisiertem Zufallsrhythmus vom Bildschirm kopiert, Schauspieler durch schwarze Balken unkenntlich gemacht, Wort- mit Bildfetzen, Farbflächen und -punkten kombiniert.

John Baldessari
Daumenkino mit
Stars und Starlets
zum Anfassen:
»The Hollywood Film«

Baldessari benutzt den industriellen Abklatsch des Kinos, also billige B-Filme und Fernsehproduktionen. Nicht die Stars interessieren ihn, sondern die anonymen Starlets. Aber selbst diesen entzieht er die Bilder, indem er sie unkenntlich macht oder mit Aussparungen verunstaltet. In seinen kurzen, auf Super 8 gedrehten Filmen ahmt er in den frühen siebziger Jahren simple Gesten aus Kunst und Kino nach, hinter denen sich ironische Verweise auf das komplizierte Netzwerk des Medienkults verbergen. In »New York City Art History« werden 1971 Postkarten von gemalten historischen Abbildungen der Straßen von Soho mit Footage von Autos und Passanten gemischt. In »NYC Postcard Painting« aus demselben Jahr übermalt die sichtbare Hand des Künstlers mit dem Pinsel Wahrzeichen der Stadt, die von Postkarten abgefilmt sind. Einmal ist die Wirklichkeit malerisch reproduziert und fotomechanisch misshandelt, das andere Mal wird sie vom Foto reproduziert und anschließend malerisch verschandelt. In beiden Fällen ist besagte Wirklichkeit ohnehin nur ein Klischee, ein Souvenir anstelle von tatsächlicher Erfahrung. Einer der Kurzfilme Baldessaris von 1971 ist »I am making art« benannt.

In Baldessaris »The Hollywood Film« werden 1972–73 nicht Hollywood-Starlets, sondern ihre Ansteckbuttons vor der Kamera – und einem die Buttons reflektierenden Spiegel – in einem von sichtbarer Hand gelenkten Ballet choreografiert. Er mokiert sich über die Schauspieler als Marionetten der medialen Konsumindustrie, eine heute eher naiv anmutende Haltung angesichts des von Andy Warhol beschworenen und von RTL umgesetzten inflationären Starbegriffs. Wenn Baldessari allerdings absichtlich nicht das damals bereits verbreitete Video und flotte Effekte benutzt, sondern Super 8 und Echtzeit, dann verulkt er gleichzeitig auch die Naivität des eigenen Ansatzes. Rückgriff auf fotomechanischen Prozess und didaktische Gedankenschwere – der Künstler gibt sich ebenso nostalgisch wie sein Anliegen.

Dieses von Baldessari gepflegte Understatement der Mittel hat bis heute überlebt: Künstler übersetzen neueste Phänomene des von Technologie gepuschten Kinos in Kunst, aber sie bekennen sich zur eigenen Rückständigkeit, das heißt zu den Produktionsmitteln der Armseligkeit. Die junge Britin Fiona Banner erzählt 2002 die naturgemäß bescheidene Handlung eines Pornofilms schriftlich nach: Sprache anstelle von Bild, eine Glasscheibe ersetzt die Leinwand. Auch Baldessaris Collagen funktionieren so: Sie arbeiten absichtlich grob, mit Primärfarbfeldern und aufeinander prallendem Fotomaterial anstelle einer vom Computer perfektionierten Verzahnung. Auslassungen werden nicht digital vorgenommen, sondern wirken wie ausradiert, und formale Eleganz wird absichtlich zugunsten der Inhalte vernachlässigt.

Das Bekenntnis zur künstlerischen Armut der Mittel ist besonders deutlich im Bereich der Science-Fiction. Science-Fiction ist seit Langs »Metropolis« ein klassisches Genre des Kinos, geprägt durch Trivialisierungsprozesse. Wie in Krimi, Komödie oder Western wird Handlung in Formeln umgegossen, also schematisiert. Letztendlich geht es nicht mehr um die Geschichte selbst, sondern den Umgang mit ihren Formeln. In der Kunst könnte man das Genre Western mit dem Landschaftsbild vergleichen, das Melodram mit dem Porträt, den Krimi mit dem Stillleben, und sofort. Das Genre zwingt dem Künstler – oder Regisseur – seine Regeln auf und lädt wegen seiner angeblichen Minderwertigkeit dazu ein, diese Regeln zu durchbrechen oder zumindest zu erneuern. Gianni Morandi und Howard Hawks – je enger die Grenzen des Genre, desto größer die Freiheit des Autors.

Science-Fiction ist heute sicher das aufregendste Genre Hollywoods. Sie dient als Spielplatz für technologische Träume und gesellschaftliche Modelle; sie besteht aus Projektionen sozialer und existenzieller Gegenwart in eine nahe oder ferne, aber immer fiktive Zukunft. Gerade als Experimentierfeld bietet sie der Kunst faszinierende Themen, aber nur, wenn sie in eine ästhetisch innovative Form verpackt ist. In den letzten zwanzig Jahren sind es vor allem zwei in der Zukunft spielende Filme, die die ästhetische, kulturelle und künstlerische Gegenwart nachhaltig prägen: »Blade Runner« und »Matrix«.

Beides sind, im Vergleich zu Kubricks älterem metaphysischen Science-Fiction-Film »2001 – A space odyssey« (»2001 – Odyssee im Weltraum«), erzähltechnisch konventionelle, da einer eindimensionalen teleologischen Handlung folgende, kommerzielle Kraftakte. »Blade Runner« ist es gelungen, zahlreiche Künstler zu beeinflussen. »Matrix« ist, ohne es zuzugeben, von der Kunst beeinflusst.

John Baldessari

Readymades der Massenmedien:
aus der achtteiligen Serie
»Junction Series«, 2002

Klone, Andies, Replikanten

Eine aus dem Nichts gefischte, scheinbar menschliche Gestalt liegt auf dem Fußboden, begraben unter einem schwarzen Netz. Fünf weitere Körper, die auf den zweiten Blick nicht aus Fleisch und Blut, sondern aus Matrazenstoff genäht sind, lehnen aneinander wie in einem makabren Triumphbogen. Replikanten, vervielfältigte menschliche Gestalten aus Stoff, bilden eine farbige Körperskulptur, die an Massengräber neapolitanischer Katakomben erinnert, in welchen christliche Skelette in Regalen und Portalen aufgeschichtet wurden. Architektonische Knochentore zur Unterwelt, zum Paradies, oder zum Fegefeuer.

Annette Messager
Von Pompej ins
Los Angeles der Zukunft:
»Les Répliquants«, 1999

Im Jahre 1999 entwendet die französische Künstlerin Annette Messager dem Film »Blade Runner« seinen uneingestandenen Helden, den nach des Menschen Ebenbild geformten Androiden, und überträgt ihn in die Sprache der Kunst. »Blade Runner«, gedreht von Ridley Scott nach einem Roman von Philip K. Dick, erzählt die Geschichte eines Polizeibeamten, der jene Roboter in Menschengestalt eliminiert, die von interstellaren Stützpunkten verbotenerweise zurück auf die nur den Menschen erlaubte Erde kommen. Diese Roboter heißen im Buch Androide oder Andies; es sind Arbeits- und Kampfmaschinen mit vom Hersteller beschränkter Lebenszeit. Angeblich fehlt ihnen im Unterschied zum Menschen nur zweierlei: Gedächtnis und Gefühl.

Rick Deckard, der von Harrison Ford gespielte Polizist, wird zurück in den Dienst gezwungen, um vier besonders perfekte Replikanten der modernsten Generation Nexus 6 zu eliminieren. Bei seiner Jagd stellt er nicht nur fest, dass diese durchaus zu Gefühlen fähig sind, er verliebt sich auch in ein sehr attraktives fünftes Exemplar, dem die Herstellerfirma sogar ein Gedächtnis implantiert hat. Erinnerung an eine Kindheit, die es nie gegeben hat. Der Film endet mit der Flucht Deckards und seiner neuen Liebe. Sie werden sich vor Deckards eigener Spezialeinheit verstecken müssen – aber wie lange? Deckard kennt die Lebensdauer seiner schönen Replikantin nicht. Vor allem aber muss er aufgrund seines Verhaltens vermuten, dass er selbst auch ein Androide ist, eine zum Töten gebaute Kampfmaschine.

Dies ist das Ende der erst kürzlich ins Kino gekommenen Langfassung des Films, Ridley Scotts Director's Cut. Ähnlich wie im Buch lässt sie die Vermutung, Ich-Erzähler Deckard selbst sei nicht Mensch, sondern Maschine, ausdrücklich zu. Dieses Ende war Hollywoods Studiobossen anfangs zu heikel. Sie wollten den entscheidenden Schritt des 1968 geschriebenen Buchs, dessen politisches Grundthema die totalitäre Kontrolle allen individuellen Gefühls ist, nicht nachvollziehen. Auch andere pikante Details der literarischen Vorlage wurden abgemildert: Im Film regnet es ständig, aber nur im Buch wird ausgeführt, dass dieser Regen seit dem Ende des letzten Weltkriegs radioaktiv gesättigt ist. Das Fernsehen sendet morgens keine Wettervorhersage mehr, sondern die Prognose, wie hochprozentig radioaktiv der Regen im Laufe des Tages sein wird. Kinder und Alte bitte zu Hause bleiben.

Meine Installation »Les Répliquants« steht im Zeichen der Science-Fiction, aber auch heutiger wissenschaftlicher Technologien wie dem Klonen. Die Figuren stammen aus einem Film zu diesem Thema, den ich sehr liebe, nämlich »Blade Runner«. Und sie erinnern an die Opfer von Pompei, an all die Menschen, die von Asche und Lava überrascht wurden, als sie ihren alltäglichen Verrichtungen nachgingen. Bei diesen Alltagsgesten sind sie erstarrt in Netzen, die sie einzusperren scheinen. Doch sind für mich diese Netze auch eine Geste der Liebe – Liebe schützt und fesselt gleichzeitig.

Annette Messager

Die Kunst gibt der Geschichte etwas von der ursprünglichen Tiefe der Handlung zurück, wenn auch im Falle Annette Messagers, die das Buch mit dem Originaltitel »Do Androids Dream of Electric Sheep?« (»Träumen Roboter von elektrischen Schafen?«) nie gelesen hat, teilweise unabsichtlich. Während andere Künstler, etwa der Amerikaner Chip Lord, sich auf ästhetische Aspekte von »Blade Runner« konzentrieren und Lord in »Awakening from the Twentieth Century« Werbung, Filmstills und Dokumentarfotos zu rein formalen Computercollagen künftiger Zivilisation zusammenschmilzt, konzentriert sich Messager auf die tragische Dimension des Replikanten. Der ist nicht mehr nur Serienfertigung und noch nicht Individuum. Messager setzt ihn in Beziehung zur heute besonders aktuellen Problematik des Klons.

Sie beschreibt die Reproduzierbarkeit der menschenähnlichen Gestalt nicht mit industriellen, sondern handwerklichen Mitteln. Wieder geht es um den Charme der Armseligkeit. Ihre Replikanten sind alles andere als High Tech, sie sind als Stoffpuppen nicht einmal Low Tech. Sie werden genäht statt geschweißt. Ihr Original, auf dem Pariser Flohmarkt aufgestöbert, ist ein nicht beachtetes Überbleibsel der Wegwerfgesellschaft. Mehrere Leitmotive von Messagers Werk treffen im Replikanten zusammen: die Puppe als plüschiges Spielzeug nach menschlichem Antlitz, die Matraze als mit Intimleben getränkter Rohstoff und das Fischernetz, das zugleich Gefängnis, Verhüllung und Entblößung ist. Vor allem aber schlägt die Französin den Bogen zur Antike, nämlich zu Pompei und den in Lava gefesselten – und versteinerten – Opfern des Vesuvausbruchs. Ihre Replikanten sind negative Abdrücke des menschlichen Körpers, ganz wie Philip K. Dicks Androiden Abklatsch und Sehnsucht der menschlichen Psyche personifizieren.

Replikant, Roboter, Computer: Die Maschine als Sinnbild für den Einfluss der Technologie auf den Menschen ist in der Kunst spätestens seit Raoul Hausmanns dadaistischem »Mechanischem Kopf« von 1919 präsent. Sie steht auch im Mittelpunkt der Arbeit des 1952 geborenen Kanadiers Tony Brown. Allerdings begnügt sich Brown

In »The Matrix« findet der eingefleischte Hacker Neo morgens auf seinem Computerbildschirm eine Nachricht: »Wach auf, Neo… Die Matrix hat dich. Folge dem weißen Kaninchen. Klopf, klopf, Neo.« Und schon klopft es an der Tür. Als Neo öffnet, ist Lewis Carrolls weißer Nager in eine punkige Schönheit mutiert, die auf ihrem Arm ein Tattoo mit einem weißen Kaninchen trägt. Neo folgt ihr und stolpert so in das, was Hollywoods Drehbuchschreiber für Science-Fiction halten.
Science-Fiction ist ein typisch amerikanisches Kinogenre. Bis auf wenige Ausnahmen serviert jeder Film Standardkost vom Vielfresserbuffett, plus eine Extraportion Special Effects, die dank Tricktechnik zwar sexy aussehen, aber alle gleich schmecken. Immer geht es um die Angst vor dem großen Unbekannten, Weltraum, Zukunft, Marsmännchen. So wie es im Western um die Angst vor der Landschaft und den Indianern ging. In einer Arbeit wie »Teaching Machines« versuche ich diesen Schleier der Angst von der Zukunft zu ziehen. Dazu verwende ich Figuren, Ton und Bild aus mehreren Filmen: »Children of the Dammed« »2001: A Space Odyssey« und »Alien: The Resurrection«. Denn nicht vor der Zukunft, vor der Gegenwart kann man Angst kriegen.
Tony Brown

Tony Brown
Versuch über die Biomechanik von Mensch und Maschine: »One plus One«, 1991

nicht mit der Übersetzung dieser Problematik in Low Tech. Er baut sie in komplizierte mechanische Skulpturen ein, die wiederum menschliche Verhaltensweisen übernehmen. Thema ist sozial konditioniertes Verhalten von Menschen und Maschinen.

Erstes Beispiel für die Psychologie der Maschine und ihr Nachahmen menschlicher Geschlechterklischees ist die Installation »Two machines for Feeling« von 1984. In dieser anfangs von Feministinnen angefeindeten, da fälschlich dem Machismus zugeordneten Raumskulptur treffen ein männlicher Roboter und eine weibliche Ballerina aufeinander. Die tanzende Marionette kann sich vom Schatten des Maschinenriesen nicht befreien, feminine Eleganz und Zartheit werden bedroht vom phallischen Automatismus. Die Inszenierung mit Schatten, Transparenz, Lichtreflexen und Farbfiltern ist ausdrücklich inspiriert von einer Szene aus »Blade Runner«. Als Deckard den ersten Androiden eliminiert, die Nackttänzerin Hannah, wird die nur mit einem durchsichtigen Mantel bekleidete Frau von der Wucht der tödlichen Kugel in ein Schaufenster geschleudert.

Auch Browns Skulptur »One plus One« greift 1991 ein Motiv aus »Blade Runner« auf. Als Deckard den dritten von vier Replikanten eliminiert, die schöne Pris, gespielt von Daryl Hannah, die Freundin – von Lebensgefährtin darf man kaum sprechen – des Anführers der Androiden ist und damit zu Liebe, Zärtlichkeit, Mitgefühl fähig, kommt es zu

Stanley Kubrick
Abgeschaltet wird HAL zum Kleinkind.

einer der schrecklichsten und eindringlichsten Szenen des Films: Deckards Widerwillen zu töten wird erkennbar. Er möchte das Mädchen verschonen, wird jedoch von der um ihr Leben fürchtenden Homuncula in einen brutalen Kampf gezwungen. Als Kampfmaschine funktioniert Pris wie eine Marionette, sie benutzt den eigenen Körper und ihre übermenschlichen Kräfte als Waffe und nimmt, nachdem sie Deckard fast bewusstlos gewürgt hat, einen letzten Anlauf, um ihn zu zermalmen. In einem gymnastischen Wirbel-

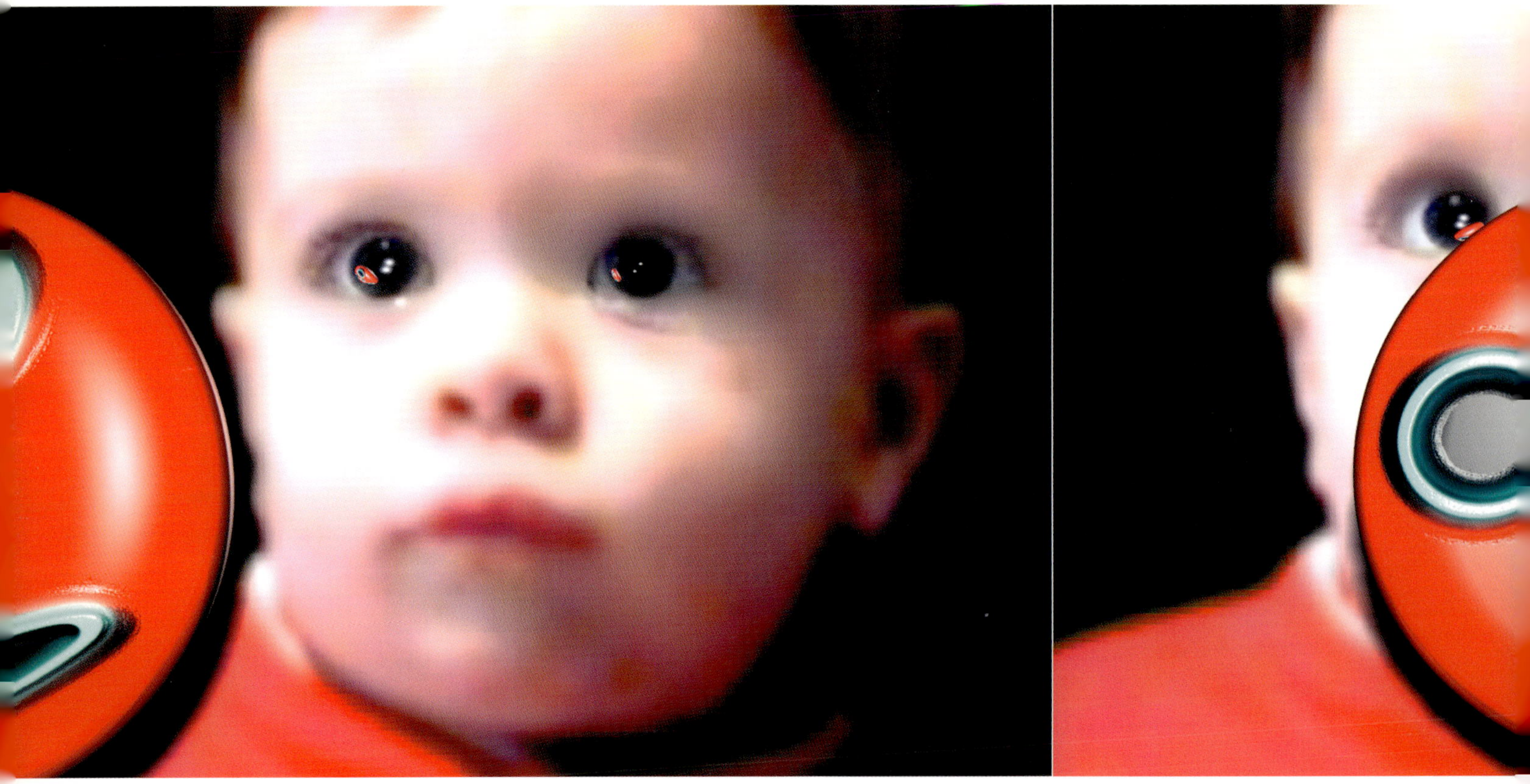

sturm von Überschlag und Flickflack bewegt sie sich auf den Blade Runner zu. Im buchstäblich letzten Augenblick greift dieser zur Waffe und erschießt das Mädchen. Doch das einmal programmierte Muskelspiel geht, trotz des klinischen, sprich technischen Ablebens, weiter. Auf dem Boden liegend, bäumt sich der Körper in einem letzten, mechanischen Todestanz auf. Die Glieder rütteln in einer spastischen Choreografie sinnlos weiter.

Genau diesen Moment zwischen Mensch und Maschine, Leben und Tod, Funktion und Sinnlosigkeit nimmt Brown in »One plus One« auf, wo Roboter, die nur aus Armprothesen bestehen, wie mechanische Körperextremitäten hin- und herzucken. Die artikulierten metallischen Arme haben etwas Bedrohliches für das Publikum, ihre Bewegungen wirken unkontrolliert, auch wenn sie vom Künstler programmiert sind. Sie stehen in einem halboffenen gläsernen Verschlag, auf deren Wand und Decke Brown farbig abgesetzte Handbewegungen projizieren lässt. Die Farben – blau und rot – erinnern an den mit Farbfiltern gedrehten Totentanz aus »Blade Runner«, die Handbewegungen an tagtägliche Griffe aus Alltags- und Arbeitswelt, die von unserem wichtigsten Werkzeug, der Hand, vollzogen werden.

In einer neueren Arbeit übernimmt Brown im Jahre 2001 eine andere Figur aus einem Science-Fiction-Film, nämlich den Computer Hal aus Kubricks »2001 – Odyssee im Weltraum«, dem wohl wichtigsten Science-Fiction-Film überhaupt. Ähnlich wie seine

Tony Brown
Baby, Smiley und Stimme des abgeschalteten HAL: »Teaching Machines, 2001«

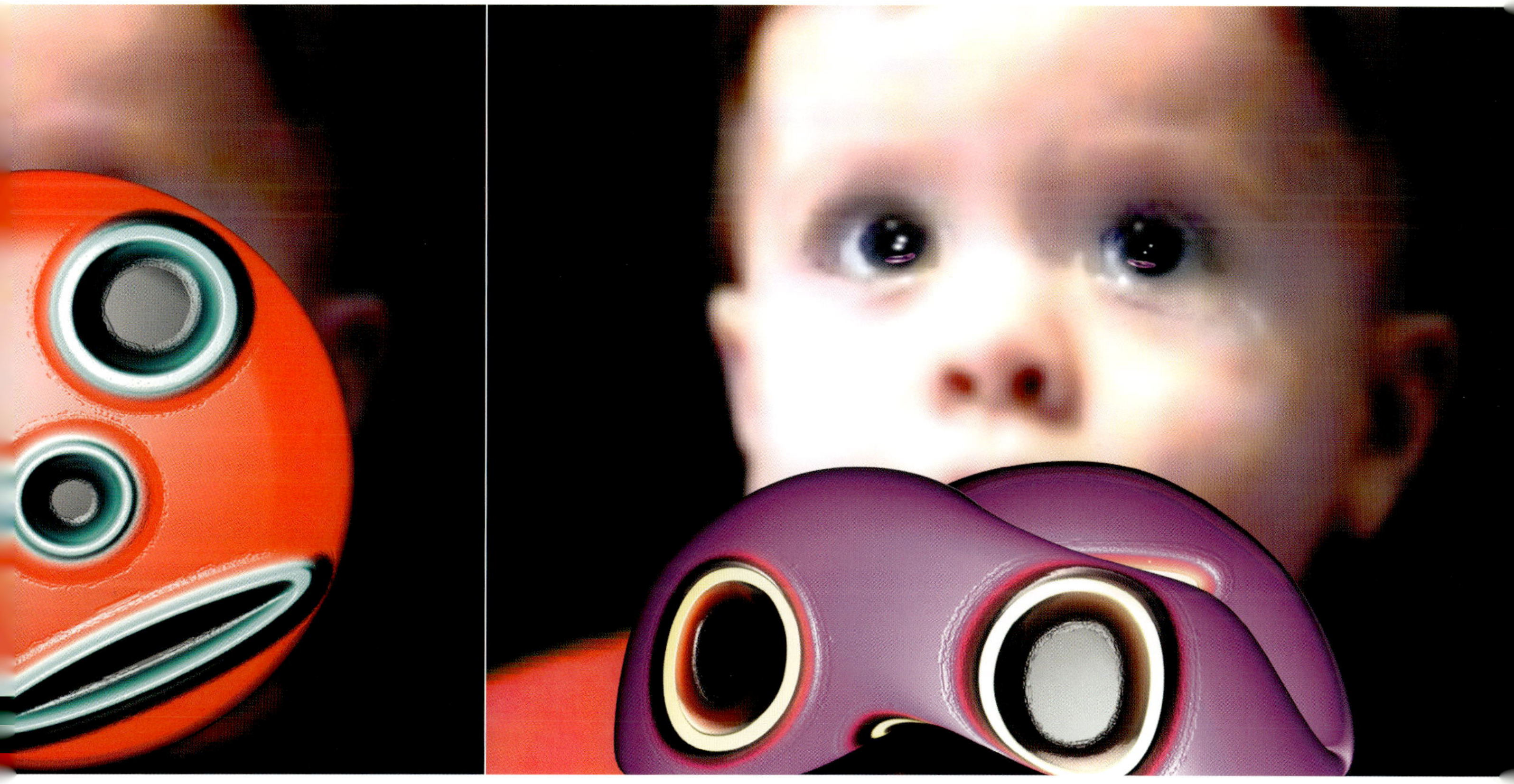

humanoiden Nachfahren, die Androiden, ist Hal seinem Schöpfer, dem Menschen, zu ähnlich geworden. Er erhebt – berechtigt oder unberechtigt – Ansprüche, als Kreatur ernst genommen zu werden. Und wie das Replikanten-Mädchen im Todeskrampf zur Puppe wird, so degeneriert Hal in wenigen Sekunden vom Superhirn zum Kindskopf: Als der Astronaut den zur Bedrohung gewordenen Computer abstellt, also umbringt, stottert dieser nur noch Stabreime. Die übermenschliche Intelligenz wird zum infantilen Dummkopf, der ein Liedchen trällert.

Tony Brown benutzt in seiner Installation Hals filmische Originalstimme und lässt sie besagtes Liedchen singen, während vor der Videoprojektion eines Babys ein Smiley wie ein Jojo auf und ab titscht. Smileys sind jene auf das Spiel der Mundwinkel reduzierten grafischen Gesichter, die als Anstecker um die Welt gingen und gehen. Bei Brown wird der singende Smiley, ein aufs Grinsen beschränktes Abbild des Menschen, durch jeden Aufprall deformiert. Das Baby, digital gewaschen und frisiert, folgt ihm mit einem Blick, der ähnlich ungläubig ist wie der des zum Embryo zurückentwickelten Astronauten am Ende von »2001«. Der staunende Mensch, der infantile Computer und ein grafischer Replikant sind Teilnehmer eines mysteriösen Ballets um Technologie und Kindheit, Tod und Geburt, Gegenwart und Zukunft.

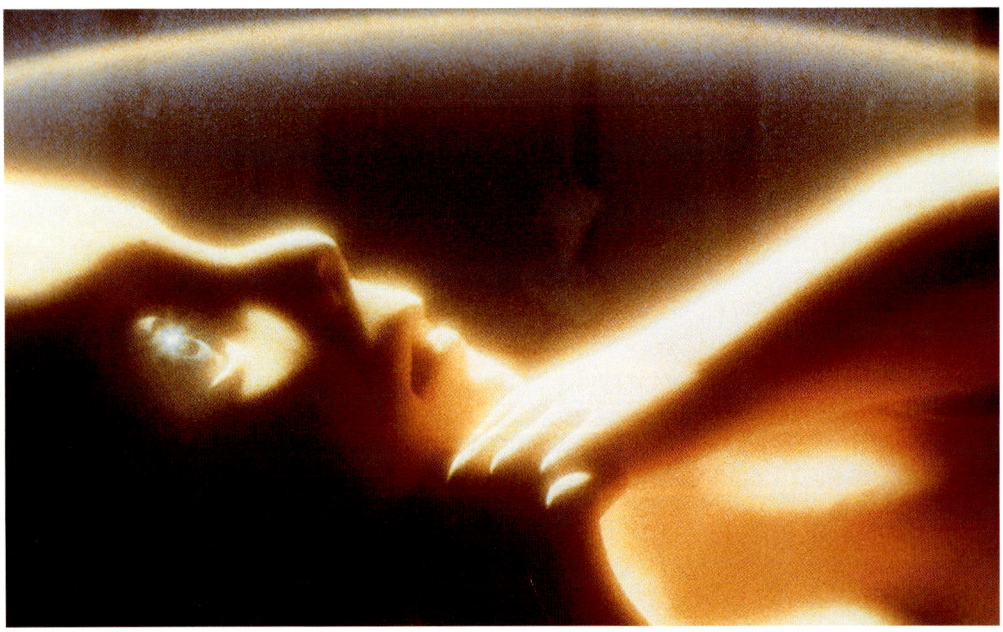

Stanley Kubrick
Odyssee und Wiedergeburt im Weltraum – der Astronaut von »2001« als Fötus

Andy und Larry Wachowski
Schwerelosigkeit
in »The Matrix«

Matrix und Morpheus

Im Jahr 1991 veröffentlicht Bracha Lichtenberg-Ettinger einen englischsprachigen Textband mit dem Titel »Matrix und Metramorphosen«. Die Künstlerin ist gleichzeitig Malerin und Psychotherapeutin. Als Therapeutin deckt sie bei ihren Patienten Persönlichkeitsschichten Lage um Lage ab, als Malerei betreibt sie das Gegenteil. Sie deckt mit immer neuen Schichten von Farbe historische Fotos, die mit kollektiver Erinnerung zu tun haben, zu. Die bis zur Verblassung reproduzierten Fotos drehen sich um Geschichte und individuelles Schicksal. Es sind zum Beispiel Luftaufnahmen von Palästina, die die deutsche Luftwaffe während des Ersten Weltkriegs machte, oder auch Fotos von familiären Ereignissen und Souvenirs. Sie visualisieren aber auch antike Mythen, entnommen einer von Jacques Lacan geprägten psychoanalytischen Überwelt von Bewusstsein und Symbol, dem Realen und der Erinnerung.

Als Matrix definiert Lichtenberg-Ettinger seit 1985 ein gemeinschaftliches Territorium des Unterbewussten; ein psychisches, von ihr in Kunst verwandeltes Gelände, in dem es weder Mann noch Frau gibt, oder die Geschlechterrollen noch nicht verinnerlicht sind. Das unterscheidet Lichtenberg-Ettingers Matrix von anderen psychoanalytischen Systemen, in denen die Matrix eher dem weiblichen Mutterleib zugeordnet ist. Sie ist eine Art heimischer Uterus, dunkel, undurchdringlich und sexuell aufgeladen.

Als künstlerisches Grenzgebiet ist die Matrix für die Künstlerin ein durch die Schichtung von Malerei und Erinnerung gestaltetes Land der unbegrenzten Möglichkeiten, da noch nicht der individuellen Rollenverteilung unterworfen. Ein Reich der Originale und Reproduktionen, die sich ins Unendliche multiplizieren. Als aktive Kräfte führt sie die weibliche Metra und den männlichen Morpheus ein, den griechischen Gott des Schlafes und des Traums. Als einzige verstehen beide die Matrix und erkennen sie als das, was sie letztendlich ist: eine mit Geist gefüllte Kreationsmaterie, die noch nicht vom abendländischen, phallusgeleiteten Schöpfungsmythos geprägt ist.

Auch der Computerhacker Neo lebt in der Matrix, ohne es zu wissen. Eines Tages wird er von angeblichen Terroristen besucht, Rebellen gegen die herrschende Ordnung. Neo muss lernen, dass diese von der staatlichen Gewalt gejagten Kreaturen die letzten wirklichen Menschen sind und die Welt, die er als Realität versteht, nichts als ein virtuelles Zwischenreich ist. Man schreibt keinesfalls das Jahr 1999, wie Neo glaubt, sondern zweihundert Jahre später. An der Macht ist nicht die Regierung, sondern ein alles überragender Intellekt, hervorgegangen

Seit 1985 arbeite ich mit dem Begriff der Matrix, den ich in vielen Gemälden und rund siebzig theoretischen Essays formuliert habe als ein gemeinschaftliches psychisches Grenzland, in welchem das Bewusstsein die Beschränkungen des Individuums überschreitet. Jedes Subjekt gelangt im Miteinander und im Verschmelzen mit anderen Subjekten in eine Sphäre, in der Reales, Imaginäres und Symbolisches sich vermischen mit Spuren von Einbildung, Trauma und Erinnerungsspuren.
Für mich ist das keinesfalls eine fiktive Welt, sie bleibt nur unsichtbar. Unsichtbar, weil hinter dem Sichtbaren möglich, virtuell und real existierend. Deshalb war es sehr aufregend zu sehen, wie das matrixhafte Unsichtbare, das ich als mit und hinter unserer »normalen« Welt existierend beschreibe, plötzlich in einem Film visualisiert, ja regelrecht materialisiert wurde. Bis hin in die kleinsten Details, etwa die von mir ausführlich beschriebene Geburt unseres Helden, den ich Metramorphosis, den Morpheus der Matrix, genannt habe.
Bracha Lichtenberg-Ettinger

Bracha Lichtenberg-Ettinger
Kollektives Land der Erinnerung: »Euridice«, 1992

aus den vom Menschen entwickelten Maschinen mit künstlicher Intelligenz. Diese Matrix fürchtet nur eines: die letzten wirklichen Menschen. Doch deren Revolte ist nur unter Mithilfe eines messianischen Boten, ausgebildet und geführt von Morpheus möglich.

Der Film »The Matrix« der Brüder Andy und Larry Wachowski hat 1999 wesentliche Teile des Modells einer Matrix als Zwischenregion unter der Herrschaft eines totalitären Geistes jenseits von Körper und Sexualität ins Kino übernommen. Bewusst oder zufällig? Die Regisseure fungieren auch als Drehbuchautoren, denen natürlich, wie in Hollywood üblich, von anonymen Mitautoren zugearbeitet wird. Ihre mit digitalen Tricks gespickte Inszenierung setzt die Idee der Matrix so spannend in Bilder um, dass im Jahre 2003 gleich zwei Sequels, nämlich »The Matrix Revolutions« und »The Matrix Reloaded«

anlaufen, die der Zukunftsvision des ursprünglichen Films allerdings nichts Neues mehr hinzufügen. Diesmal geht es nur noch darum, Geld zu verdienen. In einem Wettlauf muss die von den letzten Menschen bewohnte Low-Tech-Welt Zion gerettet werden. Wieder tanzen Neo, gespielt von Keanu Reeves, Morpheus und Trinity eine Sarabande von Kungfu, Raumfahrt und sakraler Erlösungsmesse.

Kino kann visualisieren, was die Psychoanalyse nur begrifflich zu definieren vermag. Einige Ähnlichkeiten zwischen Film und theoretischem Überbau der Malerin sind frappierend. Zumal im Kino die Figur des von Larry Fishburne gespielten Morpheus, des Retters der Menschheit, geradewegs der Haut von Lichtenberg-Ettingers Schlafgott Morpheus entschlüpft zu sein scheint. Auch die Szene mit der Kekse backenden Seherin, dem Orakel, ähnelt einer dramatischen Überarbeitung der theoretischen Ausführungen der Malerin.

Natürlich hat nicht Lichtenberg-Ettinger Morpheus erfunden. Jacques Lacan war vor ihr da, die Götter der Griechen ebenfalls, und Science-Fiction-Literatur ist mit Sicherheit weiter verbreitet als die Gemälde der zwischen Paris und Tel Aviv pendelnden Israelin. Doch sind ihre Bilder und Schriften immer wieder veröffentlicht und diskutiert worden, vor allem in intellektuellen Eliten von Oxford, New York und Brüssel. Für den intellektuellen Rundumschlag der Filmemacher sprechen auch andere Übernahmen sehr viel prominenterer Quellen im Drehbuch: Der französische Soziologe Jean Baudrillard wird explizit zitiert, Philosoph Paul Virilio paraphrasiert. Filmheld Neo schließlich trägt den Namen einer vom kanadischen Autor William Gibson kreierten Romanfigur, dem Neuromancer, obwohl dieser Roman mit der Handlung nichts zu tun hat. Hollywood hat den Begriff Science-Fiction, die Fiktionalisierung wissenschaftlicher Forschung, wortwörtlich genommen, ohne die Quellen zu zitieren.

Auch aus Rainer Werner Fassbinders Film »Welt am Draht«, der vor fast dreißig Jahren im deutschen Fernsehen unsere Mitbürger als Marionetten an der Leine einer totalitären Macht entlarvt, wird geklaut. Aus dem Fernen Osten stammen nicht nur die Kampfszenen, sondern auch die taoistische Grundhaltung der Helden Morpheus und Neo. Schließlich gibt es unzählige Verweise auf das Alte Testament, aber das ist in Hollywood keinesfalls ungewöhnlich. Unbeflecktheit und Reinheit des Herzens als Bedingung für den messianischen Erfolg gibt es schließlich nur im Film, nicht in der Filmindustrie.

Erstaunlich ist, dass Kunst- und Filmkritik die Ideen des Films bisher nicht an ihre Quellen zurückverfolgt haben. Selbst auf einem Symposium zum Thema »The Matrix« im Karlsruher Zentrum für Kunst und Medien ZKM wurde zwar der sozio-, aber nicht der psychokulturelle Hintergrund berührt, obwohl die Matrix, weit über Bracha Lichtenberg-Ettingers Definition hinaus, doch durchaus als Metapher für den künstlerischen Raum schlechthin gedeutet werden könnte. Denn wo anders breitet sich das Kunstwerk aus, wenn nicht in einem gemeinsamen Raum irgendwo zwischen Realität und Traum, Individuum und Kollektiv, Psyche und Virtualität, Mensch und Maschine?

Andy und Larry Wachowski
Materie gibt es nicht in »The Matrix«, nur Schichten intelligenter Fiktion

Bracha Lichtenberg-Ettinger
»Matrixial Borderline«,
1990 / 91

Ann Lee und Idoru

Anders als »Blade Runner« bleibt die Kinoserie »Matrix« mit ihrer eher billigen Mischung aus Westernkostüm und Abrisslook ganz innerhalb der Grenzen des Genre; sie besitzt keinesfalls eine ästhetische Stilisierung, welche die Kunst beeinflussen könnte. Auch die Handlung – es geht einmal mehr um die Rettung der Menschheit – bleibt immer im Vordergrund und ist ungleich trivialer als die Problematik von Klon oder Replikant, dem in schon naher Zukunft garantiert existierenden humanoiden Abbild des Menschen. »Matrix« ist amüsanter Mainstream, »Blade Runner« melancholische Poetisierung. Beide gehören zum Genrekino. Doch sind es die von der Science-Fiction aufgeworfenen Probleme, die die Kunst interessieren. Nicht ihre Geschichten.

Eine andere Form von Replikant – noch nicht Mensch, aber nicht mehr nur Marionette – ist Ann Lee, eine der japanischen Science-Fiction entstammende Comicfigur der Manga-Tradition. Die französischen Künstler Philippe Parreno und Pierre Huyghe haben Mitte der neunziger Jahre die Rechte an dieser Figur aufgekauft und sie damit als virtuelle Sklavin zwar nicht befreit, aber aus der Massenkultur in die Kunst entführt.

Ann Lee ist die grafisch auf das Nötigste reduzierte Darstellung einer Mädchengestalt, minimalistisch und nur bedingt expressiv; doch behandeln die Künstler sie respektvoll wie ein wirkliches Wesen. Sie wird nicht wie in den Mangas misshandelt, sondern zur Erforschung künstlerischer Prozesse eingesetzt. Die Bildende Kunst erwirbt eine Schauspielerin, um sie in eigenen Produktionen einzusetzen, die mit ihrer Herkunft, der Zukunft, zu tun haben. »Irgendwann in den nächsten zwei, drei Jahren«, sagt Pierre Huyghe, »werden wir Ann Lee sozusagen in die Freiheit entlassen, indem wir für sie eine eigene Stiftung gründen, in die das Copyright fließt.«

Ann Lee ist Zeichentrick, aber auch virtueller Charakter. Sie erinnert an Rei Toei in der Romantrilogie »Idoru« vom bereits erwähnten William Gibson, der die Idoru als von den japanischen Fans verehrten, immateriellen Star zeichnet. Eine täuschend echte 3D-Projektion mit Seele,

Für das Projekt »No Ghost just a Shell« haben Philippe Parreno und ich mit einer japanischen Agentur Kontakt aufgenommen, die Manga-Figuren produziert und an Verlage verkauft, die sie für Film, Buch, Werbeclip oder Videospiel benutzen. Der Preis solcher Figuren hängt vom Potenzial ab. Die besser ausgearbeiteten Charaktere haben mehr Attribute und Charaktereigenschaften, ihr grafisches Design ist aufwendiger. Für eine billige Figur aus dem Katalog haben wir die Rechte erworben. Befreit man sie aus ihrer Vertriebskette und nimmt ihr Sinn und Zweck, nämlich die Benutzung in fiktiven Geschichten, bleibt nur ein bedeutungsloses Zeichen übrig. Um wieder zu existieren, braucht es Charakter und Handlung. Dieses Zeichen ist frei verfügbar. Wie ein Werkzeug kann es von Künstlern in Besitz genommen und inhaltlich verändert werden. Das Projekt »No Ghost just a Shell« ist wie eine Ausstellung, die sich ständig weiterentwickelt.
Pierre Huyghe

Pierre Huyghe
Philippe Parreno
»No Ghost just a Shell«,
die Mangafigur Ann Lee

Gefühl und Verantwortungsbewusstsein. Gibson, literarischer Erfinder der längst Wirklichkeit gewordenen virtuellen Computerwelten, beschäftigt sich grundsätzlich nicht mit der Reise in den Raum, sondern in die Psyche. Er erzählt von Protagonisten, die der Zukunft zum Opfer fallen. »Die Mondlandung«, sagt er, »war eine riesige Enttäuschung, eine reine Fernsehschau, die nichts weiter gebracht hat. Deshalb findet die Zukunft meiner Bücher hier statt, auf unserem Planeten. Und sie kommt immer näher – was sie umso bedrohlicher macht.»

Außerdem erinnert Ann Lee an die perfekt modellierte, aber seelenlose Kyoko Date, eine 1996 erstmals lancierte 3D-Figur der japanischen Computerindustrie, die in Inter-

views, Werbespots und Videoclips auftritt. Eine realistisch gezeichnete und durchaus erotische Vorläuferin vom hölzernen Robert / Robot, dem virtuellen Werbeträger der deutschen Telekom.

Vor allem in zwei Filmen wird Ann Lee eindrucksvoll an der Grenze zwischen Film und Kunstwerk eingesetzt: in Dominique Gonzalez-Foersters »Ann Lee in anzen zone« und in Pierre Huyghes »One Million Kingdoms«. In beiden Filmen zeigt Ann Lee Seele, sie spielt die aus der Romantik des neunzehnten Jahrhunderts übernommene Rolle des von der Umwelt – früher hieß sie Natur – überwältigten Individuums. Huyghe koppelt Ann Lee dank philosophischen und ethischen Leitmotiven aus der Science-Fiction aus und geht über das Thema Replikant / Klon hinaus. In »One Million Kingdoms« aus dem Jahre 2000 wandert Ann Lee durch eine Art Mondlandschaft, die sich erst nach und nach um sie herum aufbaut. Und zwar als grafische Umsetzung der Schallwellen eines von Huyghe verfassten Textes, der dank Synthesizer von der Stimme des Mondastronauten Neil Armstrong rezitiert wird. Tatsächliche Mondlandung, menschliche Stimme, Stimmcomputer, Comicstrip, gezeichneter Replikant und virtuelle Mondlandschaft treffen zusammen im desolaten Bild eines kleinen Mädchens, das durch eine inexistente Umwelt stapft.

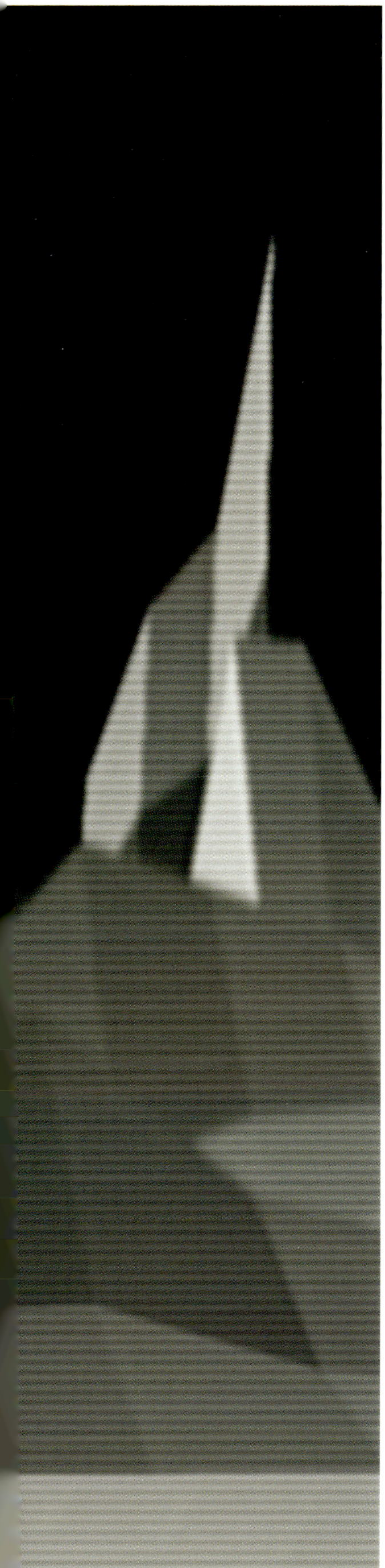

Pierre Huyghe
Im Film »One Million Kingdoms« wandert Ann Lee durch eine virtuelle Welt der Worte.

Zeichnung und Zeichentrick

Auch die junge Japanerin Tabaimo, 1975 in Hyogo geboren, benutzt den grafisch von den Mangas geprägten Animationsfilm, um eine fiktive Brücke in die Zukunft zu schlagen. Ihre interaktive Installation »Japanese Interior« aus dem Jahre 2002 besteht aus dem lebensgroßen Modell eines japanischen Wohnzimmers, in dessen hintere Wand eine Leinwand gebaut ist. Der Besucher von Tabaimos Austellung und Haus – nimmt auf einem Tatami Platz und startet, mit Hilfe eines Fußpedals und einer Computermaus, zu einem Rundgang durch das virtuelle Heim. In verschiedenen, vor allem intimen Räumen wie Bad oder Toilette werden Kurzfilme eingespielt, die mit den Krankheiten der heutigen japanischen Gesellschaft zu tun haben: Nationalismus, Anonymität, Umweltverschmutzung, Körperfeindlichkeit.

Tabaimos melancholische Personen leben von ihrer zeichnerischen Unvollkommenheit. Sie sind wie die traurige und einsame Ann Lee computeranimierte Reduktionen, die in einer künstlichen Welt zwischen Gestern und Morgen romantische Ideen verkörpern. Den ästhetischen Gegenpol zu diesem von Science-Fiction und Manga geprägten Universum liefert der südafrikanische Zeichner, Theaterregisseur und Filmemacher William Kentridge. Seine Helden Soho Eckstein und Zeno stammen aus der Formsprache der Vergangenheit und leiden weder an der Gegenwart noch an der Zukunft, sondern an ihrem schweren kulturellen Gepäck.

Kentridge, Jahrgang 1955, lebt und arbeitet in seiner Geburtstadt Johannisburg. Sein Atelier liegt im Stadtdistrikt rings um das Museum für Afrikanische Kunst und ein Theater, das schon während der Apartheid zur Legende wird und in welchem Kentridge auch Aufführungen seiner Handspring Puppet Company zeigt. Kentridges Universum verknüpft Zeichnung, Film, Theater und die sogenannte ernste Musik. Sein Verhältnis zum Film ist nicht geprägt vom heutigen Kino und nicht von der avantgardistischen Tradition des Animationsfilms – vom Deutschen Oskar Fischinger bis zum Amerikaner Robert Breer, sondern vom expressionistischen Stummfilm, ergänzt durch die Schattenspiele von Lotte Reiniger.

Rund fünfzehn Jahre und acht Filme lang heißt Kentridges Held und Alter Ego Soho Eckstein, ein an seinem korrekten Anzug als Geschäftsmann erkenntlicher Melancholiker und Zeitzeuge von Arbeitskampf und Apartheid, persönlichen und kollektiven, fiktiven und realen Dramen. In »Felix in Exile«, »History of the Main Complaint« oder »Stereoscope« ringt Eckstein mit Leben und Tod, Beruf und Unfall, Einsamkeit und Ungerechtig-

William Kentridge

Zenos Heimat Triest: Zeichnung aus »Zeno Writing«, 2002

keit. Letztendlich ist dieses Ringen immer umsonst, Kentridges Welt ist zutiefst pessimistisch. Sie wird im Lot gehalten durch die strenge Schönheit seiner bis auf wenige Effekte farblosen Zeichnungen, die abgefilmt und auf eine oder mehrere Leinwänden projiziert beziehungsweise in Bühnenaufführungen integriert werden.

Kentridges Animationsverfahren schlägt eine Bresche in die Linearität der Filmzeit und führt in eine Art verlangsamtes Zwischenreich. Anstatt eine Zeichnung nach der anderen abzufilmen, malt er sämtliche Stationen einer Szene auf dasselbe Blatt Papier. Das Ausradieren und Neuzeichnen der Figur wird Teil der Handlung, die neue Zeichnung trägt die vorherigen in sich. Gegenwart besteht aus Vergangenheit; Vergangenheit bedingt Gegenwart – und droht mit Zukunft.

Handelt es sich nun um abgefilmte Zeichnungen oder gezeichneten Film? Kentridge erklärt, er habe Film benutzt, weil in den achtziger Jahren niemand Zeichnungen an-

schauen wollte. Dies reicht als Erklärung sicher nicht aus, denn vor seinen Animationsfilmen arbeitete er bereits mit Video. Vielmehr profitieren die verschiedenen Medien voneinander: Die mit Kohle auf Papier gezeichneten Dekors seines letzten Films »Obsessions« etwa sind theatralische Welten einer konventionellen Gegenständlichkeit, die ohne Animation kaum überleben könnte. Gleichzeitig existiert der Film nur durch den mechanischen, und nicht elektronischen Prozess des Zeichnens und Filmens. Wieder ein Bekenntnis zu überholten Techniken, wie es John Baldessari in seinen Filmen pflegt. In »Stereoscope« nimmt Kentridge 1999 ausdrücklich Bezug auf den mechanischen Effekt räumlichen Sehens beim gleichzeitigen Anschauen zweier geringfügig verschiedener Bilder. Er verstärkt den Eindruck angeblicher medialer Rückständigkeit, indem er seine Kurzfilme in Theater und Literatur integriert, denn es handelt sich bei »Bekenntnisse« um eine szenische, malerische und filmische Adaption von Italo Svevos Romanfigur Zeno Cosini.

Das triste Provinzdasein der Stadt Triest wird von Kentridge in die Weltprovinz Südafrika übersetzt, auch sie ein politisches Niemandsland an der Peripherie aller Kulturen. Die Passivität und Handlungsunfähigkeit des luziden Zeno vor den kommenden privaten und politischen Katastrophen ist auf die weißen Intellektuellen im Südafrika der achtziger Jahre übertragbar. Im Erleiden seines Schicksals ist Zeno ein naher Verwandter Soho Ecksteins. Das tragische Phlegma von Kentridges Figuren wird durch das Verwischen des Jetzt zugunsten des Gleich noch betont und unterstreicht die Melancholie eines Genres, des Animationsfilms, das sich selbst als eine Kunstform von Gestern versteht. Kurioserweise schlägt der südafrikanische Künstler Kentridge damit eine Brücke zum neuen japanischen Zeichentrickkino und Filmen wie »Kukiro« oder »Metropolis«, die mit der Unterhaltungsblödelei ihrer Konkurrenten von Disney oder Dreamworks nichts zu tun haben, sondern ebenfalls eine Form von Gestern zur Beschreibung des Heute beschwören.

William Kentridge
Animationsfilm und
Schattenriss: Filmstill
»Overvloed« von 1999

KAPITEL 7
ZWISCHEN BEWUNDERUNG UND MISSTRAUEN

Signale vom Unfassbaren

Von einem entfernten Bergbauplaneten fängt ein intergalaktisch operierendes Raumschiff Funksignale ab, die nicht eindeutig identifizierbar sind. Die Mannschaft wird aus dem Kälteschlaf geweckt und eine Patrouille losgeschickt. So ungefähr setzt Stanley Kubricks »2001 – Odyssee im Weltraum« ein. Genauso beginnen auch diverse Episoden der Fernsehserie »Star Treck« (»Raumschiff Enterprise«), so beginnt Science-Fiction im Weltraum eigentlich immer. Signale fremden Lebens werden aufgeschnappt, der Mensch geht ihnen nach und stößt auf Unbegreifliches, das in Worte zu fassen die zurückkehrenden Humanoiden Mühe haben – ganz zu schweigen von den Schwierigkeiten Hollywoods, dieses Unfassbare in Bilder zu übersetzen. Vor allem, wenn es sich nicht um eine metaphysische Form von Intelligenz handelt, sondern um ein organisches, dem Menschen entfernt verwandtes Wesen, das essen, atmen und sich fortpflanzen muss, das nicht unsterblich ist, Technologie liebt und von ihr abhängig geworden ist.

Unsere Filmpatrouille verlässt das Mutterschiff Nostromo in einem kleinen Raumcruiser, teilt sich nach der Landung in zwei Gruppen und durchsucht die Bodenstation nach Spuren menschlichen Lebens. Eine Gruppe entdeckt ein gestrandetes Raumschiff mit einem wie versteinerten Astronauten, bei dem es sich um eine Art organischer Maschine gehandelt haben muss. Die zweite Gruppe durchstöbert die medizinischen Laboratorien der einstigen Bergwerke und findet Reagenzgläser mit einem lebendigen, fötusähnlichen Gebilde. Der Rest ist Kinogeschichte.

H. R. Giger
Das »Alien« mit seinem von Francis Bacon inspirierten Schlund

ALIEN
HR Giger 78

Ridley Scott

Zwei Rassen von Astronauten in »Alien«

Im Juli 1977 wird der Züricher Maler H. R. Giger von einem amerikanischen Fachmann für Special Effects namens Dan O'Bannon kontaktiert. Die beiden kennen sich bereits von den Arbeiten am Szenenbild für eine niemals vollendete Version von »Dune«. O'Bannon hat ein Drehbuch verfasst, das in Hollywood kursiert und viel Aufsehen erregt. Sein Titel: »Alien« – das Fremde. Er bittet Giger gegen eine Bezahlung von tausend Dollar um einige Entwürfe für die beiden ersten Entwicklungsstadien des »Alien«, die ihm dabei helfen sollen, das Projekt voranzutreiben. Zunächst ist noch Walter Hill, als Regisseur im Gespräch; doch bald steigt die 20th Century Fox in die Produktion ein und der britische Werbefilmer Ridley Scott, der gerade mit »The Duellists« (»Die Duellisten«) einen atemberaubenden Erstling vorgelegt hat, wird als Regisseur verpflichtet.

Scott gefallen Gigers Entwürfe, doch richtig überzeugt ist er erst, als er die beiden älteren Bilder »Necronom IV und V« von 1976 in Gigers erstem Buch »H.R. Giger's Necronomicon« entdeckt. In Gigers alptraumhaften Wesen erkennt er sofort seinen »Alien«. Er lässt Giger nach London kommen und nimmt ihn unter Vertrag. Zunächst liefert Giger nur Zeichnungen für die verschiedenen Inkarnationen des »Alien«. Später schickt der gelernte Bauzeichner und Industriedesigner sogar Vorschläge für das Raumschiff des Fremden, das eigentlich nicht in seinen, sondern in den Bereich des Production Designers gehört. Sie werden gegen den Willen der Studiobosse von Ridley Scott angenommen. Giger fährt nach London, überwacht die Umsetzung seiner Zeichnungen und führt einige Bauten selbst aus. Er ist zuversichtlich, dass seine Visionen das Publikum beeindrucken werden. Sie richten sich in einer Sprache an das Unbewusste, die in der Kunst Tradition hat, die das Kino aber noch lernen muss.

Freiwillige und unfreiwillige Mitarbeiter

Gigers Malerei schwelgt in fantastischen Räumen, die bar jeder Logik sind. Für »Alien« verfährt er umgekehrt: Die Fantastik liegt nicht im Außerkraftsetzen der Logik, sondern im Weiterdenken von Technologie in Biologie. Er entwirft eine Welt, die Hollywoods Vision von Science-Fiction zuwider läuft, da sie organisch und mechanisch zugleich wirkt: halb Mutterbauch, halb Spaceship. Auf das Publikum wirkt sie umso erschreckender. Im Gegensatz zu den animalischen Bösewichten des »Planet of the Apes« (»Planet der Affen«) oder zum wild gewordenen Computer Hal bietet das Alien keinerlei Möglichkeit einer vernunftgelenkten Kommunikation – es ist zutiefst sachlich, ohne jede psychologische Entfaltung und allein am Überleben durch Mord interessiert.

Das sind simple Konzepte, wie sie in der Bildenden Kunst nicht vorkommen. Kein Künstler würde ein Alien erfinden, das kann nur das Kino. Aber es vermag es nicht zu visualisieren. Das Kino ist angewiesen auf eine Imagination, die Monster aus einer langen Geschichte von fremdartigen Ungeheuern schöpft, die aus visionären Albträumen und nicht aus kurzsichtigen Horrorfilmen stammen. Diese Geschichte des Ungeheuerlichen reicht von mittelalterlichen Altarbildern über Hieronymus Bosch und den unbekannten Meister des Campo Santo in Pisa bis zu den britischen Brüdern Jake und Dino Chapman.

Vor allem aber entlehnt Gigers Alien wichtige Details bei einem Maler, der wie kein anderer das Monströse der menschlichen Psyche in Gestalt umzusetzen versteht: Francis Bacon. Der gegenüber dem Kopf völlig überdimensionierte Schlund des Alien mit seinem doppelten Gebiss stammt aus dem berühmten Triptychon »Three studies of figures at the base of a crucifixion« von 1944, in dem ein sich vom Körper lösender Mund, zu einem bedrohlichen Schrei aufgerissen, aus der Bildmitte ragt. Ideenklau hat System in Kino und Kunst, und Francis Bacon gehört zu den vom Film meistbestohlenen Malern des zwanzigsten Jahrhunderts. Offizielle, per Vertrag besiegelte Arbeiten von bekannten Künstlern für Sets sind in der Filmindustrie jedoch immer noch verpönt.

Gigers Arbeit im Londoner Studio ist also eine Ausnahme. Er wird bezahlt und darf seine Arbeit sogar zu Ende führen. Selbst dem berühmten Salvador Dalí war dies nicht vergönnt: Er wird vom Universal Studio bitter gedemütigt, als man seine vertraglich bestellten Entwürfe für die Alptraumsequenz von Alfred Hitchcocks »Spellbound« (»Ich kämpfe um dich«) kommentarlos ins Lager verbannt.

Bis heute scheint eine befriedigende Zusammenarbeit von Bildenden Künstlern und Filmcrews zum Scheitern verurteilt. Das gilt nicht nur für Hollywood. In Deutschland wird

1999 die Mitwirkung des Hamburger Künstlers Jonathan Meese am Film »Sonnenallee« als Sensation angekündigt. Meese wurde mit nur 28 Jahren durch seine Installation raumgewordener Jugenderinnerungen bekannt, die er 1998 auf der ersten BerlinBiennale aufbaute. Ein großes, doppelgeschossiges Zimmer voller Fotos, Plakate, Platten, Objekte, Bildschirme und mit jenen Filmen, die einen Pubertierenden nachhaltig verstören: »Clockwork Orange« (»Uhrwerk Orange«), »Caligula«, »Salo«, dazu ein wenig Fassbinder und viel Marlene.

Bei den Dreharbeiten zu Theaterregisseur Leander Haussmanns nostalgischer Reise ins Ossie-Land der »Sonnenallee« wird Meeses künstlerische Mitarbeit bald auf Sparflamme zurückgefahren. Meese ist Installations- und Performancekünstler, aber auch ein interessanter, zwischen Naivität und Erdenschwere wankender Maler. Davon ist im fertigen Film nichts zu sehen. Lediglich zwei Szenen spielen im düsteren, von Graffitis und Fotos geschmückten Schlafzimmer der Studentin Sabrina. Diese durchläuft gerade ihre existenzialistische Phase, schwärmt von Freiheit, Sartre und dem Endklässler Mario, der allerdings bald der Stasi zuarbeiten wird. »Verrat« heißt es denn auch auf Sabrinas Schlafzimmerwand. Viel mehr ist nicht zu erkennen.

Dafür darf der langmähnige Meese zweimal kurz auftreten. Etwa als Kunde bei einem Plattenhehler, der Westmusik über die Mauer schmuggelt. »Ich brauch' was Psychedelisches für mein Happening«, sagt der Künstler und bestellt eine LP der Gruppe Tangerine Dreams. Diese verhält sich zu Pink Floyd wie Babelsberg zu Hollywood. Vielleicht war Meeses künstlerische Sprengkraft einfach zu explosiv für einen deutschen Film. Sein angekündigtes Happening wird dem Kinozuschauer vorenthalten.

Jonathan Meese

Im Endschnitt von »Sonnenallee« blieb von der Kunst wenig übrig.

Sonntagsmaler

In ihrem Video »Artist« schneidet 1999 die australische Künstlerin Tracey Moffat neun Minuten lang Ausschnitte aus Film und Fernsehen hintereinander, die illustrieren, wie klischeebeladen Hollywood mit dem Bild des Künstlers umgeht. Es beginnt mit dem Schaffensakt, dem an Staffelei oder Gipsmodell um Einfälle ringenden Künstler. Dann folgt die erfolglose Ausstellung, mitsamt Kritikerschelte und dem Gelächter des Publikums. Am Ende von Moffats Video steht eine rasante Actionsequenz, in der es nur noch um Zerstörung geht: Wenn Kunst nicht gefällt, muss sie weg.

Moffat ist bekannt für ihre inszenierten Fotoserien junger Menschen bei brutalen Sportarten. Oder für Fotoromane, die im Hochglanzformat fiktive Geschichten erzählen von Frauen, die Familie und gesellschaftlicher Rolle entkommen wollen. Immer geht es um mediale Klischees von Schönheit, Jugend, Weiblichkeit, unterschwellig diskriminierten Minderheiten der westlichen Wohlstandsgesellschaft. In »Artist« nimmt sich Moffat der eigenen Randgruppe an. Um den subversiven Rang des Künstlers als Outlaw zu betonen, verwendet sie ausschließlich aus Fernsehsendungen und Videokassetten abgeklammerte Szenen. Ein Found Footage von Raubkopien in gewollt schlechter Piratenqualität, billig in der Herstellung, aber mit teuren Schauspielern besetzt, von Isabelle Adjani bis Elisabeth Taylor, von James Stewart über Kirk Douglas bis Richard Burton.

Die Bearbeitung von Found Footage wird Ende der fünfziger Jahre von Bildenden Künstlern und Experimentalfilmern entdeckt, zeitgleich mit den Plakatabrissen der französischen Nouveaux Réalistes. Über Massenmedien verbreitete Bilder aus Billigkino, Fernsehen, Werbung – der Medienmüll der westlichen Konsumgesellschaft – werden zum künstlerischen Rohstoff. Einer der ersten Künstler, der Found Footage als Pendant zu Collage und Readymade systematisch benutzt, ist der Kalifornier Bruce Conner. In »A Movie« verwendet er 1958 Katastrophen, Unfälle, Stürze, allesamt aus Wochenschauen und alten Filmen. Sie werden vermischt mit kitschigen Idyllen wie Palmenstrand oder Bambi mit Rehmutter. Beschleunigung sorgt für eine psychedelische Frenetik von Politik, Sex, Reklame, in der sich die Apokalypse Amerikas und der westlichen Zivilisation ankündigen.

Gelassener verfährt heute der Österreicher Peter Tscherkassy mit ganzen Spielfilmen, die er dank Schwarzfilm und Belichtungseffekten in neue Erzählweisen übersetzt. Eine durchlaufende Handlung wird in Stücke zerschlagen und in einen Rhythmus von Abstraktion und Narration gebracht. Weniger konzeptuell, dafür sentimentaler arbeitet der

Deutsche Matthias Müller. Für seine »Phoenix Tapes«, die er zusammen mit Christoph Giradet erstellt, benutzt er 1999 Fragmente aus den Filmen von Alfred Hitchcock, die er in sein ganz persönlich gefärbtes Filmpuzzle einwebt. Am intensivsten wirken die Filme Müllers, wenn die eigene Biografie über den Umweg Hollywood erzählt wird, so etwa in »nebel«, einem zwölfminütigen Film zu Gedichten von Ernst Jandl.

Tscherkassy und Müller sehen sich selbst als Experimentalfilmer, nicht als Bildende Künstler, doch ist die Grenze zwischen Experimentalfilm und Kunst keinesfalls ganz undurchlässig. Die Tatsache, dass manche Bildende Künstler bei Ausflügen in die Arbeit mit Found Footage zu sehr an der Oberfläche kleben, illustriert »Telephone« vom New Yorker Christian Marclay, eine Folge von Filmausschnitten, die Menschen beim Telefonieren zeigen. Filmische Strukturen und Denksysteme bleiben hier zugunsten des Gags auf der Strecke. Kunst wird zum Zapping durch die Fernsehkanäle und nicht zur Auseinandersetzung mit Film als Film. Marclays »Telephone« oder Moffats »Artist« liefern anstelle einer Untersuchung über das komplizierte Verhältnis von Hollywood und Kunst lediglich ein Bilderbuch aus der Gagfabrik. Dabei wäre das Thema durchaus eine gründliche filmische Auseinandersetzung wert. Hollywood hat regelmäßig auf Kunst und Künstler reagiert, doch haben die meisten teuren Großproduktionen eines gemein: Sie huldigen der Kunst, aber sie trauen ihr nicht. Vor dem entscheidenden Schritt, einem herzhaften Bekenntnis, schrecken sie zurück und benutzen sie lediglich als sprudelnde Quelle für attraktive visuelle Effekte. Im inhaltlichen und formalen Mittelpunkt eines Hollywood-Films steht Kunst so gut wie nie.

Vincente Minnelli Malerei prägt den Film und bleibt trotzdem Nebenrolle: »Ein Amerikaner in Paris«.

Der Grund ist, dass Kunst für das Kino eine Geschichte der Verlierer ist. Nur Versager, Psychopathen, Unterdrückte und Sadisten werden Künstler, von der reprimierten Tochter Camille Claudel bis zu Pollock dem Trinker. Bevorzugt verfilmt wird das Schicksal von Malern, die zu Lebzeiten erfolglos bleiben. Van Goghs Eigenamputation oder das Aussteigen des Brokers Gauguin aus der Börsenkarriere ist ein beliebter Stoff, soeben erst mit Kiefer Sutherland in der Hauptrolle neu verfilmt. Sollte das Ausbleiben von Erfolg nicht drehbuchwürdig sein, muss anstelle des künstlerischen Versagens ein anderes Leid her wie Homosexualität, Trunksucht, Depression, Drogenabhängigkeit, Wahn oder Erotomanie. So etwa im Falle Picassos, dessen Darstellung als Frauen knechtendes Genie in »Surviving Picasso« (»Mein Mann Picasso«) von James Ivory zum Lächerlichsten gehört, was Hollywood sich in Sachen Kunst bisher geleistet hat.

Ein vertrautes Beispiel zeigt exemplarisch, wie Kunst im amerikanischen Kulturverständnis lange gleichbedeutend war mit Scheitern: 1951 realisiert Vincente Minnelli für

MGM »An American in Paris« (»Ein Amerikaner in Paris«). Der arme, am Pariser Montmartre darbende Maler, gespielt von Gene Kelly, verliebt sich in die bezaubernde, aber ein wenig simple Leslie Caron, anstatt den Avancen der attraktiven, reichen und klugen Mäzenin Milo zu erliegen. Schon das wirkt nicht unbedingt glaubhaft, erst recht nicht in der Kunstwelt. Wirklich interessant ist jedoch vor allem eines: Wie Minnelli, Kunstsammler und ehemaliger Kunststudent, immer wieder die ihm bestens vertraute französische Malerei von Toulouse-Lautrec bis Maurice Utrillo in berauschenden dreidimensionalen Tableaus zitiert und gleichzeitig aus seiner Hauptperson einen lausigen Sonntagsmaler macht, der schlussendlich die Malerei wohl der Liebe wegen aufgeben wird, denn er muss ja Geld verdienen für die künftige Familie.

In seinem fünf Jahre vorher gedrehten Kreativendrama »Lust for Life«, in gutem Verleih-Deutsch »Ein Leben in Leidenschaft«, hat Minnelli mit quälerischer Sorgfalt den Wahn van Goghs dem Ehrgeiz Gauguins gegenübergestellt. Dabei verlässt er sich ganz auf das

Vincente Minnelli

Ein amerikanischer Maler
in Paris darf toll tanzen,
muss aber lausig malen.

Spiel der Stars Kirk Douglas und Anthony Quinn. Die Malerei van Goghs, Gauguins oder Pissarros kommt nur am Rande vor, darin ähnlich heutigen Epochefilmen wie »Toulouse-Lautrec«. Von Theaterregisseur Roger Planchon satt inszeniert, beschreibt »Toulouse-Lautrec« das Leben des zwergenhaften Aristokraten Toulouse-Lautrec und kombiniert ein individuelles Schicksal mit dem Niedergang des Montmartre als letztem Spielplatz des neunzehnten Jahrhunderts. Um Kunst geht es nur am Rande.

In »Ein Amerikaner in Paris« ist die Malerei dagegen bildfüllende Hauptperson, sie prägt den Film inhaltlich und visuell. Trotzdem wird sie als brotlos veräppelt oder als kitschiges Dekor für musikalische Szenen missbraucht.

Roger Planchon
Aristokrat und Maler zwischen Alt- und Neuzeit: »Toulouse-Lautrec«

Respektpersonen

Akira Kurosawa
Der Traum vom sterbenden Maler: Martin Scorsese als Vincent van Gogh

Das Verhältnis Hollywoods zur Kunst ist bis heute von kommerzieller Herablassung geprägt; Ausnahmen bestätigen die Regel. Nur wenige Stars, etwa Steve Martin, Dennis Hopper oder Martin Scorsese, verkehren in beiden Milieus. Der Komiker Martin sammelt, Hopper ist selbst Künstler und stellt in Galerien oder Museen aus. Scorsese ist nicht Teil der New Yorker Kunstszene, hat aber wiederholt als Regisseur und Produzent der Gegenwartskunst seinen Respekt erwiesen. Die schönste Hommage an die Kunst des Malens und des Filmens ist 1990 sein Auftritt in »Akira Kurosawa's Dreams«, dem Spätwerk des japanischen Regisseurs.

Der Film kommt nur dank der Hilfe mehrerer berühmter Hollywoodregisseure zustande. Steven Spielberg finanziert und produziert Kurosawas künstlerisches Vermächtnis, Scorsese springt als Schauspieler ein und übernimmt die Rolle des Vincent van Gogh. Der Film ist eine Meditation in Bildern, ein Gedicht über Leben, Tod und die Kraft der Malerei. Der immer gleiche Schauspieler in der Rolle Kurosawas taucht mal alt mal jung, in Episoden aus verschiedenen Lebensphasen auf und versinnbildlicht so die Idee des Lebens als Zeitreise. Ausgangspunkt für das Drehbuch, das lange auf einen Produzenten wartete, sind Kurosawas eigene Träume, die er in acht Kurzgeschichten erzählt. Die schönste Episode des Films spielt in den Feldern der Provence. Mit Strohhut und blutigem Verband über der Ohrwunde wandert Scorsese als van Gogh durch eine künstliche Landschaft der Kunst. Erzählt wird eine kurze, beiläufige Anekdote über Malerei, Licht, Sonne und Krähen, die Todesvögel. Was auf den ersten Blick in seiner unmittelbaren Übersetzung naiv wirken mag, ist bei Kurosawa in seiner Schlichtheit ergreifend. Die Kunstgeschichte wird auf Szenen reduziert, die in Bildern sprechen – jenseits aller Psychologie nur vorgebenden Handlungsschablonen.

Dennis Hopper sucht seit über vierzig Jahren in der Kunst Zuflucht, wenn es im Kino nicht klappt. Er dreht nur alle vier bis fünf Jahre einen Film. Erleidet er als Regisseur Misserfolge, zieht er sich in sein Atelier in Venice zurück, fotografiert, malt und collagiert. Hopper ist einer der wenigen Regisseure, in dessen Filmen Gegenwartskunst

Mir hat die Kunst immer dann Zuflucht geboten, wenn es mit meinem Leben nicht mehr weiterging. 1971, am Tiefpunkt meiner Karriere, als das Studio meinen Film »The Last Movie« nicht in die Kinos bringen wollte, obwohl er bei den Filmfestspielen in Venedig einen Preis gewonnen hatte, lud mich Walter Hobbs ein, in seinem Museum in Dallas auszustellen. Am Tag der Vernissage machte ich eine Performance im Rodeostadion: Ich setzte mich in den Sand, zog um mich einen Kreis von Dynamit und sprengte mich in die Luft. Am nächsten Morgen hatte ich einen Termin in einer Privatklinik und begann meinen Entzug.
Dennis Hopper

eine dramaturgische Funkion einnehmen darf und nicht nur der Milieuschilderung dient. In »Backtrack« erzählt er 1990 die Geschichte einer erfolgreichen Künstlerin, Jodie Foster, die unfreiwillig Zeugin eines Mords und anschließend von der Mafia gesucht wird. Sie muss untertauchen, gejagt von einem eleganten, aber verrückten Auftragskiller. Die Künstlerin ist an ihren Arbeiten unschwer als eine Mischung der Amerikanerinnen Jenny Holzer und Barbara Kruger zu erkennen.

Hopper setzt die Arbeiten dieser erfolgreichsten New Yorker Künstlerinnen der achtziger Jahre wiederholt in Schlüsselszenen ein. Der von ihm selbst gespielte Killer Milo verliebt sich in sein Opfer, als er dessen Ausstellung mit sogenannten »Truisms«, Jenny Holzers vorbeidefilierenden Sprachbändern, besucht und ihre vielleicht berühmteste Leuchtschrift »Protect me from what I want« entdeckt. Später kommt er ihr auf die Spur, weil sie unter falschem Namen als Werbegrafikerin arbeitet und eine Kampagne gestaltet, deren Anzeigen wie konsumkritische Wortcollagen von Barbara Kruger wirken. Der Killer findet die gesuchte Frau, indem er ihre Kunst analysiert. Abgesehen von Gags am

Rande – Bob Dylan tritt als Bildhauer mit Kettensäge auf – setzt Hopper die Kunst als Spiegel seiner Hauptperson und als Ausdruck der von Konsum und Werbung geprägten achtziger Jahre ein.

In Hoppers »Colors« (»Colors – Farben der Gewalt«), seinem wichtigstem Film seit »Easy Rider«, geht es dagegen nicht um Kunst als gepflegte Gesellschaftskritik, sondern als visuellem Ausdruck von Revolte und Subkultur. »Colors« spielt 1987 in den unruhigen, von Gangs und Drogendealern beherrschten Vierteln des östlichen Los Angeles. Dort fahren zwei Polizisten, gespielt von Robert Duvall und Sean Penn, Streife. Der Titel »Colors« ist nicht nur Anspielung auf die unterschiedlichen Hautfarben der mit Crack handelnden Jugendbanden, sondern weist besonders auf die farbigen Erkennungszeichen der Banden und ihre Graffiti hin. Hopper rückt diese Graffiti immer wieder ins Bild, vor allem aber fotografiert er während der Dreharbeiten aufgesprühte oder gemalte Mauerbilder, um sie im Atelier auf Leinwand zu übertragen. In Verbindung mit Szenenfotos aus dem Film entsteht so ein Kreislauf der Medien – von Kunst zu Kino zu Kunst.

Dennis Hopper
Wandinstallation aus Filmstills, Graffiti und Colorfield-Malerei: »King Part Bust Trapped«, 1991–97

Malen mit der Kamera

Die meistbenutzten 35mm Kameras mögen immer noch Panavision, Mitchell oder Arriflex heißen, ihre Objektive von Angénieux, Cooke oder Zeiss stammen, trotzdem hängt die Bildqualität großer Hollywoodproduktionen nur noch bedingt vom lichtführenden Kameramann ab. Lange konnten Auge und Kultur eines großen DP, Director of Photography, vor allem Kostümfilmen eine visuelle Einheitlichkeit und Einzigartigkeit verleihen, deren Stimmung oft direkt der Malerei entlehnt war. In Zeiten digitaler Nachbearbeitung jedoch ist die Macht des DP eingeschränkt: Nicht nur Farbkorrekturen und Aufhellungen, auch der Bildausschnitt kann korrigiert werden. Nach ihrem Zusammenfügen auf digitalen Schnittplätzen werden ganze Filme mit Computersoftware nachbearbeitet, die das Einzelbild in Felder aufteilen und diese Felder selbst bei komplizierten Kamerafahrten unabhängig voneinander manipulieren.

Dreidimensionale Dekors, animierte Mitspieler wie Roger Rabbit oder der Gollum, aber auch Schatten, Reflexe, Lichteffekte werden nachträglich eingestanzt. Der Computer zaubert aus einem einzigen Hubschrauber ein ganzes Dutzend, das römische Colosseum wird nicht nur wieder aufgebaut, sondern mit Tausenden von Zuschauern gefüllt. Wenn der Regisseur es will, rast die Kamera im Bruchteil einer Sekunde vom fernen Blick auf das Paris der Jahrhundertwende hinein ins Eingangsfoyer des Moulin Rouge – und wir mit ihr.

Bis in die achtziger Jahre hinein gibt es vor allem national bedingte ästhetische Gepflogenheiten, welche Kameraleute mit mehr oder weniger Tiefenschärfe, starken Schlagschatten oder aber sogenannten Lichtkästen für ein schnelles gleichmäßiges Licht arbeiten lassen. Eine in Frankreich und Italien geschulte Generation der Nouvelle Vague um Raoul Coutard oder Nestor Almendros zieht das natürliche Licht dem künstlichen vor und verwendet Sonnenreflektoren statt Scheinwerfern; die Nachfolgegeneration mit Philippe Rousselot oder Eduardo Serra arbeitet dagegen mit Neon und großen Lichtmengen, die extrem flach gesetzt werden, ohne erkennbare Lichtquellen. In Deutschland bevorzugt man lange in der Tradition des Expressionismus isolierte Lichtquellen mit starken Schatten, ehe sich das französische und britische weiche Licht durchsetzt. Eine Entwicklung, die man an der Lichtführung eines Michael Ballhaus verfolgen kann, der früher mit Rainer Werner Fassbinder und heute mit Martin Scorsese dreht.

In Amerika liegt das Hauptlicht ohne Effekt auf den Schauspielern, den Stars, die die Handlung, und damit die Aufmerksamkeit des Publikums, ganz auf sich ziehen. Dagegen

Bernardo Bertolucci

Der innerlich zerfressene Mann: Marlon Brando mit Maria Schneider in »Der letzte Tango in Paris«

ist das Szenenbild dreidimensional und mit Raumtiefe ausgeleuchtet, was die Traumwelt Kino zusätzlich dramatisiert. Italienische DPs wie Giuseppe Rotunno, Vittorio Storaro oder Dante Spinotti benutzen dagegen stimmungsvolles Licht, elegant und trotzdem reich an Relief, nicht selten auch mit graduellen Veränderungen während der Einstellung. Storaro hat sich zu diesem Zweck eine eigene Lichtorgel gebaut, die, vereinfacht gesagt, wie ein farbiger Dimmer funktioniert.

Alle genannten DPs haben nicht nur die Filmschule absolviert, sondern kennen sich auch in der Kunstgeschichte aus; manche haben diese sogar an der Universität mit Abschluss studiert. Vittorio Storaro dreht für Bernardo Bertolucci ganze Sequenzen im Stil bestimmter Maler, und Bertolucci sagt von seinem Kameramann, er sei »die Hand des Malers, der ich nie war und der ich nie sein werde.« Für »La strategia del ragno« (»Strategie der Spinne«) nehmen die beiden René Magritte und sein berühmtes Gemälde »Im Reich der Lichter« als Vorbild, in dem ein nächtliches Haus unter taghellem Himmel wacht. In »L'ultimo tango a Parigi« (»Der letzte Tango in Paris«) tauchen sie die Liebesszenen zwischen Marlon Brando und Maria Schneider in ein orangefarbenes, gequältes Licht, wie Francis Bacon es in »Three Studies for Figures at the Base of a Crucifixion« benutzt. Bertolucci schleppt Brando sogar in einer Drehpause zum Grand Palais, wo gerade eine große Retrospektive Bacons zu sehen ist. Er will Brando den gequälten, schmerzverzerrten Gesichtsausdruck der Baconschen Figuren zeigen, die immer wirken, »als würden sie innerlich zerfressen«.

Die großen europäischen DPs arbeiten alle gleichzeitig auch in Hollywood. Eduardo Serra etwa dreht in einem einzigen Jahr mit Claude Chabrol und M. Night Shyamalan, dessen »Unbreakable« mit Bruce Willis er ausleuchtet. So setzen Kameraleute die Tradition jener vor dem Krieg nach Kalifornien gekommenen Pioniere fort, die Hollywood vor allem visuell durch jene gewachsene Kultur der Malerei prägten, die der amerikanischen Kultur damals fehlte und die heute – nach den Revolutionen von Digitaltechnik und Videoclip – als überholt gilt. Ein Film wie Ridley Scotts »Gladiator« stützt sich allenfalls noch in der Choreografie des Hofstaats oder im intimen Kammerspiel auf klassizistische oder neoklassizistische Malerei etwa eines Jacques-Louis David. Die Kampfszenen unter Spaniens Sonne oder die düstere Eingangsschlacht gegen die Germanen dagegen gehorchen der Farbästhetik Hollywoods, einer Vergröberung und Überhöhung der Primärfarben ins künstlich Übersättigte. Farbsaturation, Grobkörnigkeit, Unschärfe sind modische Effekte, die aus Modefotografie und Werbung kommen, in der Kunst aber kaum angewendet werden.

Baz Luhrman
Virtuelle Räume anstelle von Sets: »Moulin Rouge«

Baz Luhrmans »Moulin Rouge«, ein Augenschmaus und visuelles Furiosum, braucht den Jugendstil Toulouse-Lautrecs oder die Montmarte-Romantik Maurice Utrillos nicht mehr. Der Film besteht aus dreidimensionalen, am Computer zusammengesetzten Raumtableaus jenseits von Kunst und Kitsch, die nicht mehr durchschritten, sondern durchflogen werden. Der englische Maler David Hockney sagte einmal, dass jedes Bild wie ein Augenblick sei, und dass aufeinandergeklebte Bilder Collagen ergäben, in denen sich Augenblick auf Augenblick schichtet, Zeit auf Zeit, und Zeit somit zu Raum wird. Besser kann man »Moulin Rouge« und seine digital geschichteten Collagen nicht beschreiben.

Die Kunst des Lichts

Stanley Kubrick ist es in seiner über vierzigjährigen Karriere wiederholt gelungen, durch visuelle Kühnheit und Extravaganz von konventionellen Inhalten und brav linear erzählten Geschichten des amerikanischen Genrekinos abzulenken. Er adelt das Genre trivialer B-Pictures, indem er es künstlerisch erhöht. Etwa den Horrorfilm, als er in »The Shining« durch die großzügige Verwendung der damals neuen Steadycam für unvergessliche Kamerafahrten sorgt – mit dem Dreirad auf Reisen in eine andere Welt. Ein perspektivischer Kniff, den heute Videospiele wie »Tomb Raider« für ihre Reisen ins Land des Schreckens anwenden. Ein anderes Beispiel ist Kubricks Gewaltparabel »Clockwork Orange«, deren kitschig verrückte Zukunftsvision den moralischen Zeigefinger vergessen lässt.

»2001 – Odyssee im Weltraum« wird trotz einer literarisch konventionellen Vorlage von Arthur C. Clarke dank Timing, Musikeinsatz und Production Design zur metaphysischen Initiation. Unvergessen die Schlusssequenz des allein ins All durchstartenden Astronauten, auf dessen Helm sich die farbigen Lichter spielen, die Kubrick auf den

Stanley Kubrick
Die erste nur mit Kerzen ausgeleuchtete Szene der Filmgeschichte: »Barry Lyndon«

Champs-Elysées dreht. Nicht nur Videos der Mailänder Künstlerin Grazia Toderi wie »Il decollo« oder »L'Arena«, langsame Kamerafahrten durch geschlossene Opernhäuser und offene Stadien, sind von dieser ebenso simpel getricksten wie ergreifend inszenierten Reise beeinflusst.

Vor allem ein Film Kubricks lebt – und überlebt – nur dank der visuellen Gestaltung: »Barry Lyndon« wird 1975 nach einem mittelmäßigen Roman von William Makepeace Thackeray mit mittelmäßigen Schauspielern wie Ryan O'Neal und Marisa Berenson in einen mittelmäßigen Historienfilm übersetzt, der allein durch die Schönheit seiner Bilder außergewöhnlich wird. Vom britischen Kameramann John Alcott mit Farbfiltern in ihren Kontrasten gesättigt, wirken die Landschaftsaufnahmen wie Neubelebungen von Gemälden des achtzehnten Jahrhunderts. Deren Schönheit steht im Kontrast zum brutalen Absturz des seiner Epoche nicht gewachsenen Protagonisten. Die episch breite Erzäh-

Stanley Kubrick
Filter sorgen für warme Lichttemperaturen und satte Farben: »Barry Lyndon«.

lung Kubricks findet ihren formalen Höhepunkt in den Kerzenszenen, von Alcott dank der gerade auf den Markt gekommen Highspeedlinsen von Zeiss ohne zusätzliches Licht fotografiert. In ihren warmen Braun- und Rottönen erinnern sie an die Bilder des nordfranzösischen Malers Georges de la Tour, dessen Thema ebenfalls die inhaltlich hohle, dekadente Welt inszenierter Schönheit war.

Zeitgleich mit Kubrick experimentiert auch ein anderer Regisseur mit direkt von der Malerei beeinflussten Bildern: Der Franzose Eric Rohmer verfilmt Heinrich von Kleists Novelle »Die Marquise von O.«. Im Gegensatz zu Kubrick sind Rohmers Vorlage und Schauspieler, darunter Edith Clever und Bruno Ganz von der Berliner Schaubühne, alles andere als mittelmäßig. Auch will Rohmer keine Steigerung eines bereits bekannten Genrekinos in den Superlativ. Er strebt ein neues Genre an: die Übersetzung eines klassischen literarischen Stoffs in verfilmtes Theater.

Seit seinem sehr moralischen Zyklus der »Six Contes Moraux« (»Unmoralischen Geschichten«) arbeitet Rohmer mit dem in Kuba geborenen und in Italien ausgebildeten Kameramann Nestor Almendros, dem leider früh verstorbenen, für die neuere Filmgeschichte wichtigsten Bindeglied zwischen Film und Kunst. Almendros folgt zeitlebends einem einzigen Credo, wenig und natürliches Licht einzusetzen. Also kein dramatisches Punktlicht aus Richtscheinwerfern, sondern Einbeziehung von Reflektoren, Streulicht und, wenn möglich, der besten aller Lichtquellen: der Sonne. Ganz wie bei den Freilichtmalern des Impressionismus.

Almendros besitzt die nötigen kunstgeschichtlichen Kenntnisse und scheut sich nicht vor direkten Zitaten aus der Malerei, vorausgesetzt sie dienen der Handlung. In Terence Malicks »Days of Heaven« (»In der Glut des Südens/Tage des Himmels«) benutzt er 1978 Vorlagen von Edward Hopper für Haus und Grund des von Sam Shepard gespielten Großfarmers. In »Die Marquise von O.« bedient er sich unter Anleitung von Regisseur Rohmer bei der Malerei der Romantik und des Symbolismus: Er komponiert lebendige Bilder, auf Französisch Tableaux Vivants, wie sie später Jean-Luc Godard in »Passion« nachstellt. Während Godard aber die inszenierte Lebendigkeit dieser unbeweglichen Tableaux Vivants durch sehr langsame Kamerafahrten betont, bleibt die Kamera von Almendros statisch: das Filmbild der auf ihrem Bett liegenden Edith Clever wird wieder zum Einzelbild, nämlich zu Heinrich Füsslis Gemälde »Der Alptraum« von 1781. Nur dass im Gemälde das auf ihr sitzende Traummonster fehlt. Das Unglück lässt die Marquise in dem Medium erstarren, das ihrer Epoche entspricht. Sie bleibt gefesselt in den Konventionen ihrer Zeit.

Reklame oder Naturalismus

»Barry Lyndon«, »Die Marquise von O.« oder Ridley Scotts Erstling »The Duellists« markieren in den siebziger Jahren einen Wendepunkt in der Geschichte des Kinos. Es sind Filme, die ihre Ikonografie noch direkt aus der Malerei schöpfen, um Geschichten über eine in ihren Formen erstarrte, überholte Welt zu erzählen. Handlung ist Vorwand für das wortwörtliche Sittengemälde einer Epoche. Heute ist es umgekehrt: Kino ist nicht Sittengemälde oder Spiegel einer Epoche, sondern zeigt ein künstliches, in jeder Hinsicht geschöntes Bild seiner Zeit. Ein Großteil selbst des Europa entstammenden Arthouse-Kinos, wie die Amerikaner es abfällig nennen, benutzt eine geleckte Oberfläche, die nicht aus dem Museum und erst recht nicht aus der Wirklichkeit kommt, sondern aus der Werbung. Bilder müssen schnell und appetitlich sein, sie werben für sich selbst und locken den Zuschauer, sich einer Handlung ohne visuelle Haken und Ösen zu überlassen. Es werden nicht künstlerische Bildwelten, sondern künstliche Reklamewelten in Film übersetzt.

Um solcher Werbeästhetik zu entkommen, wird der Ruf nach freiwilliger Selbstkasteiung der Regisseure lauter, etwa im Dogma des dänischen Regisseurs Lars von Trier. Doch können Ideologien der Beschränkung durchaus auch einen Schritt zurück bedeuten. Ein Weniger an technischem Apparat und digitaler Postproduktion garantiert keinesfalls ein Mehr an Realismus. Beispiel: Der Fotograf Larry Clark erzählt in seinen Filmen fiktive Geschichten in realistischem Milieu. Er bedient sich einer diesen Realismus noch verstärkenden Ästhetik, die man in der Malerei Naturalismus nennen würde. In »Kids« scheint er 1995 den frei vor der Kamera ausgelebten Sex- und Drogenalltag einer Gruppe Jugendlicher zu dokumentieren, die weder die Überdosis noch Aids fürchten. In Wirklichkeit führt Clark seine Darsteller, die, wie Chloe Sevigny, gut bezahlte Profis sind. Hinter einer Fassade von Einfachheit und Spontaneität treibt er angeblich alltägliche Details in einen künstlichen Hyperrealismus.

Aki Kaurismäki
Nicht Naturalismus, sondern stilisiertes Elend im »Mann ohne Vergangenheit«

Clarks »Kids« entsteht nach einem Drehbuch des damals noch minderjährigen Harmony Korine. Korine ist inzwischen selbst ein erfolgreicher Kinoregisseur. Zur Vorbereitung seines zweiten Films »Julien Donkey-Boy« dreht er Videos, die zusammen mit Fotos in der Kunstgalerie von Patrick Painter in Santa Monica ausgestellt und verkauft werden. »Julien Donkey-Boy« erzählt die Geschichte von Leben und Liebe, Inzest und Vaterschaft eines schizophrenen Jungen, dargestellt von Schauspieler Ewen Bremner. Die Videos dagegen handeln vom realen Vorbild für diese Rolle, Korines eigenem Onkel.

»Julien Donkey-Boy« ist trotz seines dem Film vorgeschalteten Dogma-Zertifikats eine künstlerische, durch und durch künstliche Tat. Gedreht auf Camcordern, häuft der Film grobkörnige und unterbelichtete Einstellungen. Poetische Intermezzi von Chloe Sevigny beim Schlittschuhlaufen sind durch Zeitlupe verlangsamt und mit Gesang von Maria Callas unterlegt. Das Wackeln der Kamera wird betont, um Spontaneität vorzutäuschen, obwohl mit großem Team gedreht wurde. Der Film ist nicht wegen seiner der Dogma-Doktrin gehorchenden technischen Schlichtheit gelungen, sondern weil er von Tabuverletzungen – Geisteskrankheit, Inzest – sehr intensiv zu erzählen versteht. Korine stellt sich in die bereits erwähnte künstlerische Tradition der Armseligkeit der Mittel. Durch diesen Kniff überwindet er die Grenzen zwischen Inszenierung und Dokumentation, Video und Film, Kunst und Kino.

Korine vermeidet den Fehler, dem die meisten Hollywoodregisseure erliegen: Sie setzen konventionelle Form als Reklame für unkonventionellen Inhalt ein. Selbst Außenseiter auf der Kippe zwischen Kunst und Kino, wie Larry Clark oder seine europäischen Fotografenkollegen Agnès Varda und Raymond Depardon, geraten in eine kunsthandwerkliche, viel zu glatte Ästhetik, sobald sie für das Erzählkino arbeiten. Ganz zu schweigen

von vielen ehemaligen Autorenfilmern, die längst Hollywoods Bildsprache erlegen sind, von Wim Wenders über Michael Winterbottom bis Neil LaBute.

Dabei gibt es erfolgreiche Ausnahmen: Etwa den New Yorker Jim Jarmusch, der seit seinem Erstling »Permanent Vacation« (»Dauernd Ferien«) über den Western »Dead Man« bis zum Krimi »Ghost Dog: The way of the Samurai« (»Ghost Dog: Der Weg des Samurai«) formal mutige, innovative und dennoch altmodische Geschichten erzählt. Ein europäisches Beispiel wäre der Finne Aki Kaurismäki: Obwohl seine Filme unter sozialen Randfiguren spielen, schürzen sie keinen authentischen Naturalismus vor. Sie sind sorgfältig ausgeleuchtet, gut fotografiert und technisch perfekt, doch dient die Perfektion der Geschichte. Das Licht gibt den kantigen, verletzten Gesichtern durch Schatten, Furchen, Falten zusätzliche Kontur. Es schönt nicht, sondern bricht die Lakonik der Figuren und signalisiert so charakterliche Tiefe.

Die Welt Kaurismäkis, vor allem die seines 2002 in Cannes preisgekrönten Films »Mies va illa menneisyyttä« (»Mann ohne Vergangenheit«), findet ihre Entsprechung in den Bildern des im finnischen Lappland lebenden und arbeitenden Künstlers Esko Männikkö. Männikkö porträtiert in melancholischen Fototableaus zurückgezogene, abgeschobene oder einfach schrullige Außenseiter der Gesellschaft. Er zeigt Menschen in

Esko Männikkö
Die Exotik des lappländischen Alltags: »Utajärvi«, 1992

Esko Männikkö
Mexiko in Texas:
»Gina and Natividad, Batesville, 1997«

einer Umwelt, die sie sich selbst gebaut haben und in der sie sich spiegeln, so exotisch sie auf den Betrachter auch wirken mag. Von einer Reise nach Texas bringt er Fotos mexikanischer Einwanderer zurück nach Europa, die nahtlos zu seinen finnischen Individuen passen – als seien Nord und Süd ein Stück zusammengerückt. Wie Kaurismäki überwindet er den Naturalismus, indem er mit Kunstlicht arbeitet und dicke Holzrahmen in Gelsenkirchener Barock benutzt, die die Armut der porträtierten Existenzen ins Ironische brechen und dadurch poetischer machen.

Glatte Oberflächenästhetik, lineare Narration und Beschränkung auf eine einzige Großleinwand: Die verkrusteten Konventionen des Mainstreamkinos bieten der Kunst heute die einmalige Chance, einem großen Publikum neue Geschichten mit anderen Mitteln zu erzählen. Vorausgesetzt, es gelingt, die Reklamewelt des Scheins formal zu unterlaufen und diesen formalen Kurzschluss in die Narration einzubeziehen. Künstlerisch bewusste Filmemacher wie Jim Jarmusch, Atom Egoyan oder Aki Kaurismäki, aber auch filmende Künstler wie Doug Aitken, Pipilotti Rist oder Chantal Akerman haben diese Chance verstanden und ergriffen.

INTERVIEW

EDUARDO SERRA

Nach dem jüngsten Film von Claude Chabrol »Die Blume des Bösen« haben Sie soeben einen englischen Film abgedreht, der im Atelier des Malers Vermeer spielt. Wie sind Sie vorgegangen?

Eduardo Serra Es handelt sich um eine Verfilmung des amerikanischen Bestsellers »The Girl with the Pearl Earring«, der im Hause Vermeer spielt. Es ist eine erfundene Geschichte über ein Gemälde Vermeers, die aber auf präzisen Recherchen fußt, wie es im Hause Vermeers zuging, wie die Familie lebte, wie gearbeitet wurde. Die Setdesigner haben Atelier und Wohnhaus nachgebaut, und ich habe versucht, die Lichtverhältnisse in diesem Atelier nachzuempfinden, also ein Nordlicht zu setzen, hell aber diffus, ohne Schlagschatten.

Welche Lampen haben Sie für diesen Effekt kalten Nordlichts aufgebaut?

Serra Die Kälte des Lichts ist ein Frage der Farbgebung. Es mag kalt wirken, weil man keine Sonne sieht, ich würde es eher mild nennen anstatt kalt. Es ist ein gleichmäßiges Licht, das alle Objekte und Personen einhüllt. Ich habe mit fünf Gruppen von jeweils zwölf Lampen gearbeitet, die keine Projektoren sind, also das Licht nicht zielgerichtet bündeln. Vor diese sechzig Einheiten habe ich zwei separate Lagen Folie gehängt, die das Licht diffuser machten. Dann gab es noch mehrere Bögen Kalkpapier zwischen der Lichtquelle und den Fenstern, um das Licht noch gleichmässiger zu machen. Als Verstärkung benutzte ich zusätzliche Rahmen mit Floods, um die Personen durch den für Vermeer typischen seitlichen Lichteinfall abzurunden.

Sie haben vor Ihrer Ausbildung als Kameramann Kunstgeschichte studiert. Haben Sie das Gefühl, dass die heutige Generation von Kameraleuten sich weiterhin an der Lichtgebung der Malerei orientiert?

Serra Immer mehr Kameraleute tun das, aber sie sind sich dessen nicht unbedingt bewusst. Sie wissen nicht, dass das moderne Licht, das sie setzen, letztendlich auf die klassische Malerei zurückgeht. Die Lichtgebung vieler Filme ist heute der Malerei viel näher als vieles, was ein Henri Alekan beispielsweise versucht hat, der sich bewusst an malerische Vorbilder anlehnte.

Man mag meine Arbeit schätzen oder nicht, aber für mich war es eine grosse Bestätigung, dass ich das Atelier eines Vermeer nach genau denselben Prinzipien ausleuchten konnte, die ich bei einem modernen Bürohaus angewendet hätte. Ich brauchte meinen Arbeitsstil bis auf einige kleinere Effekte nicht im geringsten zu verändern.

Weil Sie sich immer an der Kunstgeschichte orientieren?

Serra Man muss streng unterscheiden zwischen malerischer Lichtsetzung und ikonografischen Zitaten aus der Malerei. Die Lichtgebung der klassischen Malerei respektiert bis auf wenige Ausnahmen immer das natürliche Licht, das heißt eine große Lichtquelle, und nicht viele

Lichter aus vielen Richtungen. Das Licht der klassischen Malerei ist also naturalistisch, und ein solches naturalistisches, einen Raum pictural modellierendes Licht kann man erst seit rund zwanzig Jahren im Kino anwenden.

Aus technischen Gründen?

Serra Genau deshalb. Bis in die späten siebziger Jahre war es schwierig, mit einer einzigen Lichtquelle zu arbeiten. Das klassische Kinolicht war dem Theaterlicht verpflichtet, das heißt es gab viele verschiedene Quellen, um ein Szenenbild im wahrsten Sinne des Wortes zu erhellen, denn das Filmmaterial war nicht sehr empfindlich, die Optiken auch nicht. Dieses klassische Kinolicht mit gekreuzten Lichtbündeln hat vor allem die Schwarzweißfilme geprägt: Man arbeitete mit bis zu fünfzig Projektoren, vor allem bündelnden Fresnels, und natürlich sorgte jede Lichtquelle für weitere Schatten, die man wiederum mit neuen Lampen mildern musste. Erst Ende der siebziger Jahre wurden Werkzeuge entwickelt, die die Arbeit mit einer einzigen Lichtquelle erlaubten. Darunter Highspeedobjektive und vor allem fluoreszierendes Licht, die sogenannten Floods. Kurioserweise findet man diesen neuen Stil aber nicht in Filmen, die mit Malerei zu tun haben, sondern in Filmen mit angeblich unprätentiösem Licht, etwa von Pierre L'Homme, Nestor Almendros, Vittorio Storaro und einigen Amerikanern. Es ist die Schule des sogenannten »Source Light«, die Richtung des Lichteinfalls ist logisch und bedingt durch das Szenenbild.

Ende der siebziger Jahre tauchen auch mehr Filme auf, die sich explizit mit Malerei beschäftigen.

Serra Genau da findet sich manches Paradox. Für mich sollen solche direkten ikonografischen Zitate den Zuschauer blenden, das ist alles. Es sind traditionell fotografierte Filme für Bildungsbürger. Nehmen wie als Beispiel die berühmten Filme von Peter Greenaway mit Sacha Vierny als lichtführendem Kameramann. Dieses Licht ist absolut nicht malerisch. Ein Stilleben wird mit fünfzehn Lampen ausgeleuchtet, hat aber mit der zitierten Malerei bis auf den Bildausschnitt nichts gemein.

Was ist mit klassisch gewordenen Malereizitaten, etwa in Rohmers »Marquise d'O.«?

Serra In der »Marquise d'O.« hat sich Nestor Almendros bereits bemüht, auch das Licht und nicht nur die Ikonografie der Romantik zu zitieren. Wenn man sich den Film heute anschaut, stellt man allerdings fest, dass die Bildzitate zwar prägend sind, dass das malerische Licht jedoch nur teilweise geglückt ist, weil es viele kleine unlogische Schatten gibt. Das hat natürlich auch damit zu tun, dass fluoreszierende Lampen damals noch kaum zur Verfügung standen.

Welches sind für Sie besonders gelungene Beispiele des Dialogs von Kino und Kunst in der neueren Filmgeschichte?

Serra Ich kenne unglücklicherweise kaum gelungene Beispiele von Filmen, die sich auch inhaltlich mit Kunst auseinandersetzen. Und wenn Sie sich einen jüngeren Film wie »Goya« von Carlos Saura anschauen, dann ist das geradezu eine Karikatur der Malerei Goyas. Dafür gibt es viele andere Filme, in denen jede einzelne Einstellung malerisches Licht besitzt. Etwa die von Storaro gedrehten Filme Bertoluccis, »Il Conformista« oder »L'Ultimo Tango«. Storaro ist überhaupt einer der ganz großen Pioniere. Auch wenn er heute in seinem Anspruch, mit der Kamera zu malen, etwas größenwahnsinnig geworden ist.

KAPITEL 8
FILM ALS ROHSTOFF

Zukunftsträume

Ein heruntergekommenes Hotel im Stadtviertel Hollywood. Mit Hilfe von Computer, DVD und Maus sucht sich der Besucher seinen Weg durch Lobby und Innenhof zum Swimming Pool. Dort kreuzen seltsame Gestalten im Trenchcoat seinen Weg, die mit einem Martini in der Hand Komplotte schmieden. Er wandert weiter in einen Nebenflügel, hinein in den Speisesaal. Mit einem Mausklick wird der Aufzug in den dritten Stock geordert: lange Flure, abgenutzter Teppichboden, Licht aus trüben Funzeln. Der Besucher fühlt sich beobachtet: Eine Gruppe Zuschauer verfolgt seine Erkundung des Hotels Hollywood auf einer Großprojektion. Stellvertretend für alle wagt sich der Besucher in einige Zimmer. Dort warten Reminiszenzen an Hollywood: vertraute Charaktere aus billigen B-Serien, Krimi- und Liebesszenen. Er trifft auf Fragmente von bekannten Filmhandlungen, deren Redundanz vom Verfall der Fiktion zeugt.

»Tracing the Decay of Fiction: Encounters with a film by Pat O'Neill« heißt eine interaktive, im November 2002 in der Ausstellung »Future Cinemas« des Karlsruher Zentrums für Kunst und Medien ZKM vorgestellte Installation. Sie spielt in einem einst berühmten Hotel, das von kinogeschichtlichen Archetypen bewohnt wird. Das Kino der Zukunft liebt die Filme von gestern. Zukunftsgläubige Künstler schwärmen von narrativen Datenbänken und computergenerierten Hauptpersonen, deren Verhalten sich auf empirische Muster gründen soll. Und was wollen die Kunstfilmer mit diesen Wundermaschinen erzählen? Nichts weiter als Krimis.

In der Nähe von Sydney wird im Busch eine nicht identifizierte männliche Leiche entdeckt. Zwei Verdächtige werden verhaftet, ein Mann und eine Frau. Beide beschuldigen sich gegenseitig des Mordes an ihrem Vater, der sie sexuell missbraucht habe. Soweit

Pat O'Neill
Der Verfall der Fiktion: Spaziergang durch Hotel Hollywood

der Pressetext, der nicht für einen neuen Hollywoodfilm mit Al Pacino als melancholischer Leiche geschrieben wurde, sondern für »Pentimento« von Dennis Del Favero. »Pentimento« wird nicht im Kino, sondern in einem nur acht Quadratmeter kleinen Raum mit vier Projektionsflächen aufgeführt. Im Raum sind Bewegungsmelder angebracht, die das Verhalten des Publikums an einen Computer weitergeben, der von Datenbänken Handlungsfetzen abruft. Ab sofort ist der Flaneur auch Drehbuchautor. Seine Standortwechsel setzen das Puzzle des Drehbuchs zusammen und klären Verbrechen auf.

Vor zehn Jahren erfand die Kunst das Zauberwort »interaktiv« für die Zukunft des Kinos. Ob mit Mausklick, Touchscreen, Zuruf oder Bewegungsmelder: Alles schien Erfolg versprechend, um den Zuschauer zum Mitmachen zu ermuntern. Zehn Jahre später ist Kino immer noch ein kollektives, aber passives Erlebnis, und der interaktive Film im Museum für frühzeitig veraltete Zukunftstechnologien gelandet: eine amüsante

Ablenkung für Besucher mit Spieltrieb, weder kommerziell verwertbar noch künstlerisch relevant.

Der in Südafrika geborene, in den USA arbeitende Graham Weinbren war einer der ersten, der 1993 in »Sonata« dem Zuschauer die Chance gab, einen in Fragmente und Teilgeschichten zerfallenden Handlungsstrang immer wieder neu zu ordnen. Drei Geschichten werden in »Sonata« erzählt: Die biblische Legende von Judith und Holofernes, Tolstois Kurzgeschichte »Die Kreutzer Sonate«, sowie Freuds Krankenstudie über den Wolfsmann. Am Monitor sind Infrarotsensoren angebracht, die nach Berührung neue Bildschichten öffnen und die Protagonisten zusammenführen.

Seit »Sonata« hat sich im Bereich der Interaktivität nichts Wesentliches mehr ereignet. Die Geschichten entstammen weiterhin dem Genrekino. Es sind meist Krimis, die Agatha Christies berühmter Frage »Who's done it?« folgen. Technologisch ähneln die meisten Nachfahren von »Sonata« bis auf bessere und größere Projektionen dem Pionier. Die Benutzung einer einzigen Software von Macromedia durch die meisten Künstler hat für Eintönigkeit gesorgt.

Auch im Internet lässt die Zukunft auf sich warten: Nur wenigen Filmemachern gelingen offene Handlungsstrukturen, die das Publikum in einen Dialog verwickeln. Die meisten Websites bieten schlicht Fortsetzungsfilme an, die alle zwei Wochen um eine Episode erweitert werden. So auch das niederländische Kollektiv Submarine, dessen www.submarinechannel.com ein halbes Dutzend Filme bietet. Jede Folge muss einzeln aufgerufen werden, das kostet Zeit, spart aber Speicherplatz, denn die Streamtechnik, die seit Jahren bildschirmgroße Übertragung mit hochwertiger Auflösung in Echtzeit verspricht, bleibt mangelhaft. Eine hohe Auflösung ist heute genauso wenig möglich wie eine Übertragung mit 25 Bildern in der Sekunde, ohne die ein Film zu hoppeln beginnt.

Submarine behilft sich mit Animationsfilmen wie »The Killer« oder »Jonni Nitro«, den Abenteuern eines weiblichen James Bond. »The Killer« ist die Geschichte eines Auftragsmörders, der in langen Monologen sich und die Welt in Frage stellt. Es handelt sich um die Animation einer französischen Comic-Serie und um einen Abklatsch des Kinoklassikers »Le Samourai« (»Der eiskalte Engel«), den Alain Delon vor vierzig Jahren für Jean-Pierre Melville spielte. »Jonni Nitro« wird zumindest von wirklichen Schauspielern gespielt, deren Aktionen allerdings grafisch bearbeitet werden müssen, um das Ruckeln zu überspielen: eine Mischung von modischem Comic und ungeschicktem Studentenfilm. Auch hier gilt: Inhalte von Gestern wirken umso überholter, je komplizierter die Technik ist.

Das Kino der Zukunft leidet unter dem Ausbleiben eben dieser Zukunft. Die vor Jahren angekündigte Ankoppelung von Kinosälen an Netzsysteme zwecks digitaler Fernprojektion ist in weite Ferne gerückt. Nicht erst seit dem Einbruch der Dotcoms sind Kino und Kunst von vernetzten und interaktiven Träumen abgekommen. Weder Filmemacher noch Künstler wollen letztlich etwas anderes als den passiven Zuschauer. Geschichten zu erzählen, scheint nur autoritär, als kommunikative Einbahnstraße möglich, aufregende interaktive Filminstallationen bleiben selten.

Einer der wenigen Künstler, die das neue Medium nicht nostalgisch, sondern auf medienkritische Weise einsetzen, ist der Franzose Maurice Benayoun, der jahrelang mit virtuellen Caves experimentierte. Caves sind technologiegestützte Ausstellungsgrotten, auf deren Wände Bilder projiziert werden, die dank einer Spezialbrille räumlich wirken. 1997 stellt Benayoun im österreichischen Linz, also nicht allzu weit entfernt vom krieggeschüttelten Balkan, einen Cave mit vom Krieg verwüsteten Landschaften vor. Dank Brille und tragbarer Computermaus in Form einer Kamera kann der Benutzer als Tourist der Apokalypse durch die virtuelle Ödnis wandern und Fotos schießen.

Die von Benayoun 2002 realisierte Arbeit »So.So.So.« sucht nicht die technologische, sondern die intellektuelle Interaktion mit dem Publikum. Der Name »So.So.So.« steht für Somebody, Somewhere, Sometime. Mit anderen Worten: Alles ist willkürlich. Anstelle der fotografierten Personen und Orte könnte auch alles ganz anders sein: andere Orte, andere Protagonisten.

Durch Kopfdrehung steuert der Ausstellungsbesucher über eine verkabelte Brille seinen Blick durch 360° Räume, die Benayoun in Paris, auf dem Land, den Märkten von Rungis, aber auch an einem Strand der Seychellen – anlässlich seiner Hochzeitsreise – fotografiert hat. Ein Zoom ermöglicht es, näher an Personen und Objekte heranzuspringen. Einige dieser Objekte stellen Verbindungen zu anderen Personen und Situationen her, andere nicht. Mehrfach tauchen an ganz unterschiedlichen Orten Exemplare der Zeitung »Le Monde« auf, alle vom selben Tag, mit derselben Headline. Eine Tonspur aus Radionachrichten, Musik, Interviews und politischen Kommentaren passt zum Datum der Tageszeitung und verknüpft Zeitzonen und Situationen. Der Besucher glaubt, Zuschauer zu sein, und steuert doch selbst die – angebliche – Handlung. Narrative Beziehungen werden vermutet, wo es nur mediale Nähe gibt. Es ist der durch die Fiktion und Narration des Kinos und Fernsehens in uns entstandene Reflex, der uns inhaltliche Zusammenhänge sehen lässt, die es nicht gibt. Wir bewegen uns nicht in der Traumzeit des Kinos, sondern im Traumraum der Kunst, einem räumlichen All-Over der Bilder.

HIPPOPOTAMUS
Le Monde

Maurice Benayoun »So.So.So.«

Narrative Körperkunst

Eine hübsche junge Frau im blauen Abendkleid spaziert in Zeitlupe über den Bürgersteig, vorbei an parkenden Autos. Sie freut sich, lacht ausgelassen, jongliert mit einer Art überdimensionierter Theaterpflanze, einer Mischung aus Abrissbirne, Phallus und Sonnenblume. Schwungvoll schlägt sie damit die Frontscheiben der parkenden Autos ein. Sie wird eingeholt von einer uniformierten Polizistin, die sie jedoch nicht zur Rede stellt, sondern ihr komplizenhaft zulächelt und weitereilt. So frühlingshaft war Anarchie noch nie. Zumindest nicht im Museum.

Die 1962 geborene Schweizerin Pipilotti Rist gilt als eine der kecksten Videokünstlerinnen der letzten zehn Jahre. Doch was ist eigentlich eine Videokünstlerin? Video ist heute ein Medium unter mehreren, es besitzt kein Monopol mehr auf die bewegten Bilder. Pipilotti Rist benutzt zwar Elektronik als Aufnahme- und Abspieltechnik, doch experimentiert sie grenzüberschreitend mit Erzählfragmenten, visuellem Kalauer, mit dem Dialog von Körper und Kamera oder mit theatralischem Rollenspiel. Nur typische Vokabeln der Videosprache der späten sechziger und siebziger Jahre, Dokumentationen von Performances oder Aufnahmen mit Überwachungskameras, die benutzt sie nicht.

Neben dem hämmernden Mädchen ist in »Ever is over all« von 1997 als Doppelprojektion ein bewegtes Stillleben sich sanft im Wind wiegender Tulpen zu sehen: Frühlingshaft ist nicht nur die Anarchie, sondern das Leben schlechthin, und vielleicht ist auch gar nicht Frühling, sondern Fastnacht. Pipilotti Rist hat im Lauf der letzten Jahre Maschinen gebaut, die Seifenblasen spucken, sie hat Fernbedienungen erfunden, die dick wie ein Lexikon sind, und Spielzeugstädte aus dem Modellbaukasten, in denen es Leben nur auf dem Bildschirm gibt. Die in der Münchner Pinakothek der Moderne aufgebaute Sozialwohnung ihres fiktiven Alter Egos Himalaya Goldstein ist mit Projektionen möbliert, und im Kunsthaus Zürich flirtet sie in den unmöglichsten Stellungen, selbst vom Museumsparkett aus, mit den Besuchern. Ähnlich wie Maurice Benayoun schnipselt sie Alltag und Fiktion im künstlerischen Raum zusammen; selbst wenn die Handlung nur in unseren Köpfen entsteht und die angeblichen Filmbilder auf Video gedreht wurden.

Dieses komplizierte Zusammenspiel von Wahrnehmung und Einbildung demonstriert 1979 die Amerikanerin Louise Lawler mit einem bis heute gültigen Experiment. Ihre Aktion »A Movie will be shown without the picture« zeigt, wie wir Filme im Gedächtnis speichern und deren Handlungen bei Berührung bestimmter Psychosensoren – wie zum

Pipilotti Rist
Eine Sozialwohnung, bevölkert von Bildern: »Himalaya Goldsteins Stube«, 1998/99

Pipilotti Rist »Ever is over all«

Beispiel einem musikalischen Thema, einem Déjà-vu-Erlebnis oder der Ähnlichkeit einer realen Person mit einem Schauspieler – vom Bewusstsein abgerufen werden. Lawler lässt Hollywood-Klassiker von einem Projektor ohne Glühbirne vorführen und nimmt so dem Ton das Bild und der Zeit die Handlung. Ansonsten ist alles da: Kinosessel, Publikum, Vorführer, Apparat. Auch das Filmmaterial ist da – man kann es nur nicht anschauen.

Narrative Bezüge sind es, die Film als mediales Bindeglied zwischen Körper, Bühne und Publikum so faszinierend machen. Das war früher anders. In den sechziger und siebziger Jahren war das Integrieren von Filmprojektionen in eine Performance nichts Außergewöhnliches. Allerdings waren dies Einspielungen ohne Handlung. Die Amerikanerinnen Joan Jonas und Carolee Schneemann setzen schon 1967 bei Live-Aktionen wie Schneemans »Snows« im Martinique Theater am Broadway mehrere Filmprojektionen und acht Performer ein. Unter den Sitzen der Zuschauer sind Mikrophone angebracht, die Rumrutschen, Geflüster, Buhrufe, Beifall aufnehmen und an ein Mischpult weitergeben, welches an die Film- und Lichtprojektionen gekoppelt ist. Eine frühe Form unfreiwilliger Interaktivität, mit den vom Publikum erzeugten Geräuschen als Interface.

Um dieselbe Zeit erfindet die Wienerin Valie Export Aktionen, die die diskriminierende Behandlung des weiblichen Körpers in der Filmgeschichte nachspielen und Film so für eine Untersuchung der gesellschaftlichen Rolle der Frau einsetzen. Valie Export geht es um den Bezug zum Erzählkino als Zivilisationssymptom. In den »Bewegungsimagination« benutzt sie 1974 Videorecorder und Liveaufnahmen, in »Syntagma« 1983 Fotografie, Video und 16mm Film.

Performances sind heute selten geworden und damit auch die Verwendung von Film. Zuspielungen von bewegten Bildern dienen meist dem Dialog mit Schauspielern, wie im Theater von Künstlern wie William Kentridge oder Jan Fabre. Oder Film verwandelt den Ausstellungsraum in eine Bühne, wie in den bereits erwähnten Installationen des New Yorkers Tony Oursler. Dank technisch innovativer Miniaturprojektionen entsteht – ähnlich wie bei Pipilotti Rist – eine realistische Malerei in drei Dimensionen, die Ton und Sprache mit einbezieht. Die Zuspielung fesselt den kinogewohnten Besucher nicht nur, sie verwickelt ihn auch in einen intellektuellen Dialog: Ourslers Humanoide sprechen nicht ins Leere, sondern zu und mit uns. Der Ausstellungsbesucher wird Teil einer mechanischen Performance, eines Kammerspiels der Puppen.

Tony Oursler
Die Projektion ersetzt den abwesenden Menschen und gibt Puppen die Chance zur Performance.

All-Over und New Age

Um die Einbeziehung des Betrachters in ein räumliches All-Over geht es auch in vielen Arbeiten des Kaliforniers Bill Viola. 1976 projiziert er in »He weeps for you« das mit einer Videokamera abgefilmte Bild des Betrachters auf einen fallenden Wassertropfen – oder eine Träne – und bezieht so das Publikum in den Kreislauf der Installation mit ein. In »The Greeting« stellt er filmisch und mit Schauspielern die berühmte »Verkündigung« des Malers Pontormo nach. Er verwandelt das Gemälde in ein sogenanntes zeitgestütztes Medium, das den Zuschauer – der bei Viola immer Zuschauer bleibt – räumlich nicht nur zu verführen, sondern zu überwältigen droht. Etwa wenn in »The Crossing« die digitale Läuterung eines Mannes durch Wasser und Flammen beidseitig auf eine mitten im Raum befestigte Leinwand projiziert und die Wirkung des Bildes durch eine aggressive Tonspur mit Surround-Effekt noch verstärkt wird.

Bill Viola ist seit den frühen neunziger Jahren der kommerziell erfolgreichste Medienkünstler. Das hat nicht nur mit dem technischen Aufwand zu tun, den er betreibt, sondern mit dem Rückgriff auf grundsätzliche Fragen und christliche Themen wie Geburt, Tod, Fegefeuer, Läuterung, Wiedergeburt. Viola mischt westliche visuelle Kultur mit östlichen Philosophien, metaphysische Fragen mit religiösen Antworten, multimediale Rauminstallation mit malerischer Ikonografie. Das Ergebnis ist im wortwörtlichen Sinne überwältigend: Theater ohne Bühne, Performance ohne Körper, Aktion ohne Künstler.

Am gewaltigsten – und gewalttätigsten – wirken Violas Installationen, wenn er anstelle von Malerei die zeitgenössische Sprache des Kinos paraphrasiert. Dabei ist der von ihm benutzte filmgeschichtliche Rohstoff keineswegs aktuell; ähnlich wie David Lynch

Bill Viola
Wüstendrama mit surrealem Überraschungseffekt: »First Light« aus »Going Forth by Day«, 2002

Bill Viola

Trauerarbeit und Aufbruch zu neuen Ufern: »The Voyage« aus »Going Forth by Day«

denkt Viola visuell rückwärtsgerichtet. Er verwendet bewusst schlichte, vertraute, nicht direkt zuzuordnende Motive, die er mit symbolischer Bedeutung befrachtet. Einer Bedeutung, die mit den ursprünglichen Bildquellen nur wenig zu tun hat.

Mitten in der Wüste hat es nach einem apokalyptischen Regenfall eine Überschwemmung gegeben. Feuerwehrleute und Sanitäter suchen zusammen mit Überlebenden nach Vermissten, die unter den Wassermassen begraben wurden. Eine Mutter verharrt am Ufer eines neu entstandenen Sees, während die Helfer nach einer langen Nacht erschöpft in den Schlaf fallen. Vor ihren geschlossenen Augen wird der vermisste Sohn im »First Light« (»Erstes Licht«) der Morgendämmerung auftauchen und, unsichtbar für die Schlafenden, auferstehen.

In einem kleinen Haus oberhalb eines Sees sitzen Sohn und Schwiegertochter am Bett des sterbenden Vaters. Am Ufer des Sees lädt eine Fähre die Habseligkeiten des alten Mannes ein. Eine Frau sitzt wartend neben dem Boot. Als der Sohn und seine Frau aufbrechen, lassen sie den Sterbenden allein und schließen die Tür des Hauses ab. Wenig später erscheint der Greis unten an der Fähre, begrüßt seine Frau, die auf ihn gewartet hat. Zusammen gehen sie auf »The Voyage« (»Die Reise«). Als Sohn und Schwiegertochter zurückkommen, ist das Haus immer noch verschlossen. Schluchzend hämmern sie an die Tür.

Ein weißes, frisch renoviertes Backsteinhaus in einer amerikanischen Großstadt. Geschäftsleute treffen sich vor der Tür, Familien gehen ein und aus, ein Penner sitzt stur auf seinem Lager. Der Strom der Passanten wird intensiver, die Stimmung nervöser. Man

Bill Viola
»The Deluge« und
»First Light«
aus »Going Forth by Day«

verabschiedet sich, hilft einander beim Tragen von Utensilien. Eltern bringen ihre Kinder in Sicherheit. Eine laute Alarmsirene erschallt, Panik bricht aus. »The Deluge« (»Die Sintflut«) kommt und reißt alles mit. Die in ihren Häusern verschanzten Menschen werden von den Wassermassen davongespült.

Bill Violas Installation »Going Forth By Day« besteht aus insgesamt fünf Teilen, allesamt eine gute halbe Stunde lang und auf die vier Wände eines großen Saals projiziert. Sie wurden im Studio in einer neuen Form von High Definition Video gedreht, die sich noch in der Erprobung befindet und deren Auflösung selbst 35mm Film übertrifft. Neueste Kinotechnologie wird hier also für eine Bilderfolge über Leben, Sterben, Tod und Wiedergeburt eingesetzt. Alle Aufnahmen sind in einer so genannten Blue Box gedreht, die das Einstanzen von Hintergründen, Effekten, Personen erlaubt. Viola arbeitet mit Stuntmen aus Hollywood und Theaterschauspielern, die halbstündige Takes gewohnt sind. Der digitale Ton stammt vom Geräuschemacher, nicht aus der Natur.

Bill Viola
»The Path« aus
»Going Forth by Day«

Die 2002 in der Deutschen Guggenheim in Berlin vorgestellte Arbeit ist sehr viel erzählerischer als Violas frühere Werke, und obwohl sich die einzelnen Filme bewusst schlicht geben, enthalten sie zahlreiche Verweise auf Kino: Der Aufbruch am Ufer des Sees ist eine klassische Westernszene mit Pionier- und Bibelhintergrund; die Szenerie am Ufer des Flutsees erinnert in ihrer properen Unheimlichkeit an den Set eines Roger Corman-Films, der allerdings so sauber nicht bleiben würde; das Stadthaus aus der »Sintflut« schließlich kennt man aus Filmen, die in San Francisco spielen, und die eher von Erdbeben als Flutkatastrophen handeln.

Die drei beschriebenen Aktionen werden begleitet von zwei undramatischen Filmen: »The Path« (»Der Weg«) zeigt in extremer Breitwand und mit statischer Kamera einen Waldweg, auf dem viele Menschen von links nach rechts durch das Bild wandern. Mit unbekanntem Ziel, aber ohne Blick zurück. »Fire Birth« (»Feuergeburt«) schließlich ist das Bad eines vage als Mensch zu erkennenden Körpers, der aus einer trüben Tiefe nach oben schwimmt. Lichtstrahlen einer – laut Viola – von Feuer zerstörten Welt dringen durch das Wasser und geben dem Humanoiden die nötige Energie für eine Wiedergeburt.

INTERVIEW
BILL VIOLA

Wie benutzen Sie in Ihrer Arbeit »Going Forth by Day« den Ausstellungsraum?

Viola Die Etrusker schmückten ihre Grabmale durch Wandbilder und Fresken von alltäglichen Dingen und Situationen. Auf die Rückwand der Gruft malte man grundsätzlich eine Tür: die dunkle Tür. Nur die Geister der Toten konnten diese Tür benutzen. Wenn die Besucher durch die Eingangstür in meine Arbeit kommen, entdecken Sie am anderen Ende des Raumes eine andere Tür. Aber sie können sie nicht benutzen, das können nur die Toten, denn diese Tür ist nur ein Bild. So funktioniert die ganze Arbeit.

Und wie setzen Sie Zeit ein? Es gibt fünf Filmprojektionen; laufen die alle in Echtzeit, oder haben Sie die Zeit manipuliert?

Viola Der Film »Der Weg« ist für alle sichtbar zu Zeitlupe verlangsamt. In »First Light« gibt es Schnitte, wenn alle Personen eingeschlafen sind, aber die kann keiner erkennen. Allgemein gilt: Es gibt überall sehr lange Einstellungen, wie ein Kinoregisseur sie niemals erlauben würde. Aber es gibt auch Einstellungen, bei denen man im Kino die Kamera bewegen würde, wo man an eine Person ranfahren oder zur Großaufnahme zoomen würde. Niemand im Kino würde, wie ich es getan habe, immer dieselbe Distanz mit feststehender Kamera halten. Ich liebe es, beim Drehen diese Art von Echtzeit zu benutzen. Deshalb arbeite ich auch mit Theaterschauspielern: Kinodarsteller können fantastisch spielen, aber nur für bestimmte Zeit. Hier dauerte jede Aufnahme vierzig, nicht vier Minuten.

Wenn Sie davon sprechen, die Kamera statisch und auf Distanz zu halten, bedeutet dieser Abstand nicht ein Abkühlen der Emotion? Und gleichzeitig ein Mehr an Realismus? Wenn wir einen Autounfall sehen, können wir ja auch nicht ranzoomen.

Viola Fast alle emotionsgeladenen Situationen verfolgt man aus der Distanz, egal ob Autounfall oder ein Abschied am Flughafen. Nur beim Küssen hat man keine Distanz, aber dann macht man meist die Augen zu. Deshalb wundere ich mich immer im Kino, wer hier eigentlich Zuschauer ist. Denken Sie nur an diese lächerlichen Filme von Brian de Palma, in denen die Kamera immer rumwirbelt, auf Dächer klettert usw. Wessen Auge soll das denn sein? Gott kann es nicht sein, denn Gott zoomt nicht. Wer also schaut die Darsteller wirklich an? Die Kamera. Wenn man die Kamera festschraubt, dann wird sie zum Element. Wie Berg, Himmel, Weltraum. Wie Wetter.

In »Going Forth by Day« stoßen wir auf Plätze, die wir aus vielen Kinofilmen zu kennen glauben: Das Stadthaus mit der wohlbekannten Eingangstür, das Haus oberhalb des Sees, das einem Hitchcock-Film

zu entstammen scheint. Haben Sie bewusst mit dieser Vertrautheit spielen wollen?

Viola Nein, ich habe dabei nicht an Kino gedacht. Aber ich kann nicht leugnen, dass ich im Amerika der fünfziger Jahre aufwuchs. Gerade hatte man das Fernsehen erfunden, und meine gesamte Kindheit bestand darin, im Fernsehen alte Kinofilme anzuschauen. Richtige Fernsehprogramme gab es damals kaum, deshalb zeigte man vor allem Spielfilme. In einem solchen Umfeld saugt man Kino auf wie Muttermilch. Schon als Kind wusste ich, was Schuss und Gegenschuss bedeutet, das brauchte mir keine Filmschule mehr beizubringen, ich hatte es im Blut. Als die ersten tragbaren Videoausrüstungen auf den Markt kamen und ich das erste Mal eine Kamera in die Hand nahm – mit achtzehn oder neunzehn – da beherrschte ich bereits die Sprache dieses Mediums.

Ihre frühen Videoarbeiten verzichteten aber auf diese Filmsprache. Ich erinnere mich an »He weeps for you« die erste Arbeit, die ich von Ihnen sah; sie hatte mit einer neuen Mischung von Körper, Raum und Zeit zu tun, nicht mit Kino.

Viola Video kam aus der Gegenkultur. Damals gab es den Widerstand gegen den Vietnam-Krieg, der 1968 zu einem allgemeinen gesellschaftlichen Protest wurde. Das hat nicht nur die Videoarbeit der Künstler, sondern auch die der Dokumentarfilmer nachhaltig beeinflusst. Wir alle glaubten, die Kamera sei eine politische Waffe, und dass man sich von den großen Medienfirmen, die die Fernsehsendungen produzierten, lösen könnte, um selbst Programme herzustellen. Das war unser Schlachtruf: Wir machen unser eigenes Fernsehen. Noch bevor die tragbaren Recorder unter die Leute kamen, gab es bereits Videokollektive; wir filmten arme Leute, die aus ihren Häusern geworfen wurden. Das wurde dann im Kabelprogramm gezeigt, das war meine Welt. Gleichzeitig gab es auch Künstler, die mit der Ästhetik von Video arbeiteten, es als ein rein visuelles Medium einsetzten. Um einen Nam June Paik und seine Manipulationsversuche des Visuellen wirklich zu verstehen, müssen Sie im Experimentalfilm nachforschen. Die frühe Videokunst hat sehr viel mit dem experimentellen und strukturalistischen Film und der Dekonstruktion des Mediums zu tun.

Bill Viola »The Greeting«, 1995

Ich war vor allem in Kollektiven für alternatives Fernsehen engagiert, aber als Künstler befasste ich mich mit der Sprache des Mediums und dekonstruierte sie, wie wir damals sagten. So kam es beispielsweise zu der Arbeit mit dem Wassertropfen, die nicht die visuellen, sondern räumlichen Möglichkeiten des Mediums erforschte. Die großen Schlachten, die wir damals schlugen, die gingen nicht gegen das Fernsehen oder Hollywood, sondern gegen den Experimentalfilm.

Den es heute kaum mehr gibt.

Viola Den es überhaupt nicht mehr gibt. Video hat den Experimentalfilm geschluckt – würde Stan Brakhage mich jetzt hören, er würde mich umbringen. Der Experimentalfilm gab sich dem utopischen Traum hin, man könne das Bild von der Erzählung erlösen. Aber das war über längere Zeit einfach nicht durchzuhalten, weder gesellschaftlich noch finanziell.

Heute geht die Geschichte weiter und Video wird geschluckt. Von Filmtechnologie, egal ob 35mm oder High Definition.

Viola Stimmt, wir erleben zurzeit einen faszinierenden Augenblick. Meine Arbeiten werden in großen professionellen Studios für Postproduktion fertiggestellt, sozusagen im Rachen der Bestie. Ich kann mitverfolgen, wie Bilder aus den verschiedensten Formaten und Maschinen alle auf demselben Monitor landen, die Entwicklungskette vom Dreh in 35mm bis zur digitalen Postproduktion ist bestens bekannt. Ich selbst habe seit 1992 sehr viel auf 35mm Film gedreht, um ein möglichst gutes Ausgangsmaterial zu haben, das ich dann in den elektronischen Strom gebe für Farbkorrektur und Vervielfältigung. Auf der technischen Seite ist das Mischen von Film und Video also bereits ein alter Hut. Andererseits gab es längst die so genannten Musikvideos wie Michael Jacksons »Thriller« die auf 35mm gedreht, geschnitten und im Kino als Vorfilm projiziert wurden. Trotzdem nannten die Kids sie Musikvideos, obwohl es Kurzfilme waren. Video bedeutet nicht nur Monitore und elektronische Signale, und Spielfilm hat nicht unbedingt mit Spulen und Filmmaterial zu tun. Wir erleben ein neues Zeitalter, alles vermischt sich.

Kinofilme wie »Moulin Rouge« werden zu abendfüllenden Musikvideos.

Viola Bestimmt war schon das echte Moulin Rouge ein Musikvideo des neunzehnten Jahrhunderts. Die dreidimensionale Installation eines Musikvideos.

»Going Forth by Day« scheint mir trotzdem eher dem Spielfilm als der Kreuzung zwischen Kino und Video verpflichtet.

Viola Ich bin mir nicht sicher. Natürlich wirkt manches wie im Kino, aber technisch gesprochen ist High Definition ein Medium für sich. Ich habe absolut keinen Ehrgeiz, dass meine Bilder wie 35mm Filmmaterial aussehen; High Definition ist neu und einzigartig in seiner Qualität, auch wenn Kameraleute häufig viel Zeit und Geld darauf verschwenden, es wie 35mm aussehen zu lassen. Das Medium High Definition ist brandneu, aber schon versucht man wieder, es auf das schlechtere Format 24p runterzudrücken, nur weil man damit auf dem breitesten Verteilersytem abspielen kann, das es gibt: Leinwand und Filmprojektor. Ich gebe gern zu, dass die Kinoleinwand ein wunderbares, global funktionierendes Format ist, aber 24p mit seinen vierundzwanzig Bildern pro Sekunde besitzt einfach nicht genug Auflösung. Ich arbeite mit 60 High, also sechzig Bildern pro Sekunde.

Solche technisch neuesten Formate koppeln Sie mit einer Ästhetik, die oft von Malerei beeinflusst ist. Warum?

Viola Ich habe nie beabsichtigt, Malerei in meinen Arbeiten zu reproduzieren oder auch nur zu zitieren. Für mich ist die Geschichte der Malerei eine Quelle der Inspiration und eine Art Anleitung, die mir bei vielen Ideen und Problemen weiterhilft. Eine einzige Arbeit behandelte direkt ein Pontormo-Gemälde und befolgte sogar bestimmte Aspekte des Bildaufbaus: Das war 1995 »The Greeting«. Das ist wirklich eine Ausnahme. Im restlichen Werk ist Malerei eine Art Hintergrund, eine Inspiration, die immer unter der Oberfläche bleibt.

Die aber nicht selten sichtbar wird in der Art, Bilder im Raum zu installieren. In Ihrem »Nantes Tryptich« benutzen Sie den Aufbau eines Altarbildes und andere Arbeiten wirken wie Fresken

Viola Das stimmt.

Heute spricht man davon, der White Cube des Ausstellungsraums würde in eine Black Box des Kinos verwandelt. Sie aber benutzen weder das eine noch das andere, sondern spielen mit historischen Versuchsanordnungen wie Kirche oder Grabmal. Warum?

Viola Als ich zur Kunstschule ging, war das eines der Hauptprobleme: Wollte man konventionelle Ausstellungsstrukturen benutzen, waren diese so aufgeladen mit Vergangenheit, dass sie die unermesslichen Möglichkeiten des Bildes einzuschränken schienen. Heute haben wir begriffen, dass solche traditionellen Systeme nicht nur historische Dokumente sind, sondern Strukturen unseres Bewusstseins. So wie man eine kosmologische Struktur wie Erde, Himmel und Hölle im Kopf behält, ob man nun religiös ist oder nicht. Als Künstler erkläre ich solche formalen Strukturen nicht, ich arbeite mit ihnen und schaffe Werke, die genau aus diesem unterirdischen Fluss unserer Psyche schöpfen. Wenn ich mit dem Tryptichon arbeite, dann auch, weil es eine fast tausendjährige Form von Multikanal-Installation ist. Heute mag sich der White Cube des Museums scheinbar in Richtung der Black Box entwickeln, doch ist der Kinofilm längst von dieser Black Box befreit, dank der Videotechnik. Kino wird nicht nur über Fernsehen, Kassette, DVD vertrieben, sondern über alle möglichen bewegten Bilder, die uns Geschichten erzählen, während wir in der Shopping Mall einkaufen oder über die Straße spazieren. Das bedeutet eine radikale Veränderung in unserer Umwelt. Die Sprache des Kinofilms ist im heutigen Alltag omnipräsent.

Also erobert der Hollywood-Film das Medium Video und nicht Video den Hollywood-Film?

Viola In ein paar Jahren ist das alles ein einziges Medium. Ich glaube, dass wir schon heute, am Anfang des neuen Millenniums, in einer neuen Welt leben. Diese neue Wirklichkeit ist eine Welt von Verbindungen, parallelen Wirklichkeiten, vielfältigen Möglichkeiten. Die Ereignisse, die vor uns liegen, werden nicht mehr wie früher im Schneideraum in klassischer Linearität passieren. Es gibt keine chronologische oder logische Linie mehr, sondern die heutige Welt ist eine Art Matrix. Wir erleben eine erstaunliche Zeit, und Film, Video, Kino, Elektronik, High Definition, all das wird in zehn, zwanzig Jahren ein einziges Medium sein. Eine tiefgreifende Revolution ist im Gange; die visuelle Sprache der Bilder kann jeden Augenblick explodieren.

Elektrische Welt

Wasser – Wasser in allen Formen, als Meer, Tropfen, Katarakt, Gletscher, als Leben und Energie spendendes Element, als Scharnier zwischen Natur und Zivilisation, aber auch als Bild der Apokalypse. Der 1968 in Redondo Beach bei Los Angeles geborene Doug Aitken zeichnet in seinem 2001 erstmals vorgestellten Zyklus »New Ocean« in überwältigenden Bildern und insgesamt sieben Sequenzen, verteilt auf sieben Räume, die Topographie einer sich verändernden, im Fluss befindlichen Welt. »Thaw« zeigt auf drei Leinwänden das Abschmelzen der Gletscher Alaskas. Ruhige Totalen von Eismassen wechseln ab mit dunkelblauem Meer, einer sengenden Sonne und mikroskopischen Details des Schmelzprozesses. Eis ist nicht mehr ewig. Eine zweite Sequenz zeigt auf mehreren Leinwänden Tropfen in Großaufnahme.

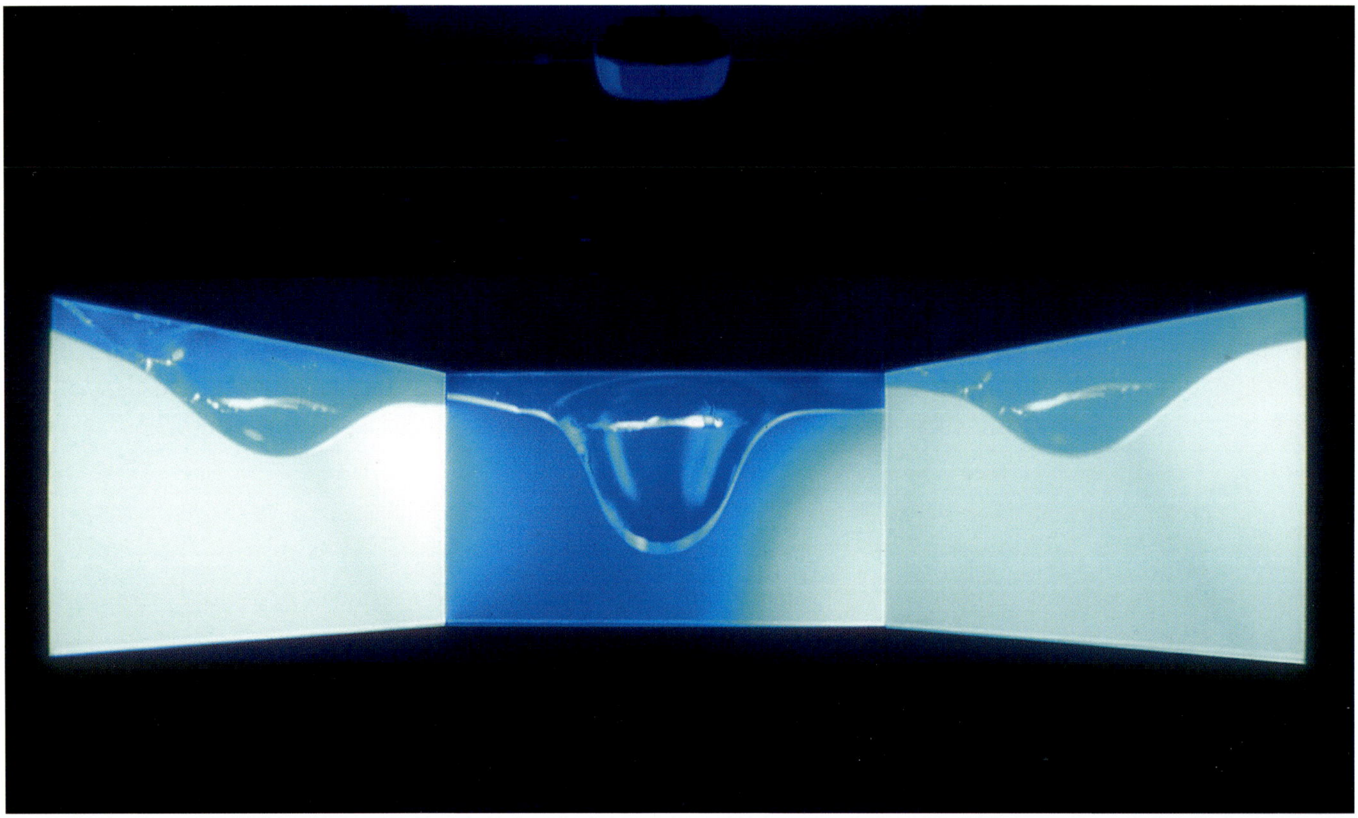

Doug Aitken

Wassertropfen, Gletscher, Katarakte: »New Ocean«, ein Planet im Wandel

Zwei runde Projektionsflächen, hoch oben an der Museumsdecke befestigt, werfen weiße Lichtflächen in den dritten Raum. Gegenüber zeigt »Rise« das nächtliche Los Angeles aus der Vogelperspektive, ein sich zum Horizont wälzender Strom von Licht, elektrische Energie der Großstadt als Kontrapunkt zur Wasser- und Sonnenenergie der Natur. Dieser Gegensatz wird in der fünften Sequenz durch den Menschen verknüpft: Ein Mann geht, als wäre er auf der Suche nach Wasser, erst durch die Wüste, dann durch die Stadt, durch leere Korridore und Supermärkte mit gefüllten Regalen. Er ist gleichzeitig halbnah und in Totale zu sehen, die Bilder werden leicht zeitversetzt auf vier Breitwandleinwände projiziert, die jeweils rechtwinklig aufeinander stehen und so ein Kreuz bilden.

Ebenfalls in Kreuzprojektion schwingt ein nur als Schattenriss erkennbares Mädchen vor hell strahlendem Gegenlicht an einem Turnreck. »New Machines« nennt Aitken dieses rätselhafte Bild, das einstimmt auf den Höhepunkt von »New Ocean«: einen runden

Raum, zehn Meter im Durchmesser, dessen Wände den Betrachter rundum mit der Macht des Wassers konfrontieren: sanft schaukelnde Meere, ins Tal stürzende Katarakte, dazu eine donnernde Tonspur und, unter die Decke gehängt, die Projektion eines von unten gefilmten schwimmenden Mädchens.

Aitken verbindet die verschiedenen Sequenzen narrativ und geographisch. Das Publikum durchwandert Räume, deren Anordnung sich mit jeder Präsentation ändern.

Wie der ebenfalls in Los Angeles arbeitende Bill Viola baut auch Doug Aitken Räume, in denen der Zuschauer zwischen den Projektionen umher- und in den Bildern aufgeht. Doch erst im Durchschreiten dieser Räume werden die Zusammenhänge klar, können narrative Fragmente zusammengesetzt werden. Viola benutzt Architektur als Kirche, Grotte, Grabkammer. Aitken dagegen erfindet Labyrinthe, die wie Drehbücher funktionieren. Er bezieht sich nicht auf Gestriges, sondern formuliert Erzählfetzen und Formen der Gegenwart. Nicht metaphysische Fragen nach Werden, Sein und Vergehen werden gestellt, sondern die große Frage heutigen Lebens: Wie wird der Mensch zerrieben im Konflikt von Natur und Zivilisation?

Aitken wächst als Surfkid am Pazifikstrand auf, besucht eine Kunstgewerbeschule in Kalifornien und wird 1993 bekannt mit »I'd die for you«, einer höhnischen Aneinanderreihung der Leinwandtode des amerikanischen Supercowboys John Wayne. Er dreht Musikvideos, unter anderem für Fatboy Slim, dem erfolgreichsten Musiker einer technogeprägten, mit provokativen Texten gewürzten Tanzmusik, die aus analog eingespielten sowie gesampelten Elementen besteht. Auch Aitken setzt, wann immer es geht, klassisches Filmmaterial ein, genau wie die Analogtechnik in der Musik. Er mischt mechanische Aufnahme- und chemische Entwicklungsprozesse, die erst in der Postproduktion durch digitale Verfahren ersetzt werden. Aitken lässt das Filmnegativ abtasten und anschließend in einen Avid-Schnittplatz einspeisen. Der fertige Film wird auf Laserdisk oder DVD gebrannt.

Mit »Diamond Sea« findet Aitken 1997 zu seinem eigentlichen Thema, dem Dreieck Technologie, Mensch, Natur. Ein ganzes Jahr bemüht er sich um die Drehgenehmigung in einem an der Südküste Namibias gelegenen, 75.000 Quadratkilometer großen Territorium, das seit 1908 in Privatbesitz ist und zu dem der Zutritt für Außenstehende streng verboten ist. Es handelt sich um vollautomatisierte Diamantminen, mit schürfenden Robotern, computergesteuerten Förderbändern und Überwachungskameras, die jedes Detail der Förderung festhalten. Die farbigen Arbeiter, die in dieser Diamantenstadt arbeiten, leben mit ihren Familien in autonomen Reißbrettstädten mit Schule, Kino,

Doug Aitken
In »Electric Earth« reagiert ein Tänzer mit kreativer auf elektrische Energie.

Krankenhaus und dürfen aus Angst vor Diamantenschmuggel das abgesperrte Gebiet nicht verlassen. In Aitkens Film kommen sie gar nicht erst vor. Es geht ihm nicht um eine Reportage, sondern um symbolstarke Bilder vom Austausch des Menschen durch computergesteuerte Maschinen, die zur Musik der Gruppe Nine Inch Nails den Geistertanz der Technologie tanzen.

Vom Dialog zwischen maschineller und körperlicher Energie handelt auch Aitkens bekannteste Arbeit, für die er 1999 auf der Biennale von Venedig mit dem Goldenen Löwen ausgezeichnet wurde: »Electric Earth« erzählt auf acht Leinwänden kurze Geschichten von menschlichen Reaktionen auf das den Globus verknüpfende Netz der Elektrizität. Anfangs liegt der Protagonist von »Electric Earth«, der Breaktänzer Ali Giggi Johnson, mit der Fernbedienung in der Hand auf dem Bett eines Hotelzimmers und schaut in einen flimmernden Fernsehapparat. Im Off ist seine Stimme zu hören: »Manchmal tanze ich so schnell, dass ich zu dem werde, was mich umgibt. Ich absorbiere die Energie, als würde ich sie schlucken. Das ist die einzige Gegenwart, die es für mich gibt.« Anschließend durchquert Johnson Betonwüsten, Parkhäuser und den Vorplatz eines Supermarktes. Er trifft auf einen Coca-Cola-Automaten, Schaufenster, die Neonlichter einer Autowaschanlage. Er winkt einem Flugzeug hinterher, und das Winken wird zu einer Fingerchoreografie, einer Zeichensprache ohne Alphabet. Immer reagiert sein Körper auf die Erscheinung von Elektrizität durch Bewegung. Er schluckt die Energie des Alltags und zeigt Andeutungen von Schritten, spastische Zuckungen, als wären sie die Reaktion auf innere Stromstöße. Innere und äußere Eletrizität: Hat der Mensch noch Kontrolle über sich und seine Welt?

Gefrorene Zeit

In »Electric Earth« benutzt Aitken einen Trick, um Zeit und Raum enger aneinander zu knüpfen: Die Projektionsflächen bilden Säle und Korridore und sind mit durchsichtigen Schleiern voneinander getrennt. So entsteht der Eindruck von filmischen Überblendungen, welche die Teilgeschichten gleichzeitig trennen und verbinden. Räume werden durch diesen Effekt, wie durch eine Blende, gekoppelt. Die Episoden können sich zeitlich überlappen, ohne gleichzeitig zu werden. Effekt und Anordnung sind dem Kino entnommen und ins Museum transportiert für einen Film, der das Kino längst hinter sich gelassen hat.

Auch der 1941 in Dublin geborene James Coleman arbeitet mit Überblendungen, um die Dimension Zeit von ihrer Linearität zu befreien. Allerdings begnügt er sich mit einem einzigen Raum und einer einzigen Wand, auf die er seine in Diaprojektion erzählten Bildgeschichten wirft. Die Fotos werden durch Blenden und Pausen in einen Rhythmus gebracht, der dem Schnitt eines Films entsprechen könnte, aber sie bleiben unbewegt, statisch, und wandern so in eine Grauzone zwischen Einzelbild und Film. Das Klicken des Projektors ist immer hörbar, die Maschinerie gibt sich zu erkennen. Schwarzdias sorgen für einen zusätzlichen Verfremdungseffekt. Für den Zuschauer gibt es keine Chance zur Identifikation, da er kaum Blickkontakt zu einem der Protagonisten aufnehmen kann. Coleman pflegt die Distanz, er bleibt in Totalen und Halbtotalen, verweigert ein Ranzoomen, Kamerafahrten sowie Großaufnahmen.

Die rund 240 Fotos für »INITIALS« werden 1993 in einer ehemaligen Heimstätte für Tuberkulosekranke nahe Dublin geschossen. Die Räume sind bis auf wenige medizinische Apparaturen leer oder werden gerade renoviert. Die Anstreicher sind Teil des Sets. Vor ihnen treten Schauspieler in Kostümen verschiedener Epochen auf, mit Make-up wie in einem Musical, Theater oder Technicolorfilm der fünfziger Jahre. Manchmal werden sie von anderen Schauspielern geschminkt, wie bei einer Theaterprobe. Sie agieren nicht, sondern posieren. Anstelle eines Dialogs liest im Off eine Kinderstimme mit viel Mühe, seufzend und stockend einen oft nicht oder nur schwer verständlichen Text, der aus vielen Zitaten des irischen Dichters Yeats besteht und in dem immer wieder das Wort »Initials« vorkommt.

Die kryptische Verbindung von Dia und Ton, der nur zum Teil verständliche Text, eine Geschichte, die niemals erzählt wird: Das Alles ist typisch für Colemans Arbeit seit Mitte der achtziger Jahre. Handlungsfetzen entstehen und werden sofort kurzgeschlossen. Coleman benutzt das Kino, beschränkt es aber auf seine theatralischen Effekte und führt es dann zurück in die gegenständliche Malerei. Eine Malerei wie die von Nicolas Poussin, deren Thema Sehen, Wissen, Verstehen ist. Manche Gemälde Poussins werden von Figuren bevölkert, die einander nicht oder nur teilweise sehen können. Die Bilder sind in Handlungen zerlegt, die in Vorder-, Hinter- und Zwischengrund stattfinden. Nur der Blick des Betrachters vermag jedes Element mit den anderen zu verbinden.

In »Photograph« probt 1999 eine Gruppe von Jugendlichen in ihrer Schule ein Theaterstück. Im Vordergrund posieren junge Schauspieler in ihren Rollen, im Hintergrund warten andere auf ihren Auftritt. Im Gegensatz zum statischen »INITIALS« tummeln sich deutlich mehr Personen auf den Bildern, es kommt zu einer Dynamik, die durch

Überblendungen noch verstärkt wird. Die geschminkten Gesichter vor allem der jungen Mädchen haben etwas künstlich Erwachsenes, als fließe hier die Zeit in einem eigenen Rhythmus. Dieses Motiv des Übergangs von der Jugend zum Erwachsensein entspricht den Bildern, die statisch und dynamisch zugleich sind.

Colemans Umgang mit Einzelbild und Zwischenzeit ist eine Weiterentwicklung von Experimentalfilmen der sechziger Jahre, die Handlungen in Fragmente zerlegen, indem sie Schwarzfilm einschneiden. Im Erzählkino verwendet 1984 Jim Jarmusch in seinem zweiten Film »Stranger than Paradise« systematisch Schwarzblenden, um die Narration zu stoppen und den Realismus zu brechen. Ergebnis ist eine Zeit, die weder Erzähl- noch Echt- noch Filmzeit ist. Coleman benutzt 1977 in seiner Filmarbeit »Box (ahhareturnabout)« Schwarzfilm, mit dem er die Found Footage eines historischen Boxkampfs unterschneidet. Die Filmschnipsel sind weniger als eine Sekunde kurz und werden unterstrichen durch laute Schläge in der Tonspur. Eine Männerstimme spricht Monologfetzen. Der Helldunkeleffekt von Boxkampf und Schwarzfilm verwirrt die Perzeption des Betrachters. Das Hirn denkt jedes Bild unwillkürlich weiter, auch wenn die Leinwand schwarz bleibt. Wieder eine Form von Trugschluss, bei dem der Film im Kopf des Betrachters weiterläuft.

James Coleman
Fotografiertes Theater der Heranwachsenden: »Photograph« von 1999

Storyteller

Coleman weitet Zeit zur Dauer aus, während Fotografie normalerweise die Zeit auf jenen »gefrorenen Augenblick« konzentriert, von dem Henri Cartier-Bresson spricht. Für die künstlerischen Inszenierungen von James Coleman, Cindy Sherman oder Gregory Crewdson ist, im Gegensatz zur Reportagefotografie, das narrative Ausweiten der Zeit ein wichtiges Thema. Der Kanadier Jeff Wall arbeitet seit 1978 mit großen, auf Lichtkästen montierten Farbdias und gilt als der Pionier des Erzählens einer ganzen Geschichte in einem einzigen Bild. Eine Aufnahme wie »The Storyteller« hat er 1986 produziert wie eine Filmszene, mit Darstellern, einer großen Crew, Kunstlicht, digitaler Nachbearbeitung. Sie zeigt zwei junge Männer, die wie gebannt einer jungen Frau zuhören. Die Frau kniet vor ihnen, gestikuliert, spricht: Ihr Mund ist geöffnet. Die beiden Männer sitzen unbeweglich, mit aufgestütztem Arm und verschränkten Beinen vor einem verglimmenden Lagerfeuer.

Wall hat die gesamte Handlung in einer einzigen Momentaufnahme verdichtet. Um die Dramatik zu dämpfen, benutzt er eine Totale: Die Dreiergruppe hockt klein auf einem Stück Wiese in der linken unteren Bildecke. Hinter der Gruppe breiten sich die Bäume eines verwilderten Parks aus. Ein in seiner Zweisamkeit abgelenktes Paar, das ebenfalls der Geschichtenerzählerin zuhört, ist zwischen den Bäumen zu erkennen. Die rechte Bildseite wird beherrscht von einer Brücke, der Park grenzt an eine Autobahn. Unter der Brücke sitzt teilnahmslos eine sechste Person und stiert vor sich hin.

Stärker noch als Coleman stützt sich der 1946 in Vancouver geborene und studierte Kunstgeschichtler Wall beim Bildaufbau auf die Malerei. Den technischen Apparat, die zeitgenössische Lakonik der Darsteller und die Erzählform entnimmt er dem europäischen Kino der sechziger und siebziger Jahre. Wall liebt das natürliche Spiel und die wirklichkeitsnahen Außensets der Nouvelle Vague, die er mit einer theatralischen

Jeff Wall

Jedes Bild erzählt seine –
fiktiven – Geschichten:
»The Storyteller« von 1986.

Gebrochenheit mischt, wie man sie von Filmemachern wie Jean-Marie Straub und Danièle Huillet kennt. Lange träumt er vom Filmemachen und 1975 bietet er in Hollywood selbstverfasste Drehbücher an. Allerdings ohne Erfolg.

Erst 1978 findet er zu seinem Medium, der Fotografie, und lernt, seine Geschichten selbst und in einem einzigen Bild zu erzählen. »The Storyteller« steht in einer Tradition malerischer Pastoralen, gezähmter Landschaft mit darin verweilenden Menschen. Grüne Landschaft trifft auf den Beton der Autobahn. Anstelle eines zentralperspektivischen Aufbaus besitzt das Bild mehrere Zentren, und anstatt in der Idylle zu verharren, wird es horizontal geteilt durch einen auffälligen Kabelstrang, Symbol für die »Electric Earth«, die elektrische Vernetzung moderner Zivilisation. Gerade diese ist es ja, die die Tradition des Erzählens von Geschichten mehr und mehr aussterben lässt.

Jeff Wall zeigt, was er selbst gesehen hat. Für ihn ist Fotografie, neben dem Film, ein Medium, in dem es keinen Fakt ohne Fiktion gibt, und umgekehrt. Er registriert auf den ersten Blick unscheinbare Situationen mit sozialen oder kulturellen Aussagen, die ihm typisch für die heutige Zeit erscheinen. Anstatt sie zu dokumentieren, inszeniert er sie neu, mit Schauspielern, die natürlich wie Laienakteure agieren, und mit Szenenbildern, wie wir alle sie aus unserem Alltag kennen.

Wie auf einer Bühne hervorgehoben werden die Bilder durch die Leuchtkästen, die für größere Tiefenschärfe sorgen. Gleichzeitig kühlen sie die Inszenierung der Fotos durch ihre künstlich wirkende Transparenz ab. Die Dramatik der kleinen Gesten in diesen Bildern erschließt sich meist erst auf den zweiten Blick. In »Mimic« stellt Wall 1982 eine von ihm erlebte Straßenszene nach. Ein asiatischer Mann, dessen saubere Kleidung in ihrer Korrektheit fast zur Uniform wird, trifft auf ein weißes Pärchen. Als dieses den Asiaten überholt, zeigt der bärtige, schlampig gekleidete Weiße ihm einen Vogel. Seine Freundin, in geschmacklosen Hot Pants, starrt geradeaus. Die Konfrontation der beiden Männer dauert nur einen Sekundenbruchteil und beschränkt sich auf eine einzige beleidigende Geste. Trotzdem versteht der Betrachter sofort, dass es hier nicht um einen privaten, sondern einen ethnischen Konflikt geht, um soziale Spannungen in einer von Immigration, Rezession und dem Zusammenprall der Kulturen erschütterten Gesellschaft. Wie im Kino ist nichts dem Zufall überlassen. Die Protagonisten verkörpern Gruppen, Geschlechter, Rassen. Sie werden durch eine rechts von der Kamera positionierte Lichtquelle von der Umwelt abgehoben und sind scharf konturiert. Ihre scheinbare Lässigkeit ist bis ins kleinste Detail einstudiert, die Flüchtigkeit des Augenblicks wird im durchkomponierten Bildaufbau erfasst. Die Mimik ist zu alltäglich, um nicht gestellt zu sein.

Gregory Crewdson
»Woman in Flowers«,
aus der Serie »Twilight«

Mittelklasse

Im Garten eines Einfamilienhauses hält eine Frau ihren Bauch. Bekleidet mit kurzem Negligé und Brille, steht sie bis zu den Waden in einem mit Seifenwasser gefüllten Swimmingpool, einer größeren Spülschüssel. Neben ihr spielt ein unförmig dickes Kind mit einem Gartenschlauch. Wir sind in Amerika, die Frau ist hochschwanger. Es ist früher Abend, im Haus brennen bereits die Lichter. Im Halbdunkel des Gartens liegt Kinderspielzeug herum, eine Plastikburg, eine Schubkarre, ein Dreirad. Ein – ebenfalls dickes – Mädchen liegt auf der Wiese und langweilt sich. Sie ist zu groß für das sie umgebende Spielzeug, ein in der Auffahrt geparkter Minibus lässt auf weitere Kinder schließen. Der Blick der Frau auf ihren schwangeren Bauch wirkt nachdenklich.

»Twilight« – Abenddämmerung heißt die zwischen 1998 und 2002 entstandene Fotoserie, die den 1962 geborenen Gregory Crewdson bekannt gemacht hat. »Twilight« spielt in einem Zwischenstadium von Tag und Nacht, Vorstadt und Land, Realität und Surrealität. Draußen ist noch Tag, im Inneren der Menschen bereits Abend. Ein Augenblick, in dem der Hund noch nicht Wolf ist, sagt man im Französischen. Der perfekte Moment für Horrorfilme.

Crewdson liebt Genrekino, vor allem Krimi und Horror, er studiert den Einbruch des Schreckens in die normale Welt, von »Blue Velvet« bis »Scream«. Wie im Kino kündigt er das drohende Ereignis durch Lichteffekte an, etwa einen viel zu starken Scheinwerfer, der von rechts kommend die jeweilige Hauptperson unter eine Lichtdusche stellt. Besagte Hauptperson ist meist mit einer absurden, nicht direkt verständlichen Aktion beschäftigt: Ein Mann fräst Löcher in das Parkett seines Wohnzimmers. Wonach sucht er unter dem Fußboden? Nach versteckten Kindheitserinnerungen? Eine Familie kommt im voll gepackten Wagen aus dem Urlaub zurück und steht vor ihrem brennenden Haus. Eine Frau posiert inmitten eines Pflanzendschungels, der einmal ihr Wohnzimmer war. Ein Braunbär verschüttet in einer von Bäumen und Blättern überwucherten ehemaligen Wohnung eine Packung Milch und schaut vorwurfsvoll in die Kamera.

Die Milch stammt aus einem Bild von Jeff Wall. In dessen »Milk« verschüttet ein auf dem Bordstein sitzender Mann Milch, die dank eines digitalen Tricks in der Luft stehen bleibt. Auch dieses Foto Walls geht auf eine Begegnung zurück: Einige Wochen vorher hatte er einen Mann getroffen, der mit einer Milchtüte in der Hand schreiend über die Straße lief. Aus dem lauten Schrei, der im Foto zu dramatisch wirken würde, macht Wall einen beiläufigen Akt der Verschwendung, eine dynamische Bewegung, die ins Nichts

Gregory Crewdson

Das Rätsel verbirgt
sich unter dem Alltag:
»Dylan on the Floor«,
2001

geht. Crewdson hat ihm mit seinem Verweis auf »Milch« die Ehre erwiesen wie einem alten Meister.

Er zeigt den in Grauen und Horror kippenden Alltag eines Amerika, das in gepflegten Vorstädten mit geraden Straßen und grünen Vorgärten wohnt und viele Kinder zeugt, um die weiße Mittelschicht zu erhalten. Es ist ein Milieu, das der Künstler nur aus Fernsehen und Kino kennt und das er aus der medialen Erinnerung heraus nachbaut. Denn er ist in Brooklyn geboren und aufgewachsen als Sohn eines Psychoanalytikers. Aus den Schilderungen des Vaters schöpft er den Rohstoff für seine absurden Anekdoten, die er in der kaputten Welt der Normalität ansiedelt.

Crewdsons Bilder der frühen neunziger Jahre erinnern sehr deutlich an einige Fototableaus von Jeff Wall: Ein begrüntes Wohnviertel aus der Vogelperspektive, die bereits erwähnten Einfamilienhäuser mit Vorgärten. In Walls »Eviction Struggle« von 1988 steht klein im großen Bild vor einem der Häuser ein Polizeiwagen. Zwei Beamte zerren theatralisch einen Mann aus seinem gerade erbauten und wahrscheinlich nicht abgezahlten Haus. Eine Frau läuft ihnen mit pathetisch ausgestreckten Armen hinterher, während die Nachbarn anteilslos zuschauen.

Das gleiche Motiv bei Crewdson: Anstelle des theatralisch in Szene gesetzten Vorgartendramas herrscht scheinbare Ruhe im mittelständischen Amerika. Auf der ansonsten menschenleeren Straße sieht man lediglich eine Frau, die einen Trieb in den Asphalt pflanzt. Auf einem anderen Foto ist es ein Mann, der die Straße mit Rasen belegt. Die Absurdität steckt im Detail, der Surrealismus im Normalen, der Wahn im Alltag, und der Horror in dem, was kommen wird.

Crewdson produziert wie Jeff Wall aufwendig, mit großem Team und Darstellern. Interieurs werden im Studio nachgebaut. Seine jüngste in der New York Times veröffentlichte Serie paart paradoxe Situationen mit Stars, die sich in einen surrealen Alltag verirren. Crewdson bleibt hart an der Grenze zu Mode und Werbung, überschreitet sie jedoch nicht. Seine stärksten Fotos spielen mit Ästhetik und Narration des Genrekinos. Unsichtbare Scheinwerfer beleuchten eine scheinbar alltägliche Situation, als würde gerade ein Ufo landen. Die schwangere Frau, die im Plastikbecken der Kinder ihren Bauch befühlt, wird von unsichtbaren Marsmännchen beäugt. Ein »Encounter of the Third Kind«, wie Steven Spielberg es nicht besser hätte inszenieren können.

Jeff Wall »Eviction Struggle«

KAPITEL 9
MALENDER HELD UND FILMENDE HELDINNEN

Unvollendete Meisterwerke

Ein idyllisches Hotel für Verliebte, irgendwo in Frankreich. Die schöne Marianne belauscht, beobachtet, fotografiert gegen seinen Willen einen jungen Maler. Nicolas beschwert sich, will die Negative haben. Es kommt zu einer lautstark geführten Auseinandersetzung, die in eine Art erotischen Wettbewerb ausufert, eine Verführung vor Publikum. Zum Verdruss zweier zuschauender Hotelgäste endet sie im Doppelbett.

Marianne und Nicolas sind ein Paar, das sein Publikum an der Nase herumführt, das verliebte Spiele und verspielte Liebe inszeniert und sich so die Illusion absoluten Gefühls bewahren will. Ein befreundeter Kunsthändler nimmt beide mit in das Haus eines berühmten Künstlers, Edouard Frenhofer, der schon seit zehn Jahren kein Bild mehr gemalt hat. Frenhofer lebt mit seiner Frau Liz zurückgezogen auf einem prächtigen Anwesen in Burgund. Er provoziert den jungen Nicolas zu einem Wettstreit. Um zu testen, ob beider Liebe wirklich perfekt ist, will er in einem Wettstreit der Männer Marianne nackt malen. Das Bild soll außerdem die Vollendung einer vor zehn Jahren begonnenen Arbeit an dem vollkommenen Kunstwerk, dem Porträt der »Belle Noiseuse«, sein.

Jacques Rivette
Maler erliegt Modell: Michel Piccoli in »La Belle Noiseuse«, 1991

Der französische Regisseur Jacques Rivette, einer der Begründer der Nouvelle Vague, wird in Deutschland mit seinen Filmen »Out One« und »Céline et Julie vont en bateau« (»Céline und Julie fahren Boot«) bekannt. Es sind intellektuelle Kammerspiele von radikaler Länge, die das Spiel im Spiel inszenieren und von einer Handlungsebene in die nächste springen. 1991 dreht Rivette »La Belle Noiseuse«, deutsch »Die schöne

Querulantin«, der zur existenziellen Gleichung wird. Das Kunstwerk dient hier als Metapher für den Wunsch nach Vollkommenheit; in der Kunst und in der Liebe.

Fünf Tage sitzt Marianne, gespielt von Emmanuelle Béart, dem Maler Modell. Erst beachtet Frenhofer alias Michel Piccoli ihren nackten Körper kaum, mäkelt herum, dirigiert sie in immer neue Posen. Dann saugt sich sein Blick fest, endlich beginnt er mit Entwurfsskizzen. Bald merkt er, dass er nicht nur dem Bild, sondern auch dem Modell zu erliegen droht, und dass Vollkommenheit nur um den Preis der Selbstaufgabe möglich ist. Frenhofer gelingt es, das Bild zu vollenden. Er zeigt es Marianne, dann mauert er es ein, um es vor den Blicken anderer zu verbergen. Niemand soll sehen, was er in Marianne erblickt hat.

Vier Stunden dauert Rivettes Film. Ausführlich darf das Kinopublikum Frenhofer beim Malen zuschauen wie einem Kriminellen beim Mord. Die Bilder stammen von Bernard Dufour, einem technisch perfekten Zeichner, dessen Kunst sich als zeitlos versteht, über allen Moden schwebend, aber damit auch immer anachronistisch. Das Drehbuch, nach einer Kurzgeschichte von Honoré de Balzac, hat Pascal Bonitzer geschrieben. Ein Kunst- und Filmhistoriker, der mit Rivette gemeinsam das Unmögliche versucht: Kunst im Kino so zu zeigen, dass der Film ihr gerecht wird.

Dies kann nur im Scheitern gelingen: Das vollkommene Bild wird vollendet, bleibt aber unsichtbar. Was auf dem Zeichenblock entsteht, interessiert nur am Rande. Am Ende der Sitzungen zeigt Frenhofer seinen Freunden irgendein Bild, nicht das wirkliche, aus dem kreativen Kampf entstandene. Die psychische Anstrengung, das Streben nach Vollkommenheit, der Versuch des Sichbemächtigens der schönen Marianne durch Kunst, darum geht es Rivette. Die ausführende Hand wird zwar bei der Arbeit betrachtet, doch nur, um das Entstehen eines Abbilds von Marianne zu verfolgen. Die Frage nach der Qualität der Kunst wird nicht gestellt, denn vollendete Kunst ist unmöglich. Kein Wunder, dass sich diese Kunst mit einer aufgewärmten Variante akademischer Gegenständlichkeit begnügt, die Filmzwecken, aber nicht dem heutigen Niveau von Gegenwartskunst genügt.

Das ist umso erstaunlicher, als Drehbuchautor Pascal Bonitzer mit seinem Buch »Décadrages« ein Standardwerk über das Verhältnis von Malerei und Film geschrieben hat. Was Bonitzer bei Filmemachern wie Raoul Ruiz oder Michelangelo Antonioni bewundert, das radikale Weiterdenken von Malerei mithilfe der Kamera, das gelingt weder im Drehbuch noch in der Inszenierung von »La Belle Noiseuse«.

Opfergang

Ein alter, kranker Maler kommt in ein Dorf und bittet im Tausch für eine Zeichnung um ein warmes Essen und eine Bleibe für die Nacht. Man antwortet ihm ironisch. Angesichts der derzeit beliebten Importkunst sei seine Zeichnung sicher keine Bettstatt wert; aber er könne bleiben. Vor dem Essen schaut der Maler jungen Männern beim Töpfern zu und fragt, ob er etwas auf eine bereits gebrannte Vase malen dürfe. Man erlaubt es ihm, doch seine Hände zittern. Mehrfach muss einer der Töpfer verwackelte Linien weg-

Im Kwon-taek
Das Leben eines um seine Unabhängigkeit käpfenden Künstlers: »Chihwaseon«, 2002

wischen. Ein Lehrling verspottet ihn, doch der Maler gibt nicht auf und vollendet seine Zeichnung.

Spät abends sitzt er vor dem Ofen und stiert ins Feuer, in dem Krüge, Schalen und Töpfe glasiert werden. Der Lehrling setzt sich zu ihm, um sich zu entschuldigen – er habe nicht erkannt, dass er einen Meister vor sich habe. Der Maler nickt und starrt weiter ins Feuer. Der Junge bemerkt, die Zeiten seien schlecht. Nicht mehr der Künstler habe den Erfolg seiner Bilder in der Hand; genauso wenig wie er, der Töpfer, noch für das Gelingen dieser Tonkrüge zuständig sei. Über Erfolg oder Nichterfolg seiner Kunst entscheide allein das Feuer.

Der junge Mann verabschiedet sich respektvoll. Im Ofen sind die noch nicht fertig glasierten Gefäße zu erkennen. Die Flamme ist zur Glut zusammengefallen und droht ganz zu erlöschen. Der Maler steht auf, kriecht auf Knien in die Glut, legt sich auf die glimmenden Kohlen und sorgt mit seinem Körper dafür, dass das Feuer wieder aufflammt.

Am Morgen wird er nicht vermisst. Die Töpfer nehmen an, er sei weitergezogen. Man birgt die Krüge, Schalen, Töpfe aus dem Ofen – sie sind wohl gelungen. Auf einer Vase sieht man die letzte Zeichnung des alten Malers – sie zeigt einen Fährmann, der vom Ufer absetzt.

»Im Leben eines Menschen ist seine Zeit nur ein Augenblick, sein Sein ein unaufhörlicher Strom, sein Schicksal dunkel, sein Ruhm ungewiss. Sein Leben ist ein Krieg, ein Aufenthalt im fremden Land«, schreibt der römische Feldherr und Dichter Marc Aurel. Zu allen Zeiten gab und gibt es Künstler, die stellvertretend für den Rest der Menschheit in den Krieg mit der Welt eintreten. Das Ringen mit dem Alltag ist der Stoff, aus dem das Kino Geschichten macht. Im Film ist Kunst nicht vom Künstler zu trennen. Das Werk ist der Fakt, um den der Film die Fiktion spinnt. Je weniger man über den Künstler weiß, desto größer wird die Versuchung, ihn zu erfinden; und damit die Chance zu haben, Bilder und Szenen zu komponieren, die über die gezeigte Kunst hinausweisen.

Ohwon ist der berühmteste Maler eines von der korrupten Chosun-Dynastie und von Invasionen zerrütteten Koreas. Er lebt von 1843 bis 1897, dem Jahr seines Verschwindens – die Leiche wird nie gefunden, Leben und Tod sind Legende. »Chihwaseon«, der 98. Spielfilm des südkoreanischen Regie-Veteranen Im Kwon-taek, wurde 2002 in Cannes bei den Filmfestspielen mit dem Regiepreis ausgezeichnet. Er erzählt die Geschichte des unzähmbaren, in Freiheit, Reiswein und Frauen schwelgenden Malers Ohwon in kurzen, manchmal abrupten Episoden, die jede Emotion verhindern, um dem Kitsch zu entgehen. Im Laufe des Films wird Ohwon berühmt, die Epoche komplexer, die Bildsprache gewagter und die Szenen kürzer.

Nur das Malen darf sich Zeit nehmen. Die handwerkliche Meisterschaft, mit der der Darsteller Choi Minh-sik unter Mithilfe von zehn verschiedenen Kalligraphen mit Pinseln und Fingern – einmal sogar mit einem Ast – Tusche auf Seide aufträgt, wird in Großaufnahmen oder halbnah, aber immer in langen ruhigen Einstellungen gefilmt. Während die Ereignisse des Lebens in immer kürzeren Abständen aufeinander folgen, hält die Kunst inne.

Ohwon betrinkt sich, liebt seine Frauen und verlässt sie, malt Bilder und zerstört sie nach Belieben. Malerei wechselt ab mit kurzen Momentaufnahmen der Natur und ihrer Jahreszeiten; Bürgerkriege kommen und gehen, das Leben wird zum Krieg, zum Aufenthalt im fremden Land. Auch der Künstler ist nur ein Tropfen im Strom des Seins. Eine schöne junge Prostituierte am Hofe eines Provinzgouverneurs überredet den alternden Ohwon, sich zu verewigen, indem er mit ihr ein Kind zeugt. Im Augenblick des Orgasmus wird er von Revolutionären aus der Frau gerissen. Sein Sperma tropft auf ihren Schenkel wie Tusche auf Seide. Schöpfungsakt und Malakt sind gleich – vergeblich.

Hans Namuth
Dank Kamera
zum Mythos:
Jackson Pollock

Der Mythos des Malers

Es gibt drei Arten der filmischen Darstellung von Künstlern: die dokumentarische, die psychologische und die symbolische. Hans Namuths Film über den malenden Jackson Pollock und »Le Mystère Picasso« (»Mythos Picasso«) von Henry Clouzot sind bis heute Vorbilder für fast alle Dokumentationen über Maler. Beide sind Actionfilme. Sie benutzen dieselben Tricks und Strategien und verfolgen dasselbe Ziel wie Kinofilme – Mythen zu bilden. Dynamischer Schnitt, Kamerafahrten, Glasscheiben werden eingesetzt, extreme Blickwinkel wie Untersicht oder Vogelperspektive eröffnen Einblicke, die bei einem Besuch im Atelier unmöglich wären. Aber die Kamera ist ohnehin keine gewöhnliche Besucherin: Vor ihr gelingt dem Maler eine Konzentration des Malakts, die nur gespielt sein kann. In »Pollock« und »Le Mystère Picasso« posieren die Künstler vor der Kamera. Kluge Regisseure wie Namuth oder Clouzot ergänzen die Selbstdarstellung des Künstlers mit Mythen und Legenden aus Kunstgeschichte, gesellschaftlichem Kontext und Psychoanalyse. Die Maler Pollock und Picasso werden zu Einzelkämpfern, Rebellen, Pionieren, Kindsköpfen und Machos.

Fast jeder gute Dokumentarfilm über Kunst ist ein inszenierter Dokumentarfilm. Er profitiert von der Künstlichkeit einer Situation, um dank Lichtsetzung, Auflösung, Schienen- oder Kranfahrt eine Intensität zu erreichen, die das Universum des Malers und seiner Kunst verdeutlicht. Mit Hilfe von filmischen Kniffen werden beim Betrachter Emotionen freigesetzt. Genau das gilt auch für das Erzählkino. Doch begnügt sich dieses leider nicht mit der Rekonstruktion des Malakts, sondern es erfindet zusätzlich eine Handlung, die das Werk erklären soll, es aber meist nur mit Klischees belädt.

Die Kette von unnötigen, unglücklichen oder verunglückten Künstlerbiographien ist lang. Zu den jüngeren Beispielen gehört der 1999 in die Kinos gekommene Film »Rembrandt« des französischen Regisseurs – und Malers – Charles Matton. Zum wiederholten Male muss der arme Rembrandt hier um Geld, Ehe und Kunst kämpfen – ein Serienheld der Filmgeschichte. »Man muss mehrere Male gestorben sein, um derart zu malen«. Der Presseslogan zum Film stammt von van Gogh. Die Selbstporträts im Film tragen die Züge des Rembrandtdarstellers Klaus Maria Brandauer. Die Anatomiestunde wird als Tableau vivant rekonstruiert. Der deutsche Koproduzent heißt Pain Unlimited.

Von »Rembrandt« führt eine lange Kette über Carlos Sauras kunstgewerblichen »Goya« (»Goya in Bordeaux«) und Peter Schamonis »Caspar David Friedrich – Grenzen der Zeit« bis zu Minnellis »Lust for Life«. Alles Filme, die Kunst als Vorwand benutzen. Viel interessanter wird Kino über Kunst, wenn es nicht psychologisiert, sondern wenn es sich über die sogenannte wahre Geschichte hinwegsetzt und Situationen erfindet, die einen hypothetischen Künstler zeigen, der nur als Vision der eigenen Kunst existiert. Einen Ohwon etwa, dessen Körper nur dazu dient, das Feuer zu nähren, das über Erfolg und Misserfolg des Werks entscheidet.

Auch ein Film wie Andrej Tarkowskis »Andrej Rubljow« lebt nicht von der Person, sondern von der authentischen Kraft der filmischen Bilder. Diese Authentizität stammt nicht aus Biografie oder Kunstgeschichte, sondern aus der Kunst selbst und aus den daraus abgeleiteten Visionen des Regisseurs. Tarkowski erzählt nicht einfach das Leben des 1430 gestorbenen Ikonenmalers Rubljow nach, er kümmert sich nur wenig um die Psychologie des Protagonisten oder seine Beweggründe und Absichten. Stattdessen erfindet er Bilder vom Krieg – von den Kriegen im Zarenreich des frühen fünfzehnten Jahrhunderts und von Rubljows eigenem, ganz persönlichem Krieg.

Charles Matton
Existenzsorgen und Kunst als Quälerei: Der »Rembrandt« des Jahres 2000

Vincente Minnelli
Malerei als Selbstfindung:
Kirk Douglas als van Gogh
in »Lust for Life«, 1956

Derek Jarman

Ein exzessives Leben aus Kunst und Kampf: Nigel Terry in »Caravaggio«, 1986

Kunst-Stücke

Im Jahr 1994 ist Derek Jarman im Alter von 52 Jahren an Aids gestorben. Früher und konsequenter als andere Regiekollegen hat er ab Anfang der siebziger Jahre eine filmische Brücke geschlagen zwischen Experiment und Erzählung, Malerei und Film, Kunst und Kino. Zunächst absolviert er die Kunstakademie, arbeitet dann als Bühnenbildner am Theater und später beim Film – unter anderem auch für Ken Russell. In dessen blasphemischem Gewaltepos »The Devils« (»Die Teufel«) verlängern Jarmans Bühnenbilder die architektonische Moderne zurück bis ins Mittelalter. 1973 dreht er seinen zweiten Kurzfilm »Art of Mirrors«, eine Schichtung von Bildern, die übereinander projiziert und anschließend noch einmal abgefilmt werden.

Nach seinen ersten Spielfilmen »Sebastiane« oder »Jubilee« beginnt Jarman 1986 mit den Dreharbeiten zu seinem bis heute bekanntesten Kinofilm »Caravaggio«. Er zeigt zuerst den Maler auf dem Sterbebett und springt dann zurück in Erinnerungsfetzen, die Motive aus Caravaggios Bildern in ein fiktives Leben übersetzen. Für Jarman ist es die Geschichte eines Bruders im Geiste, der mit gewagten Kompositionen und provozierendem Realismus die Malerei der Spätrenaissance prägt, aber trotz seiner Erfolge nie Herr über das eigene Schicksal wird.

Dekor und Kostüme des Films sind historisch, aber Jarman vermischt Caravaggios Ästhetik mit Stilmitteln des zwanzigsten Jahrhunderts, spielt opernhaft mit Drama, Kitsch und Kunst und persifliert den eitlen Londoner Kunstbetrieb der achtziger Jahre, in dem er selbst eine wichtige Rolle spielt. Künstler und Regisseur, Gestern und Jetzt, Malerei und Film, Sterben und Überleben werden deckungsgleich – dank der Bilder, der gemalten und der gefilmten.

Eine Fortsetzung von Jarmans Ansatz sind Filme, denen das Kunststück gelingt, die Kunst gar nicht mehr zu zeigen. »Study for a portait of Francis Bacon« (»Studie für ein Porträt von Francis Bacon«) nennt der Brite John Maybury seinen Film »Love is the Devil«. Maybury versteht sich als einen Erben Jarmans. Er ist Filmemacher und Bildender Künstler, arbeitet 1978 als Kostümbildner mit Jarman an dessen Punk-Musical »Jubilee« und dreht Videoclips für Nenneh Cherry oder Boy George. Ähnlich wie Bacon seine Freunde in der ihm eigenen Art verzerrt, sie ohne klare Konturen als offene Skizzen porträtiert, zeichnet Maybury in seinem Film den Maler aus seiner subjektiven Sicht, mit den ganz persönlichen Stilmitteln eines seiner Sache sicheren Regisseurs. Er filmt manche Personen, etwa den Freundeskreis in Bacons Club, ins Unscharfe verzerrt. Alltägliches wird ins Theatralische übertragen: Bacon bemalt sein von ihm ungeliebtes Gesicht in einer langen Einstellung sorgfältig mit Schminke, um dann ins Kino zu gehen.

Es geht Maybury um den Künstler als willensstarken Egoisten. Bacon fühlt sich wohl in der Einsamkeit des Ateliers. Es zieht ihn immer wieder in diese Einsamkeit zurück, selbst wenn er zwischenzeitlich Gesellschaft und Liebe sucht. Im Gegensatz zu den meisten Hollywood-Biografien bemüht sich der Film keinen Augenblick lang, Bacon sympathisch oder gar liebenswert erscheinen zu lassen. Maybury zeichnet kein wirklichkeitsgetreues Porträt, er konzentriert sich auf bestimmte Charakterzüge, die er übertreibt, wie Bacon antaomische Details zu übertreiben pflegt.

Erzählt wird Bacons tragische Liebesgeschichte mit John Dyer, einem einfachen Arbeiter und Gelegenheitsdieb. Die langjährige Beziehung beginnt mit Dyers Einbruch in Bacons Atelier – Bacon bittet den Eindringling in sein Bett. Sie endet mit Dyers Selbstmord während der Eröffnung von Bacons Retrospektive im Pariser Grand Palais. Bacon, dem Derek Jacobi treffend ähnlich sieht, wird selbst diesen Selbstmord noch zu einem Triptychon verarbeiten. Anstatt in Bacons Malerei zu schwelgen oder ihn auch nur einmal wirklich beim Malen zu zeigen, gestaltet Maybury mit Filtern und Tricklinsen visuell das komplexe psychische Universum eines Malers, der im Liebesleben den Untergeordneten und bei gesellschaftlichen Anlässen den Machtmenschen spielt.

Derek Jarman
Lichtmalerei: Tilda Swinton
in »Caravaggio«

Den Künstler ohne Kunst gibt es im Kino, aber nicht die Kunst ohne Künstler. Dafür werden in manchen Filmen Kunst und Künstler frei erfunden. Martin Scorsese spielt in seinem Kurzfilm »Life Lessons« (»Lebensstudie«), den er mit Nick Nolte als Malerstar für den Episodenfilm »New York Stories« (»New Yorker Geschichten«) dreht, mit dem Kult des Künstlerfilms. Scorsese interessieren nicht die Gemälde, ihm geht es um die Geste des Malens und um das Einfangen dieser Geste. »Life Lessons« ist eine filmische Fingerübung, eine Etude über den Umgang des Kinos mit Kunst. Scorsese eröffnet ein Feuerwerk von visuellen Ideen und Gags zur Darstellung des Malakts, die dabei entstehenden Bilder sind modische Trendkunst des in den achtziger Jahren in Berlin und New York breit vermarkteten Neoexpressionismus. So verankert er den Film in der Gegenwart und lässt Spekulationen um eventuelle real existierende Vorbilder für seinen Malerstar explizit zu.

Ausgangspunkt für Scorseses Film ist eine simple, nicht nur ironisch gemeinte Gleichung: Die physische Energie, die Nick Nolte beim Auftragen von Farbe entwickelt, entspricht der, die er im Liebesakt mit seiner Freundin Rosanna Roquette einsetzt. Unvergesslich der Augenblick, als er seine Zigarette zu Boden wirft, um sie auszutreten, versehentlich aber auf eine Farbtube tritt. Es kommt zur bunten Ejakulation, die in Großaufnahme und Zeitlupe gedreht ist. In der Traumzeit des Kinos ist es nur ein Sprung von Soho in die koreanische Provinz, ein beiläufiges Symbol zeitrafft hundert Jahre Kunstgeschichte.

Scorseses Film enthält sarkastische Verweise auf die seinerzeit erfolgreiche New Yorker Kunstszene, in der Männlichkeit besonders gefragt war. Julian Schnabel, Robert Longo oder Eric Fischl sind seine Vorbilder. Auch der Hype mondäner Vernissagen bleibt nicht ausgespart. Trotzdem steckt hinter »Life Lessons« mehr als nur eine Parodie. Die Rasanz des Malens und Filmens schlägt eine Brücke vom Neoexpressionismus zum Action Painting und erzählt die Geschichte des malenden American Hero, die mit Jackson Pollock anfing, neu. Pollock war Amerikas Antwort auf den Surrealismus. Und waren nicht die New Yorker Malermachos der achtziger Jahre mit ihren Vogue oder Vanity Fair entsprungenen Frauen die Antwort des amerikanischen Kunstmarkts auf die erfolgreiche europäische Malerei der späten siebziger Jahre? Scorsese betreibt Kulturkritik mit den Mittel des Kinos.

Martin Scorsese

Malerstar als Macho und Berserker:
Nick Nolte in »Life Lessons«, 1988

Robert Longo
Visionen der Gewalt: »Johnny Mnemonic« und die Installation »All you Zombies«, 1986

Kino gegen Krise

Anfang der neunziger Jahre erreicht die wirtschaftliche Rezession mit leichter Verspätung auch den Kunstmarkt. Gegenständliche Malerei gerät nicht einmal fünfzehn Jahre nach ihrer Wiederentdeckung wieder in Vergessenheit. In New York versuchen einflussreiche Sammler wie Danheiser oder Spiegel ihre Graffiti-Kunst der Lower East Side von Kenny Scharf oder Futura 2000 auf dem bereits übersättigten Markt wieder loszuwerden. Überlebende der Krise sind die Toten: Die Preise für Werke der New Yorker Maler Jean-Michel Basquiat und Keith Haring steigen allen Trends zum Trotz.

Bevor auch der eigene Marktwert sinken kann, rettet sich die erfolgsverwöhnte Generation der knapp Vierzigjährigen in neue Beschäftigungen. Vier der erfolgreichsten New Yorker Künstler der achtziger Jahre versuchen sich in einem krisenfesten Genre: dem Kino. Zwischen 1995 und 1997 kommen nacheinander Spielfilme von Robert Longo, David Salle, Julian Schnabel und Cindy Sherman in die amerikanischen Kinos. »Johnny Mnemonic« (»Vernetzt – Johnny Mnemonic«), »Search and Destroy« (»The Moviemaker – Search and Destroy«), »Basquiat« und »Office Killer« bekennen sich alle zum konventionellen

Erzählkino, protzen mit bekannten Stars und sind mit Geld aus Hollywood gedreht. Die Künstler investieren kein eigenes Geld, beschränken sich auf die Regie, arbeiten – bis auf Schnabel – mit erfahrenen Drehbuchschreibern, gehorchen den ausführenden Produzenten. Sie betragen sich wie brave Profis, nicht wie Bilderstürmer.

Das größte Budget erhält Robert Longo. Das ist kein Wunder: Es ist ihm gelungen, die Rechte an einer Kurzgeschichte von Science-Fiction Autor William Gibson zu erwerben. Gibson ist bereit, auch das Drehbuch zu schreiben. Als Schauspieler werden Jungstar Keanu Reeves, der berühmte Rapper Ice T. sowie der Engländer Richard Harris verpflichtet – eine lebende Legende seit dem Western »A Man Called Horse« (»Der Mann, den sie Pferd nannten«). In einer kleinen Rolle tritt, ätherisch als virtueller Geist aus dem Computer, Longos deutsche Ehefrau Barbara Sukowa auf.

Longo hat damals bereits mehrere Kurzfilme und Videoclips gedreht. Seine gemalten oder gezeichneten Bilder zeigen den Massenmedien entsprungene Figuren in Situationen voller Dynamik und Gewalt. Körper bäumen sich auf, als seien sie in der Vorwärtsbewegung von einer Kugel getroffen worden. Börsenmakler mit Anzug und Krawatte winden sich in krampfartigen Luftsprüngen. Monster stürmen als Skulptur aus gemalten Welten der Zerstörung auf den Betrachter zu. Nach Abschluss der Dreharbeiten zu seinem ersten und bisher einzigen Film wird Longo wegen der dauernden Streitereien mit dem Studio – laut Longo »die schlimmste Zeit meines Lebens« – den Rückzug von den Gemälden in die stilleren Gefilde der Zeichnung proben. In seiner Serie »Magellan«, einem Tagebuch von 365 nachgezeichneten Pressefotos, beweist er, wie viel erzählerischer die Zeichnung gegenüber der Dokumentarfotografie sein kann.

«Johnny Mnemonic« erzählt die Geschichte eines Kuriers, der anstelle eines Päckchens eine größere Menge geheimer Daten zustellen soll. Als Speicherplatz dient sein Kopf – wird die Ware nicht rechtzeitig geliefert, geht der Bote an ihr zugrunde. Natürlich findet Johnny den Adressaten nicht so einfach wie geplant. Stattdessen wird er von seinen japanischen Auftraggebern und von einem verrückten Killer gejagt, der sich als Messias ausgibt und aus der Bibel zitiert. Das Finale findet auf einer in der Mitte zerbrochenen Brücke statt, die wie eine Festung oder ein gestrandetes Schlachtschiff erscheint, in das sich die

Armen und Guten unter Führung von Ice T. zurückziehen mussten. Alle Zutaten aus William Gibsons melancholischer Welt sind vorhanden, es wird zügig und routiniert erzählt. Doch fehlt Longos Film, was den Erfolg des fünf Jahre später mit demselben Hauptdarsteller Keanu Reeves gedrehten »Matrix« ausmacht: ein fantasievolles Mehr an Bildern und Regieeinfällen, das über eine bloße Illustration von Gibsons Kurzgeschichte hinausweisen würde.

David Salle verfährt in »Search and Destroy« genau umgekehrt: Er erzählt keine geradlinige Actiongeschichte, sondern benutzt das Drehbuch als Vorwand für filmische Kabinettstückchen, die immer als solche erkennbar bleiben. In seinen Bildern setzt Salle gefundenes Fotomaterial, schemenhafte Figuren, Sprachfetzen und abstrakte Farbflächen wie in einem Puzzle zusammen. Im Film will er genauso verfahren, sorgt jedoch mit diesem Verfremdungseffekt nur für Ratlosigkeit. Die einzelnen Spielszenen verselbständigen sich, die Personen bleiben zu künstlich, um das Interesse des Zuschauers zu wecken.

Vor allem aber macht Salle den Fehler, eine bis zum Überdruss erzählte Geschichte noch einmal zu wiederholen: die Entstehung eines Kinofilms. Ein Möchtegernproduzent versucht, einem Selbsthilfeguru die Rechte an seinem Buch abzuschwatzen. Als das an den überzogenen Forderungen des cleveren Gurus scheitert, bittet er einen undurchsichtigen Geschäftsmann und die attraktive Sekretärin des Gurus um Hilfe. Das Ergebnis ist weder Krimi noch Stilübung: Trotz eines Schauspieleraufgebots von Griffin Dunne und Dennis Hopper über Christopher Walken und John Turturro bis zu Martin Scorsese als Finanzbeamten ist »Search and Destroy« das, was die Amerikaner ein »Talkie« nennen. Ein Film, in dem viel geschwätzt und wenig gesagt wird.

In Cindy Shermans »Office Killer« wird auch nicht viel gesagt, dafür umso mehr geblutet. Im Gegensatz zu den übrigen New Yorker Kinodebütanten hat die Fotokünstlerin Sherman das Abflauen des Kunstmarkts unbeschadet überstanden. Für sie war die Arbeit mit Film kein ehrgeiziger Versuch, in andere künstlerische Medien vorzustoßen, und auch kein Flirt mit dem Glamour Hollywoods. »Office Killer« ist die Erfüllung eines alten Traums. Sherman will dem Genrekino zurückzugeben, was sie ihm verdankt: eine blutige Welt theatralischer Schockeffekte. »Office Killer« ist ein kleiner, schmutziger Horrorfilm, aber nicht »trashig« genug, um Kult zu werden. Die Geschichte der Angestellten eines Zeitschriftenverlags, die erst unabsichtlich, dann zunehmend mit Vergnügen ihre Kollegen ermordet, wird an der Kinokasse trotz Schauspielerinnen wie Molly Ringwald und Barbara Sukowa zum Flop. Bei einem Horrorfilm geht es aber nur um die Kasse – auf gute Kritiken können B-Pictures verzichten.

David Salle

D. Hopper lehrt G. Dunne das Filmemachen:
»Search and Destroy«, 1995.

David Salle »Michael Rips«

Kritik und Kasse haben nur auf einen der vier Künstlerfilme der neunziger Jahre positiv reagiert – auf Julian Schnabels »Basquiat«. Dafür gibt es mehrere Gründe. Schnabel bleibt in der Tradition konventioneller Künstlerbiografien. Er erzählt die Geschichte eines romantischen Helden, der am Kunstbetrieb und am eigenen Erfolg zugrunde geht. Außerdem wählt Schnabel mit Jean-Michel Basquiat einen Maler aus dem Umkreis Andy Warhols und profitiert damit vom Mythos des ebenfalls früh verstorbenen Pop-Künstlers. Schließlich erzählt er seine Geschichte geradlinig ohne Tricks und Spleens und ohne sich und sein übergroßes Ego dem Zuschauer aufzudrängen.

Das kommt vor allem für die Kunstkritik überraschend, denn Schnabel ist ein Maler der postmodernen Gesten, der bei Kollegen wildert, pathetische Themen liebt und seine Werke auf wandgroße Formate aufbläst. In »Basquiat« tritt Schnabel nicht einmal selbst auf, sondern lässt sich – im für ihn typischen Pyjama – von Gary Oldman darstellen. Zwar schönt er die eigene Rolle im Leben des jüngeren Freundes, indem er sich selbst zum väterlichen Ratgeber kürt, doch bleibt Basquiat, gespielt von Jeffrey Wright, immer im Zentrum des Films. Um ihn herum kreisen – wie es sich für ein Schlüsselwerk gehört – die Heroen der New Yorker Kunstszene der achtziger Jahre. Dennis Hopper in Kniebundhose spielt den ihm bestens bekannten Bruno Bischofberger, den weitblickenden Galeristen aus Zürich. Andy Warhol wird wiedergeboren als David Bowie. Beide verschmelzen: Warhol wird posthum zu Bowie, der ihm schon auf seinem frühen Album »Hunky Dory« ein Lied gewidmet und seinen Konkurrenten und Freund Lou Reed immer um Warhols Gunst beneidet hatte.

Schnabels Hauptverdienst ist, dass »Basquiat« erzählerisch und emotional nicht aus dem Ruder läuft. Die Geschichte des 1960 geborenen Farbigen, der ohne festes Dach in einem Pappkarton im kleinen Park des Thomkin's Square lebt und von Andy Warhol unter seine Fittiche genommen wird, ist der ideale Stoff für einen Mythos Made in Hollywood. Je mehr Basquiat verdient, desto mehr gibt er weg von sich. Schließlich stirbt er 1988 an einer Überdosis einen elenden, keinen Hollywood-Tod. Schnabel wacht über die Tränendrüsen der Zuschauer. In seinem zweiten Film »Before Night falls« über das Leben eines wegen seiner Homosexualität diskriminierten kubanischen Dichters wird er sein Erzähltalent noch geschickter einbringen. Der megalomanische Maler Schnabel wächst an den Lebensgeschichten anderer. Heute ist er als Filmemacher mehr gefragt denn als Maler.

Von Räumen und Bildern

Die Filme von Longo, Salle, Sherman und Schnabel sind spektakuläre Versuche von Künstlern, im Kino Fuß zu fassen. Spektakulär sind sie deshalb, weil mit für die New Yorker Kunstszene üblicher Lautstärke die Werbetrommel gerührt wird. Weil Hollywood teilweise beachtliche Budgets zur Verfügung stellt und die Flopps ebenso laut diskutiert werden wie die Vorschusslorbeeren. Das Spektakel darf jedoch nicht davon ablenken, dass diese Filme kein isoliertes Phänomen sind. Seit der Pop Art der sechziger Jahre, seit Andy Warhol und David Hockney, haben sich Bildende Künstler immer wieder am Erzählkino versucht. Doch waren dies eben nicht Maler, sondern Künstler, die im Kino ein Medium zur Fortsetzung der eigenen Kunst entdeckten. Die wichtigsten Pioniere der Kunst im Kino sind in den achtziger Jahren Ulrike Ottinger, Rebecca Horn und Peter Greenaway, in chronologischer Reihenfolge.

Julian Schnabel
Gelungene Milieuschilderung und Biografie eines am Erfolg Scheiternden: »Basquiat«, 1996

Eine junge Frau fährt mit verbundenen Augen über eine Landstraße. Wie im amerikanischen Westen üblich, ist die Straße sehr gerade und sehr leer. So gerade, dass es die junge Frau unmerklich nach links auf die Gegenfahrbahn treibt. Erst im letzten Augenblick, aufgeschreckt durch das Alarmhorn des Sattelschleppers, nimmt sie die Binde von den Augen und reißt ihren Wagen nach rechts. Einem Motorradfahrer, der sie wegen ihres Verhaltens beschimpft, winkt sie lachend hinterher.

Wo hört Leichtsinn auf und fängt Wahnsinn an? Sind Maschinen zuverlässiger als Menschen? Darf man sich einem Apparat anvertrauen oder entwickelt dieser Launen? Wie lange kann man Technologie und Umwelt unbeschadet überstehen? In ihren ersten Performances schnallt Rebecca Horn 1970 anderen Frauen aus Filz geschneiderte Prothesen an. Es geht ihr um die Verlängerung des weiblichen Körpers durch künstliche Gliedmaßen, Extremitäten, Apparaturen. Die Idee dazu kommt ihr während eines längeren Krankenhausaufenthalts, als sie ans Bett gefesselt Bewegung nur noch aus der Erinnerung kennt.

In »Buster's Bedroom« ist es das Automobil, das das Körpergefühl von Rebecca Horns Alter Ego gefährlich ins Wanken bringt. In »La Ferdinanda: Sonate für eine Medici-Villa« von 1980 schlagen in einer Villa der Toscana mechanische Pfauen das Rad. In »Der Eintänzer«, gedreht 1978 in New York, macht sich ein Tisch selbständig und demonstriert die Energie von Lebewesen. Der weiße Blindenstock eines nicht sehenden Tangotänzers taucht im Museum als tänzelnde Skulptur auf – der Protagonist eines Kinofilms wird Museumsstück, eine kleine Skulptur wird zum Filmsternchen.

Rebecca Horn »Buster's Bedroom«

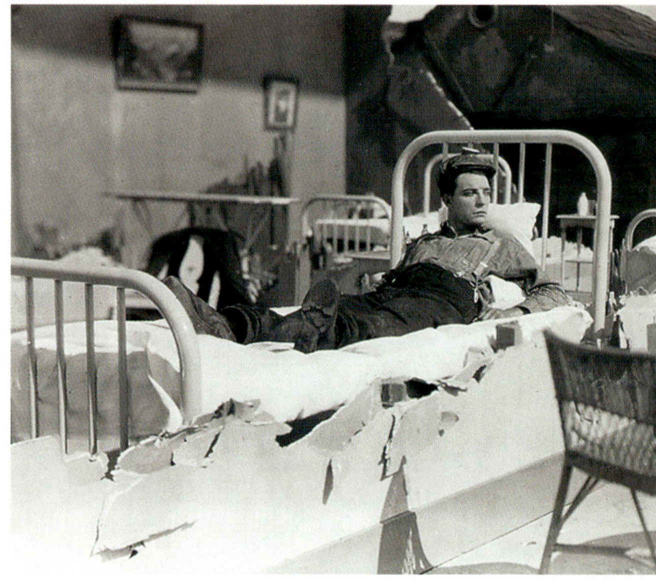

Buster Keaton
Das Bett als Zuflucht: »Steamboat Bill, Jr.«

Lange vor Matthew Barney haben die Skulpturen der in Berlin und Paris wohnenden Künstlerin eine Doppelfunktion: Im Ausstellungsraum verlängern Kunstwerke menschliche Gliedmaßen und tauchen als bewegliche Objekte auf, die Wände mit Farbe beschmieren, elektrische Funken zünden und alte Violinen zum Klingen bringen. Auf der Leinwand bieten sie Schauspielern Paroli, rutschen durch Räume oder ersetzen das Tier, dieses ungeliebte Wesen. Rebecca Horn hat eine Phobie vor Vögeln – in allen ihren Filmen spreizen Maschinchen ihre Federn.

Das Bett, in dem Buster Keaton in »Steamboat Bill, Jr.« liegt, taucht 1990 in »Buster's Bedroom«, 1993 im New Yorker Guggenheim Museum und 1992 in einem heruntergekommenen Hotel in Barcelona wieder auf. Raum für Raum ist möbliert mit Skulpturen im Tanz der großen Gefühle. Das Bett hängt unter der Decke, aus ihm tropft Wasser ins Tal der Tränen, verbildlicht durch überdimensionierte Champagnergläser. Über einem anderen Hotelbett bewegt sich zitternd ein Revolver und zielt im Spiegel auf sich selbst. Geigen spielen zum Liebesspiel auf, ein Paar abgetragener Herrenschuhe steht für männliche Begierde. Kunst und Mobiliar umarmen sich und erzählen flüsternd Geschichten von wirklichen oder fiktiven, in jedem Fall vergangenen Hotelnächten.

Anlässlich ihrer Retrospektive im Guggenheim Museum bespielt Rebecca Horn die berühmte Rotunde des Architekten Frank Lloyd Wright wie eine Kinosequenz: Jedes Stockwerk, jedes Kabinett birgt neue Bilder, die im Rhythmus des flanierenden Besuchers vorbeiwandern. Das Museum wird zur filmischen Montage, Raum wird Zeit. Und als musikalisches Leitmotiv spuckt alle paar Minuten ein an der Decke hängendes Konzertpiano seine Saiten aus.

Wie Matthew Barney lässt Rebecca Horn ihre Geschichten von Dingen erzählen – ein Objekt wird zum Bild, ein Bild zur Situation, Situationen zur Anekdote, Anekdoten zum Film. Im Gegensatz zu Barney braucht sie keinen frenetischen Schnittrhythmus, der die Bilder bis zum Rausch wiederholt. Der Film erfindet sich nicht aus sich selbst, sondern folgt einem Drehbuch. Horns Geschichten haben, wie es sich für Kino gehört, Anfang und Ende. Dafür spielt Sprache mit, Poesie wird Teil des Dialogs. Das Drehbuch für »Buster's Bedroom« ist vom Frankfurter Schriftsteller Martin Mosebach geschrieben.

Rebecca Horn
Aus dem Bett tropft 1992 im anonymen Hotelzimmer »El Rio de la Luna« in den »Raum des Wassers«.

Rebecca Horn baut um ihre Skulpturen herum filmische Räume – die Berliner Fotografin Ulrike Ottinger denkt weniger in Räumen als in Bildern. Filme wie »Freak Orlando« oder »Madame X« erzählen zwar auch Geschichten, doch sind sie vor allem visuelle Gesamtkunstwerke, die aus Schauspielern, Kostümen und Dekors bestehen. Nur in »Bildnis einer Trinkerin« wird 1979 eine durchgehende, eng an die Berliner Wirklichkeit angelehnte Geschichte erzählt. In den anderen Filmen wird die von Ottinger selbst geführte Kamera zum eigentlichen Helden und das Drehbuch dient lediglich als Vorwand.

Ottinger lebt von 1962 bis 1978 als Malerin in Paris, ehe sie die Fotografie entdeckt und 1972 / 73 zusammen mit Tabea Blumenschein ihren ersten Film dreht. »Laokoon & Söhne – Die Verwandlungsgeschichte der Esmeralda del Rio« benutzt den Zirkus Laokoon als Metapher für gesellschaftliche und politische Verhältnisse. Tabea Blumenschein

Ulrike Ottinger

Tabea Blumenschein in »Madame X – Eine absolute Herrscherin«

Ulrike Ottinger

Kostüme, Riten, Fiktionen einer Gruppe von Frauen: »Johanna d'Arc of Mongolia«, 1988

spielt 1977 auch in »Madame X – Eine absolute Herrscherin«, einer feministischen Parodie von Abenteuer- und Piratenfilm, die Hauptrolle. Madame X ist eine geheimnisumwitterte Herrscherin auf einer Insel irgendwo im Chinesischen Meer, auf deren Spuren eine Gruppe von Frauen eine Initiation im Land von Liebe und Selbstfindung erleben.

Der letzte große Spielfilm Ottingers vor ihrem – erzwungenen – Rückzug ins Dokumentarische ist »Johanna d'Arc of Mongolia«, 1988 gedreht und in zwei Fassungen von gut acht und knapp drei Stunden geschnitten. Die französische Schauspielerin Delphine Seyrig, bekannt aus vielen experimentellen Filmen von Marguerite Duras oder Chantal Akerman, spielt Lady Windermare, die Anfang des zwanzigsten Jahrhunderts mit der Eisenbahn durch Sibirien fährt. Sie und sechs andere Frauen werden entführt und lernen die Sitten und Gebräuche der Mongolen kennen. Sie erleben Ethnoforschung am eigenen schönen Leib, schwelgen in Farben, Kostümen, Natur und einem – scheinbar – einfachen Leben jenseits alles Mondänen.

Rebecca Horn ist eine Künstlerin, die in Räumen denkt und Kino als Bewegung durch Räume versteht. Ulrike Ottinger ist Malerin und Fotografin, die Film als Aneinanderreihung von fixen Bildern benutzt. Beider Ansatz ist völlig verschieden, trotzdem sind sie die filmischen Pionierinnen einer neuen Einheit von Kunst und Kino, die an ein zentrales Kapitel aus Platons Symposion erinnert. In diesem wird die Legende vom Ursprung der Liebe erzählt als Gleichnis vom Individuum, das vor langer Zeit ein zweisames, aber einziges Lebewesen war, mit zwei Köpfen, vier Armen und vier Beinen – aber nur einem Herz und einer Seele.

INTERVIEW
DAVID SALLE

Wie kam es zu Ihrem Film »Search and Destroy«? Wer hat produziert?

David Salle Ursprünglich war das ein Theaterstück, und die Produzenten dachten wie ich, man könne einen guten Low-Budget-Film daraus machen. Ich mochte die Dialoge und die ganz besondere Moral der Geschichte. Unser Glück war, dass Martin Scorsese damals eine ganze Reihe von Erstlingsfilmen produzierte. Nur dank Marty bekamen wir das Geld und den tollen Cast zusammen, vor allem Griffin Dunne in der Hauptrolle.

Für ein ehemaliges Theaterstück ist der Film visuell sehr gut umgesetzt.

Salle Die Bühnenbildnerin hatte schon lange mit mir arbeiten wollen, wir bildeten ein tolles Team und bauten eine unverhältnismäßig große Zahl von Sets.

Ihre Malerei funktioniert nach einer dem Filmschnitt ähnlichen Methode. Sie addieren Zeichnung und Fotografie, Personen und Objekte, Figürliches und Abstraktes. Wie haben Sie dieses Prinzip zurück in den Film übertragen?

Salle Wie Sie richtig sagen, handelt es sich um ein filmisches Verfahren, das ich an der Kunstakademie beim Drehen von Kurzfilmen entdeckte. Vor meinem ersten Spielfilm hat Dennis Hopper mich damit beruhigt, meine Malerei sei die dem Kino ähnlichste Kunst, die ihm bis dato untergekommen sei. Weil sie Kino-Kniffe und Schnitttechnik integrieren würde, also eine Art Filmsprache benutze. Mich persönlich hat vor allem das Verhältnis von Schuss und Gegenschuss innerhalb der Erzählung gefesselt.

Ihre Malerei hat viel mit grafischer Oberfläche und erzählerischer Tiefe zu tun. Gibt es dafür im Film etwas Entsprechendes?

Salle Film ist sehr viel mehr als nur schöne Bilder und das Erzählen einer Geschichte. Ich habe versucht, Szenen zu entwickeln, die der Geschichte dienen, aber innerhalb jeder Situation finden jeweils eine Menge verwirrender Elemente Platz. In einer Szene hängten wir zum Beispiel ein Gemälde von Alex Katz ins Set, und die Schauspieler bezogen das Bild mit in ihr Spiel ein. Im Unterschied zu konventionellen Kinofilmen gibt es in »Search and Destroy« viele Brüche, und der Raum wird nicht für Kontinuität benutzt. Ich wollte eine Cadrage, die nicht nur für aufregende Bilder sorgt, sondern die schematisch ist und mit Andeutungen arbeitet, die für Abstraktion sorgen. Etwa in der Zugszene. Der ganze Film ist nicht der Wirklichkeit, sondern der Abstraktion verpflichtet, und das kommt sicherlich aus meiner Malerei.

In Ihren Bildern gibt es keine Psychologie, und auch die Figuren Ihres Films sind eher Genretypen denn Charakterstudien.

Salle Ob es in meinen Bildern viel Psychologie gibt oder nicht, das kann ich nicht beurteilen. Vielleicht funktionieren sie eher wie Puzzles. In meinem Film dagegen besitzt zumindest die Hauptperson eine reichhaltige Charakterstudie. Die Figur reizt zur Identifikation, obwohl sie den negativen Aspekt des amerikanischen Way of Life darstellt. Sie haben insofern recht, dass sie nicht explizit als solcher vorgestellt wird. Genretypen interessieren mich überhaupt nicht. Ich wollte darstellen, wie man als Zuschauer Szenen und Sequenzen und ihrer psychologischen Entwicklung folgt. Es ist ein Film über Scheitern und Selbsternüchterung, also eine typisch amerikanische Geschichte.

Sie spielen mit der Erwartungshaltung des Zuschauers, überraschen ihn mit komplexen Situationen und Sprüngen. Das passiert dank des Schnitts, der oft scheinbar Widersprüchliches aneinanderhängt.

Salle Wenn Sie mich heute fragen, wie weit ich in »Search and Destroy« die Grenzen von Narration und Abstraktion gesteckt habe, muss ich antworten: zu weit. Das Ergebnis ist als Kinofilm überhaupt nicht zufrieden stellend. Aber ich male ja auch Bilder, die ich selbst scheußlich finde. Manche Leute halten sie für sehr verwirrend; ich nicht. Ich male sie nicht absichtlich so, dass sie verwirren sollen. Ich stelle nun mal sehr komplexe Systeme von Vision dar, die für mich völlig normal sind.

Heute ist das Filmemachen in Mode gekommen, viele Bildende Künstler arbeiten mit Film. Was halten Sie von diesem Phänomen?

Salle Für mich besteht ein großer Unterschied zwischen Spielfilm und Künstlerfilm. Letzterer interessiert mich überhaupt nicht. Ich sehe nicht gern Videos oder überhaupt bewegte Bilder in Kunstausstellungen. Deshalb bin ich mit Künstlern, die ihre Filme ins Museum bringen, nicht einverstanden. Das Erzählkino ist viel zu reich, als dass man es auf einen Aspekt reduzieren könnte. An welche Künstler denken Sie denn beispielsweise?

Etwa Matthew Barney.

Salle Für mich ist Kino mehr als nur eine Abfolge von Einzelbildern. Und daraus besteht für mich der Künstlerfilm. Für mich kann unter den Künstlerfilmen der letzten Jahre nicht einer mit der dramatischen Spannung der Filme etwa eines Jack Smith mithalten.

Wir sprachen über den Einfluss Ihrer Malerei auf »Search and Destroy«. Haben sich nach dem Film Ihre Bilder verändert?

Salle Schwer zu sagen. Ich glaube das geht mein Leben lang immer hin und her. Ich liebe es, an Filmen oder Bühnenbildern zu arbeiten, und immer hinterlassen solche Erfahrungen deutliche Spuren in meiner Malerei. Im Augenblick tendieren die Bilder dazu, statischer zu werden. Wie kann man sich in einer Sprache von Bildern ausdrücken, die nur Oberfläche sind? Wie kann man durch abstrakten Gebrauch von Bildern eine Grammatik formulieren? Darum geht es schließlich in all meinen Arbeiten.

KAPITEL 10
DAS BILD HAT IMMER DAS LETZTE WORT

Filmische Enzyklopädien

Der amerikanische Architekt Stourley Kracklite fährt mit seiner Frau Louisa im Schlafwagen durch die europäische Nacht. Ziel ist Rom, wo Kracklite die Ausstellung eines vergessenen französischen Revolutionsarchitekten einrichten soll. Kracklite liebt seine Frau, und der Zuschauer darf daran teilhaben. Nach der rollenden Idylle verwandelt sich die Reise zum Ursprung klassischer Kunst und Kultur von einer Pilger- in eine Höllenfahrt. Nichts ist vorbereitet in Rom. Die Ausstellung entpuppt sich als typisch italienische Baustelle. Während seine Frau sich in die Arme des jüngeren Kollegen Speckler wirft, ist Kracklite zunehmend mit seinem schwellenden Leib beschäftigt. Der Architekt muss einsehen, dass in seinem Bauch ein Krebs wächst – er ist am Ende seiner Reise angekommen. Kracklite stirbt einen Verzweiflungstod, er stürzt vom Gerüst seiner utopischen Architektur.

»The Belly of an Architect« (»Der Bauch des Architekten«) ist einer der weniger bekannten, aber inhaltsschwersten Filme von Peter Greenaway. Ausnahmsweise schweifen die Bilder nicht in malerische Vorbilder ab. Zügig und linear wird eine Geschichte von heute erzählt, ohne fantasiestrotzende Kostüme und Dekors. Die Schauspieler – allen voran der Amerikaner Brian Dennehy – agieren ebenso zurückhaltend wie die Krankheits- und Verwesungsprozesse, die der britische Regisseur sonst so gern in drastischen Bildern zeigt, hier im Verborgenen ablaufen. Greenaways obsessive Leitmotive, etwa die Zahlen- und Anatomiespiele, bleiben der Handlung untergeordnet; einer Handlung, die seine Vision westlicher Kultur spiegelt und geprägt ist von Scheitern, Verlust und Tod.

Peter Greenaway

Noch ist Kracklite stolz auf ihn: »Der Bauch des Architekten«, 1986.

Dieser pessimistischen Vision hält allein die Kunst stand – solange sie utopisch und sich dessen bewusst bleibt.

Auch Greenaway ist ein Künstler, der auf Umwegen zum Kino findet. Obwohl er die Londoner Walthamstow Kunstschule besucht und 1964 in einer kleinen Galerie als Maler seine erste Ausstellung hat, entdeckt er – ähnlich wie David Lynch – erst im Film die Möglichkeit, »die ganze Welt vernunftgeleitet in einem einzigen Punkt zu vereinen«, wie er es später formuliert. Ab 1965 arbeitet er als Schnittmeister im staatlichen Büro der Dokumentararchive. Nebenbei malt und schreibt er. 1966 entstehen mit »Train« und »Tree« erste experimentelle Kurzfilme. Aus dem enzyklopädisch interessierten Studenten wird ein universell informierter Gelehrter, der Film als wissenschaftliche Demonstration benutzt. Immer auf der Suche nach dem – unmöglichen – filmischen Kunstwerk, dass alles in einem vereint, wie es Vermeer in der Malerei oder Jorge Luis Borges in der Literatur gelang.

Erst mit »The Draughtsman's Contract«, dem »Kontrakt des Zeichners«, entdeckt Greenaway 1982 das Erzählkino. Für Greenaway ist Film eine noch neue Kunstform, deren Ursprünge nicht in Theater oder erzählender Literatur, sondern in der Malerei liegen. Aus dieser filtert er Werke im Dienst der Wissenschaft: Flämische Vanitasbilder, zoologische Fantasien, anatomische Studien, architektonische Entwürfe oder auf die Haut gemalte Kalligrafien funktionieren in seinem Kunstverständnis wie Werkzeuge zu einem besseren Verständnis unserer Wirklichkeit, und genauso setzt er sie in seinen Filmen ein.

Peter Greenaway

Kunst zum Vermessen und Verstehen von Wirklichkeit: »The Draughtsman's Contract«, 1982

Im England des siebzehnten Jahrhunderts soll ein Künstler den Landsitz eines Adligen zeichnen. Nicht Interpretation ist gefragt, sondern eine künstlerische, eine gemalte Bestandsaufnahme, perspektivisch korrekt und realistisch bis ins letzte Detail. Allerdings steckt genau in diesem Detail ein Teufel: Wiederholt taucht ein und dieselbe männliche Statue in diversen Posen auf, die zudem offensichtlich nach Belieben den Platz wechseln kann. Bald wird eine weitere Störung im Charakter der diversen Bewohner des Landguts deutlich. Diese sind durch komplizierte gesellschaftliche Bande aus Liebe, Geld, Sex und Macht miteinander verknüpft. Der Zeichner macht dabei keine Ausnahme – Künstler, so Greenaway, sind genauso eitel, egoistisch und korrupt wie alle anderen auch.

Greenaway ahmt in »The Draughtsman's Contract« auf den ersten Blick malerische Epochenfilme wie »The Duellists« von Ridley Scott oder »Barry Lyndon« von Stanley Kubrick nach. So führt er den Zuschauer auf ein vertrautes Terrain, um ihn anschließend in komplexe, nicht immer verständliche Verwicklungen und Anspielungen zu verstricken Es geht um das Versagen optischer Instrumente, mathematischer Messgeräte, kurz vernunftgelenkter Kategorien. Erst dient Wissenschaft dem Verständnis von Wirklichkeit, dann werden ihr die objektiven Grundlagen entzogen und durch subjekte Systeme ersetzt. In späteren Filmen wie »A Zed and two Noughts« (»Ein Z und zwei Nullen») wird Zoologie zu pervertierter Psychologie, in »Drowning by Numbers« (»Verschwörung der Frauen«) Mathematik zum mörderischen Zahlenspiel. Auch die Kunst erweist sich als unzureichend: In »The Draughtsman's Contract« soll sie Wirklichkeit erfassen und degeneriert zum Statussymbol, in »The Pillow Book« (»Bettlektüre«) ist sie erst Liebesbeweis, dann Werkzeug zur Rache. Kunst kann nicht autonom sein, sie muss dienen; sie darf nicht künstlerisch, sondern muss künstlich sein.

Wichtige Komplizen helfen Greenaway beim Bau eines filmischen Universums, in dem nicht Kunst zu Kino oder Kino zu Kunst wird, sondern das Malerei, Theater, Literatur, Performance, Musik und Architektur verschmilzt. Dies sind der französische Kameramann Sacha Vierny, der durch seine Lichtsetzung der klassischen Malerei – von Vermeer, Caravaggio, vor allem aber Georges de la Tour – eine dritte Dimension schenken will und in langen Kamerafahrten aus Bildern Räume macht. Und der Komponist Michael Nyman, der mit klassischer Musik verfährt wie Vierny mit Malerei: Themen, Strukturen, ganze Stücke werden postmodern aufgegriffen, neugemischt und weiterentwickelt. Nicht auf das Was, sondern auf das Wie kommt es an im Kino, sagt Greenaway.

Das Problem der Postmoderne ist, dass aufgewärmte klassische Formen schnell wieder abkühlen. Greenaway kehrt nach seinem größten Erfolg »The Pillow Book« Mitte der neunziger Jahre dem Kino mehr und mehr den Rücken zu und findet zur Kunst zurück, die er nie wirklich verlassen hat. Immer hat er weitergemalt, auf Papier und auf der Leinwand, mit Pinsel und Kamera. Heute experimentiert er mit Gesamtkunstwerken außerhalb der Black Box. Er inszeniert Theaterstücke und Opern – wie seine Hommage an Vermeer – reichert sie an mit Filmprojektionen und interaktiven Versuchen, welche die Grenzen der Leinwand in alle Richtungen sprengen. Seit seiner Rotterdamer Ausstellung »The Physical Self« (»Das physische Selbst«) über das wachsende menschliche Selbstbewusstsein greift er sogar auf konventionelle Ausstellungsmodelle zurück. »Das physische Selbst« wird bestückt mit Gemälden aus dem flämischen vierzehnten und fünfzehnten Jahrhundert, aber auch zeitgenössischen Säuglings- und Kinderfotos aus Reklamekampagnen Olivero Toscanis für Benetton. Gegliedert ist die Ausstellung wie ein Film: eine provokative, nicht immer verständliche Abfolge von Bildern, Szenen und Sequenzen.

Greenaways jüngere Filme zeigen, wie ein Mann erst mit acht Frauen schläft und dann mit seinem Vater; wie eine schöne Asiatin den Körper ihres Liebhabers liest wie eine Bettlektüre; wie eine Heilige auf dem Altar von hundert Soldaten vergewaltigt wird. Provokation durch die Darstellung von Obsessionen kann leicht langweilig werden, ebenso wie Zahlensysteme, die sich nur noch um sich selbst drehen. Für das Kunstprojekt »Stairs« (»Hundert Treppen«) baut Greenaway 1994 hundert Tage lang hundert Aussichtsplattformen in die Genfer Innenstadt und leuchtet hundert ausgewählte Motive mit Kinolicht aus. Andere Städte werden folgen, hofft er, bis es hundert sind. Greenaway ist ein autoritärer Künstler, das Interaktive für ihn reine Rhetorik: Er gibt dem Publikum gern Regel und Rahmen, was wie zu sehen ist, vor.

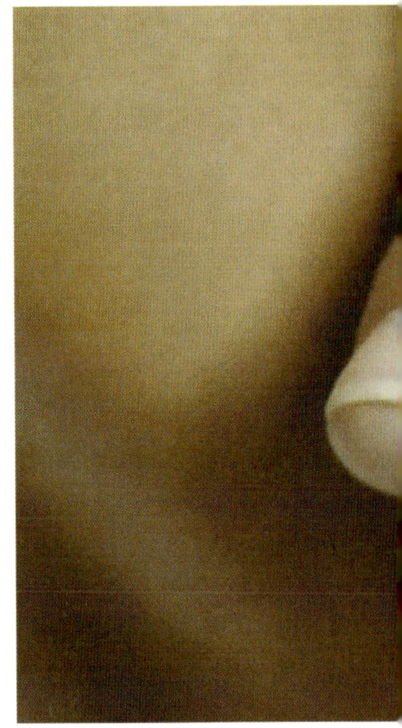

Tanz der Körper

Thomas kommt von einer Reise zurück. Bei der Zollkontrolle am Flughafen wird sein Gepäck durchsucht. Betont lässig wandert er zu einem Spiegel und schaut sich ins Gesicht, während man seinen Koffer durchwühlt. Thomas ist ein Schmuggler, und er hat einen Sehfehler – er schielt. Von der anderen Seite des Einwegspiegels starrt für Thomas unsichtbar ein junger Zollbeamter zurück. Drei Tage später wird er mit Thomas schlafen.

Francis, der tagsüber dem profanen Beruf eines Steuerfahnders nachgeht, besucht abends einen Stripteaseclub. Ihn interessiert nur eine einzige Tänzerin: Christina, die sich zu den Klängen eines Lieds von Leonard Cohen ihrer Schulmädchenuniform entledigt. Nach ihrer Nummer geht Christina an den Tisch des Mannes und tanzt nur für ihn, jeden Abend. Bis der Mann eines Tages das Ritual, das beide verbindet, durchbricht: Er berührt sie.

So könnte ein Plot von Peter Greenaway beginnen. Ein konstruiertes Kammerspiel über das Sehen. Über Exhibitionismus und Voyeurismus, über obsessive Rituale, die wie Liturgien vollzogen werden. In den Filmen von Atom Egoyan, einem in Kairo geborenen Kanadier armenischer Abstammung, kulminieren Beziehungen in Handreichungen. Das ist das Maximum an körperlicher Berührung, das er zulässt. In »Exotica« legt Francis seine Hand auf den Bauch der Stripperin. In »The Adjuster« (»Der Schätzer«) legt ein Mann Hand an sich selbst und masturbiert vor einer Frau, die ihn durch eine Glasscheibe betrachtet. In »The Sweet Hereafter« (»Das süße Jenseits«) vertraut ein Anwalt allein der Kraft des Handschlags. Manchmal, aber nur sehr selten, wird eine Hand zur Hilfestellung gereicht. Doch kommt sie immer zu spät.

Die Frau eines Mannes, der für eine Versicherung Schadensfälle begutachtet, zensiert Pornofilme. Eine absurde Aufgabe, denn was gibt es in der Pornografie außer Gewalttaten noch zu zensieren? Doch Gewaltakte tauchen in Egoyans Filmen nicht auf: Das Sexualverbrechen, dem die achtjährige Tochter des Steuerfahnders aus »Exotica« zum Opfer fällt, wird nicht gezeigt. Das Busunglück, dem in »The Sweet Hereafter«, sämtliche Kinder eines ameri-

Mich hat schon immer ein Kino fasziniert, das sich auf die Dimension Zeit stützt. Der Zuschauer ist sich während des Films der verstreichenden Zeit bewusst, und das führt bei ihm gleichzeitig zur Selbstbesinnung und zur Infragestellung. Er will wissen, wie und warum er von bestimmten Bildern gefesselt wird. Dieses Phänomen des Umgangs mit Zeit ist im europäischen Kino viel selbstverständlicher als im amerikanischen. Ganz besonders deutlich ist es aber im Experimentalfilm bei Regisseuren wie Stan Brakhage oder Michael Snow, die mich beide sehr beeinflusst haben und in deren Filmen der Zuschauer sich auf Bilder einstellen muss, die Artefakte sind. Diesen Aspekt des projizierten Bildes als Artefakt versucht das amerikanische Kino zu verleugnen.
Atom Egoyan

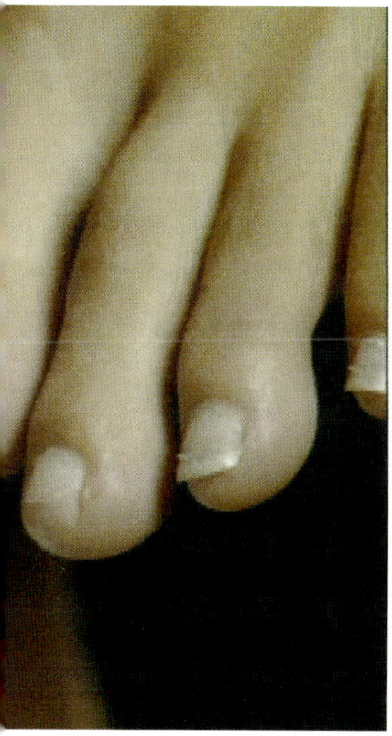

Atom Egoyan und Juliao Sarmento
Körperfragmente von Liebenden: »Ohne Titel«, 1999

kanischen Dorfes zum Opfer fallen, wird erst ganz am Ende des Films gezeigt. Im Mittelpunkt von Egoyans Kino steht, was man nicht zeigen kann.

Der in Toronto lebende Regisseur hat innerhalb von fünfzehn Jahren mit Fotografie, Video und Familienfilm eine eigene Sprache des Zeigens und des Verweigerns entwickelt. Im Kino arbeitet er mit einem dramaturgischen Aufbau, der nicht linear, sondern in Sprüngen verläuft. In der Kunst baut er Sehmaschinen, die am Sehen hindern. Wie Greenaway behandelt Egoyan dieselben obsessiven Themen auf und außerhalb der Leinwand. Auf der Biennale von Venedig zeigt er 1999 in Zusammenarbeit mit dem Portugiesen Juliao Sarmento eine Installation wie eine Gruft, in der es um körperlichen Kontakt im und mit dem Bild geht: Er filmt in Großaufnahme Körperteile eines Paars bei der Liebe. Man sieht anatomische Details, aber nicht die Liebenden. Der Betrachter steht in einem Korridor, der so schmal ist, dass er mit der Hand das Bild der Körper berühren könnte. Würde er sie ausstrecken.

Ein schmächtiger Mann mit ausladendem Hut steht vor dem Spiegel seines Motelzimmers und spielt mit einem Colt. Er zielt mal auf sein Spiegelbild, mal auf den Zuschauer, tänzelt herum und säuselt ein schlaffes »Are you looking at me?« – Siehst du mich an? Und wenn ja, was siehst du? Einen knabenhaften Cowboy, zu verweichlicht, um einen Fanatiker der Gerechtigkeit zu mimen, wie De Niro es war, als er streitsuchend die Frage »Are you talking to me« an sein Spiegelbild richtete.

In seinem auf drei großen LED-Bildschirmen projizierten Film »The Long Road to Mazatlan« ironisiert Isaac Julien spielerisch den Männlichkeitskult Amerikas. In Liebes- und Tanzszenen erzählt er fast ohne Worte Geschichten, die sich unter Männern abspielen. Wie bei Egoyan geht es um ein Melodram von Beziehung und Sexualität, um Exhibitionismus und Voyeurismus. Doch gibt es bei Julien mehr zu sehen – die Männer

Isaac Julien
Musik, Tanz, Drama, Liebe unter Männern: »The Long Road to Mazatlan«, 1999

dürfen tun, wovon sie träumen. Der Regisseur zitiert Leitmotive aus Kunst und Kino, die von Homosexualität handeln. Der schmächtige Cowboy und sein Freund tummeln sich in einem Swimmingpool, der dem in David Hockneys »A bigger Splash« ähnelt. Eine einsame Landstraße erinnert an Gus Van Sants »My own private Idaho« (»My private Idaho – Das Ende der Unschuld«), das Western-Outfit an Warhols »Lonesome Cowboys«. Am Anfang und am Ende des Films paradieren drei bunte Drag Queens über die Straße nach Mazatlan, einer Kleinstadt an der mexikanischen Pazifikküste, während die beiden Männer sich am Straßenrand ihren choreografischen Zuckungen und einer Bierflasche hingeben.

Isaac Julien widmet sich nach der Kunstschule ganz dem Filmemachen. 1989 und 1991 dreht er zwei abendfüllende Spielfilme, »Looking for Langston« und »Young Soul Rebels«, die beide vom Schwul- und Schwarzsein handeln. Langston ist im Harlem der dreißiger Jahre ein prominenter homosexueller Schriftsteller; die Soul Rebels betreiben im London des Jahres 1977 einen Radiosender. Sie küssen, streiten, lieben und trennen sich, und klären nebenbei akustisch begleitet von viel Funk- und Soulmusik einen Mord im farbigen Schwulenmilieu auf.

Nach dem enttäuschenden Abschneiden an der Kinokasse besinnt sich Isaac Julien Mitte der neunziger Jahre seiner Wurzeln in der Kunstszene und beginnt mit dem halbdokumentarischen Spielfilm »Frantz Fanon – Black Skin, White Mask« (»Frantz Fanon: Schwarze Haut, weiße Maske«). Es folgen »Vagabondia«, »The Long Road to Mazatlan« und »Paradise Omeros«, in denen Julien die Narration nicht sprengt, sondern innerhalb der Geschichten durch Musik, Choreografie und Zeitsprünge, formal durch die Multikanalprojektion mit gespiegeltem oder verdreifachtem Bild erweitert. Wie Egoyan ist Julien ein Erzähler von exotischen Kinogeschichten – der eine sprengt die Narration innerhalb, der andere außerhalb der Kinoleinwand.

Alltagsgeschichten

Ein Mann und eine Frau haben ein Baby, aber in der Beziehung kriselt es. Sie feiern den Geburtstag des Mannes bei gemeinsamen Freunden und müssen bei der Heimkehr spätabends einen zugefrorenen Fluss überqueren. Das Eis hält nicht, sie brechen ein. Der Mann stirbt, die Frau – vielleicht – auch. Das Baby überlebt. In der nächsten Szene sind die Frau und das Baby wieder zuhause, und auch der Mann kommt zurück. Seine

Eija-Liisa Ahtila
Eine Ehekrise wird zum tragischen Unfall, Alltag zum surrealen Erlebnis: »Consolation Service«, 1999.

Rückkehr ist ein Trost für die Trauernde, doch er spricht nicht, geht auch nicht auf die Frau ein, als sie sich ihm ungläubig nähert. Als sie ihn berührt, schrumpft er und verschwindet in einer Wolke von Pixeln. Der Vorgang wiederholt sich, bis die Frau begreift, dass sie ihn gehen lassen muss, ihn nicht mehr berühren darf. Als es weder zu Zärtlichkeit noch überhaupt zu einer Interaktion kommt, verabschiedet er sich mit einer Verbeugung. Die Frau verneigt sich ebenfalls – hilflos aber respektvoll. Ihr Mann verschwindet und wird nicht mehr zurückkehren.

Eija-Liisa Ahtilas Film »Consolation Service« erzählt die Geschichte einer schwierigen Trennung, die nur bei beidseitigem Respekt möglich wird. Eine einfache, alltägliche Geschichte, die elliptisch geschnitten ist, mit vielen Auslassungen, die die Handlung auf Schlüsselbilder verdichten. Dadurch und durch den Einsatz digitaler Tricks, wird der Film rätselhafter als seine Geschichte ist. »Consolation Service« wird im Juni 1999 erstmals in Venedig gezeigt, mit zwei asynchron laufenden Projektoren, in einem zum Theater umgebauten Raum des skandinavischen Pavillons. Die Besucher stehen wartend Schlange, der Film läuft zu festen Zeiten. Selten wurde der Einzug des Kinos in die Kunst so symbolisch vollzogen.

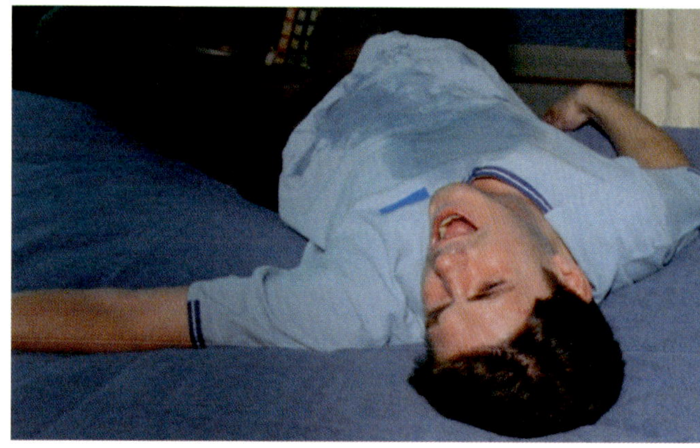

Die 1959 geborene Finnin Eija-Liisa Ahtila ist bereits Juristin mit Staatsexamen, als sie Mitte der achtziger Jahre noch einmal zur Schule geht und nacheinander Kunst und Film studiert. Frühe Werke wie »Me /We, Okay, Gray« oder »If 6 was 9« von 1995 bestehen aus mehreren Leinwänden, die durch Schnitt und Bildausschnitt visuell verknüpft sind. Auf einem Bild taucht auf, worüber auf einem anderen gesprochen wird. In »If 6 was 9« erzählen Jugendliche von ihren ersten sexuellen Angeboten und Erfahrungen, ein realitätsnaher Reigen vor allem weiblicher Pubertät.

Diese Dokumentation vorschürzende Struktur taucht auch in »Anne, Aki and God« auf, das 1998 in Berlin auf sechs Monitoren und zwei Leinwänden mitsamt dem typischen Mobiliar eines Psychiaters – Tisch, Stuhl und Couch – präsentiert wird. Sechs männliche Figuren, die die multiple Persönlichkeit der Hauptperson Aki verkörpern, sprechen Monologe. Dazu sind an die Wände weitere Informationen zum Fall Aki geheftet, etwa das entstehende Drehbuch, das Aki um eine eingebildete Frauengestalt, Anne, entwickelt. Durch das Multiplizieren des Gesehenen und Gehörten wird Akis Krankheitsbild nicht nur analytisch, sondern auch visuell und dramatisch vermittelt. Die Inszenierung gibt sich dokumentarisch, was sie nicht ist. Aber ihr fehlt noch das explizite Bekenntnis zur Fiktion, das Ahtila heute bei der Beschreibung psychischer Krankheitsbilder in den bereits erwähnten Filmen »The House« oder »The Wind« umsetzt.

Die Kunst der Fiktion und des Verwendens einer vom Kino geprägten Bildsprache mit Großaufnahmen, Action und Special Effects zeigt Ahtila erstmals 1996/97 in »Today«, der gleichzeitig in zwei Fassungen als Multichannel-Installation und als Kurzfilm für Fernsehen und Kino entsteht. Geschichte und Dauer sind bei beiden Versionen identisch: Ein Mann überfährt versehentlich seinen eigenen Vater, der sich unglaublicherweise mitten auf der Straße zur Siesta gebettet hat. Zuhause angekommen, wird der Mann von seiner Tochter beobachtet, wie er seine Trauer herausschreit. In der Filmfassung kann es weder am Gesehenen noch an der Erinnerung daran Zweifel geben. Anders in der auf drei Leinwänden verteilten Installation: Die Geschlossenheit der persönlichen Erinnerung an den

Tod des Vaters wird aufgebrochen. Mehrere Blickwinkel untergraben die Sicherheit der Zeit, die durch einen synchronen Schnitt mit leichten Versetzungen nicht mehr linear bleibt, sondern zu jener Multiplikation von Bild, Raum, Wahrnehmung führt, um die es in Ahtilas Filmen geht: ein Mehr an Information und Wahrnehmung.

Linke Leinwand: Ein Mann in weißem Hemd und dunkler Hose kommt in eine Aula und stellt sich vor ein in Bewunderung verharrendes, rein männliches Publikum. Gleichzeitig auf der rechten Leinwand, dem wartenden Mann gegenüber platziert: eine Frau. Sie ist allein auf der Bühne eines großen Saals und dreht der Kamera den Rücken zu. Der Ausstellungsbesucher steht zwischen beiden.

Begleitet von einem unsichtbaren Orchester beginnt der Mann zu singen. Ein inbrünstiges Lied, dessen Text aus dem Koran stammt und vom Verhältnis zwischen Gott und den Menschen erzählt. Die hypnotisierende Melodie ist Hunderte von Jahren alt und – in der Interpretation des Sängers – geladen mit Gefühl. Lied und Sänger werden von den Männern in der Aula heftig beklatscht. Dann beginnt die Frau zu singen, und die Kamera fängt an zu tanzen. Sie bewegt sich in langsamen Fahrten um die Sängerin, die ganz verhalten beginnt, ohne begleitende Instrumente. Sie singt keinen festen Text, sondern improvisiert, erfindet beim Singen Melodien und Töne, wird ihr eigenes Orchester. Sie experimentiert mit neuen musikalischen Formen, lässt sich treiben ins Reich der Töne. Doch sie bleibt allein: Frauen dürfen im Iran nicht öffentlich auftreten.

Eija-Liisa Ahtila

Zweierlei Geschichten: »Today« entsteht 1996/97 als Multikanalinstallation und Fernsehfilm.

Bei der New Yorker Premiere wird Shirin Neshats Film »Turbulent« 1998 zur Sensation. Die Künstlerin ist in der Kunstwelt bekannt durch die Fotoserie mit Selbstporträts »Women of Allah«, die von 1993 bis 1997 entstehen und die Künstlerin tief verschleiert in diversen Posen zeigen. Mit Waffen hantierend, nachdenkend, den Betrachter prüfend durch den Schleier fixierend: auf ihre Stirn und Wangen sind Suren aus dem Koran gemalt.

Neshat wird 1957 im Iran geboren, lebt aber seit langem in New York. Ihr Thema ist die Rolle der Frau in der islamischen Gesellschaft, als Metapher für den Zusammenprall nicht nur von Mann und Frau, sondern Alt und Neu, Starrheit und Bewegung, Tradition und Freiheit. Seit »Turbulent« behandelt sie diese Themen vornehmlich in Filmen, die in wandgroßen Mehrfachprojektionen gezeigt werden. Im farbigen »Soliloquy«, einem filmischen Selbstgespräch, zeigt eine Leinwand sie im iranischen Umfeld, die andere im westlichen Exil. Auf der einen Seite gehetzt oder in Menschenmengen eintauchend; auf der anderen allein am Steuer ihres Autos oder inmitten von Passanten vor der Grand Central Station. Der westliche Betrachter steht zwischen den Bildern und den Welten, die

Shirin Neshat »Turbulent«

um ihn herum aufeinanderprallen. Er fühlt am eigenen Körper die Widersprüche, die die Künstlerin in ihrem Alltag erlebt und die Unmöglichkeit, sie aufzulösen.

Neshat wird oft kritisiert für die gelackte Oberfläche ihrer Filme und die Eleganz von Choreografie und Schnitt. Sicher ist es kein Zufall, wenn sie Filme zu drehen beginnt, als iranische Filmemacher wie Abbas Kiarostami oder Moshen Makhmalbaf und seine Tochter Samira im Westen große Erfolge feiern. Doch ist Neshat nicht am Kino an sich interessiert oder an den Feinheiten des Filmemachens. Sie will Geschichten erzählen, die Metaphern sind für kulturelle und soziale Gegebenheiten. Mit dem Medium Film hofft sie, ein größeres Publikum zu erreichen, als es ihr mit Fotografie und Zeichnung möglich erscheint.

Ob der künstlerische Film allerdings wirklich eine so viel größere Reichweite hat, ist eine der bisher unbeantworteten Fragen der Umarmung des Kinos durch die Kunst.

Anerkannte Filemacher wie Eija-Liisa Ahtila oder Isaac Julien, deren Filme im Verleih oder Fernsehen laufen, sind selten. Meist ist der Künstlerfilm außerhalb der Museen nur auf fortschrittlichen Filmfestivals von Locarno über Rotterdam bis Oberhausen zu sehen, wo er einem Publikum präsentiert wird, das zwar nicht unbedingt der Kunstszene angehört, aber keinesfalls aus normalen Kinogängern besteht.

Die Schönheit der Einstellungen von Neshats Filmen ist sicher verführerisch, die Nachvollziehbarkeit geraffter Emotionen gefährlich. Neshat arbeitet mit in New York wohnenden Exil-Iranern zusammen und dreht die meisten Filme nach Storyboard in spektakulären Sets in der Türkei oder Marokko. Sie hat eine Bildsprache entwickelt, die ohne Worte auskommt und ganz in Bewegung spricht, in einer Choreografie von Mensch und Kamera. »Rapture« wird 1999 mit dreihundert Statisten in einer befestigten Kleinstadt gedreht. Eine Gruppe gleichgekleideter Männer bleibt im urbanen Kontext der kleinen Stadt eingeschlossen und verschwendet ihre Energie in sinnlosen Schlägereien oder absurden Tätigkeiten, etwa dem Aufstellen von Leitern, die nirgendwohin führen.

Währenddessen gelingt den rebellischen Frauen der Aufbruch. Sie verlassen den Heimatort, gelangen ans Meer und schieben am Strand ein Boot ins Wasser. Man sieht sie körperlich arbeiten, unter dem Tschador schwitzen. Schließlich rudern einige mit unbekanntem Ziel los, andere bleiben an Land zurück. Als Gruppe ist es ihnen gelungen, über die eigene Bewegung etwas zu bewegen. Die Männer dagegen erstarren in Aktivitäten, die sich im Kreis drehen.

Die kollektive Bewegung einer großen Gruppe zeigt auch Shirin Neshats 2002 auf der Documenta gezeigter und nachträglich »Tooba« getaufter Film. Es ist ein Film der Trauer, in dem eine – wiederum einheitlich gekleidete – Gruppe von Männern von sich in einer choreografierten Wellenbewegung um einen Heiligen Baum scharen, der allein in einem von Mauern abgetrennten Grundstück steht.

»Tooba« ist nach dem Terroranschlag auf das World Trade Center gedreht, doch seine Anspielung auf die vertikale Autorität des Monuments und die Ohnmacht der Menschen wirkt zu sentimental. Die Problematik des Angriffs arabischer Attentäter auf ein Symbol westlicher Wirtschaftsdominanz hallt im Kopf des Betrachters nach und kann vom Film einer in New York lebenden Iranerin nicht so einfach gelöst werden. Außerdem war der 11. September eine gigantische mediale Geste, mit der es die Kunst nicht aufnehmen kann. »Tooba« fehlt die Energie von Filmen wie »Fervor« oder »Possessed«, in denen sich zwei Oppositionen, nämlich Mann und Frau, aneinander reiben, sich anziehen und durch gesellschaftliche Konvention wieder getrennt werden.

INTERVIEW SHIRIN NESHAT

Nach Ihrer Serie »Women of Allah« sind Sie 1997 überraschend von Fotografie zu Film gewechselt. Warum?

Shirin Neshat Ich spürte, dass sich in meiner Arbeit konzeptuell und formal etwas ändern musste. In der Fotoserie »Women of Allah« war thematisch die Revolution und vor allem das Märtyrertum immer mehr in den Vordergrund gerückt, das damals durch die Islamische Revolution aktualisiert und zu einem der Hauptthemen des Islams wurde. Dadurch geriet der Kern meiner Kunst ungewollt in den Sog des ausschließlich Politischen.

Außerdem erlahmte 1997 meine Neugierde auf die Islamische Revolution und ihre unmittelbaren Aussagen, ich suchte einen weiter gefassten philosophischen, nicht an einen bestimmten historischen Moment gebundenen Diskurs. Auch meine künstlerische Sprache musste lyrischer in Aussage und Form werden; Fotografie war mir als Medium zu rigide und monumental geworden. Ich wollte nicht mit einem einzigen Bild, sondern einer Choreographie von Bildern sprechen. Deshalb habe ich mich bereits 1996 mit »Anchorage« im Video versucht. 1997 folgte dann »Shadow under the Web«.

»Shadow under the Web« ist in Farbe gedreht und weder formal noch erzählerisch so streng wie die späteren Filme.

Neshat Erst 1998, als ich »Turbulent« in 16mm Filmmaterial drehte, begann ich ganz bewusst darüber nachzudenken, wie ich im Film narrative und formale Elemente einsetzen könnte. Ich wollte Kino und Bildende Kunst miteinander verbinden, und damit experimentiere ich bis heute.

Fotografisches Bild und Film gehören zu einer universellen Sprache, deren Grammatik und Codes von der westlichen Kultur geprägt sind. Warum wollen Sie gerade in einem abendländischen Medium über die islamische Kultur arbeiten?

Neshat Die Frage, was universell ist und was nicht, war immer sehr wichtig für mich. Ich betrachte mich als jemanden, der der westlichen und der östlichen Kultur angehört, und ich kann keine Form von Kunst mit einer einzigen Kultur identifizieren. Ich bin im Iran aufgewachsen, schaue aber bereits seit meiner Kindheit Filme an. Die Filmsprache wurde von der iranischen Kultur aufgesogen, sobald man Kino überhaupt entdeckt hat, was unter anderem den großen internationalen Erfolg des iranischen Kinos erklärt. Ich glaube, was uns am Kino anzieht, ist seine ganz besondere Form von Poesie, und das passt sehr gut zu den Iranern, für die Poesie historisch der wichtigste kulturelle Ausdruck überhaupt ist.

Kürzlich gab es in Pakistan Bombenanschläge gegen Kinos, die westliche Filme spielten. Gleichzeitig lernen wir hier im Westen von der zeitgenössischen Kultur Indiens, des Irans

Shirin Neshat »Possessed«

oder Chinas vor allem durch die jeweilige Filmproduktion. Was können Sie in Ihren Filmen als iranisch, was als westlich charakterisieren?

Neshat Erst einmal ist es schwierig für mich, indisches und iranisches Kino in einen Topf zu werfen, da sie völlig unterschiedlichen Kriterien gehorchen. Zeitgenössische indische Filme sind kommerzielle Unterhaltung ohne großen künstlerischen Wert. Iranische Filme dagegen haben ironischerweise von der Isolation des Landes vom Rest der Welt und auch von den strengen Vorschriften des islamischen Regimes profitiert. Diese gesellschaftliche Kontrolle hat zu einer neuen Sprache im iranischen Kino geführt, die vielleicht minimalistisch ist, aber auch komplex, humanistisch, poetisch und voller Gefühl. Ich finde, dass meine Filme an einer ganz speziellen Kreuzung von iranischen und experimentellen westlichen Filmen stehen. Sie drehen sich um islamische Themen und die iranische Gesellschaft und sind sowohl für ein islamisches wie ein westliches Publikum gemacht. Außerdem sind sie sehr persönlich, und genau diese Gegenüberstellung von Persönlichem und Gesellschaftlichem hilft, die politischen Themen im Zaum zu halten. Dieser Aspekt des Verbindens zweier Kulturen entspricht ja schließlich auch meinem persönlichen Nomadenleben als Iranerin im New Yorker Exil. Mein Standpunkt ist verwurzelt in westlichem wie in islamischem Vernunftdenken.

Ihre Filme erzählen Geschichten, aber die Handlung besteht vor allem aus Kamerafahrten, Schnitt, Mehrkanaleffekten. Wie arbeiten Sie? Schreiben Sie Drehbücher, oder dient das Storyboard als Script?

Neshat Bis jetzt arbeite ich ausschließlich mit Storyboard und ohne Script. Das Storyboard dient der Abstimmung mit der technischen und künstlerischen Crew, vor allem dem Kameramann. Trotzdem bleibt Raum für Unvorhergesehenes, Einstellungen werden zusätzlich gedreht, die nicht vorgesehen waren und trotzdem im Schneideraum verwendet werden. Im Gegensatz zum konventionellen Erzählkino sind wir nicht an die lineare Kontinuität der Handlung gebunden, wir können improvisieren. So kommt es oft dazu, dass die eigentliche Erzählung beim Dreh noch stark verändert werden kann. Das ist nicht schlimm, solange das Konzept nicht kompromittiert wird. Wichtig ist, dass beim Schnitt die beiden Leinwände miteinander verbunden bleiben, dass die Interaktivität gewährleistet ist. Zurzeit arbeite ich an einem abendfüllenden Kinofilm, das heißt, ich schreibe zum ersten Mal ein richtiges Drehbuch. Es beruht auf dem Roman einer iranischen Schriftstellerin, die Handlung spielt in einer Art magischem Realismus. Der Film spricht vor allem in Bildern, aber ich muss auch Dialoge schreiben. Das ist sehr aufregend.

Sie haben einmal gesagt, das Kinopublikum stehe nichtwestlichen Themen offener gegenüber als der Kunstbetrieb. Dabei waren doch schon Ihre Fotos sehr erfolgreich.

Neshat Das stimmt, meine Arbeit wurde von Anfang an von der westlichen Kunstszene sehr gut rezipiert. Trotzdem halte ich diese Kunstszene für sehr konservativ. Mich als grenzüberschreitende Medienkünstlerin stört es zum Beispiel, dass man stur und wenig interessiert ist gegenüber Ausdrucksmöglichkeiten jenseits der engen Grenzen von Bildender Kunst. Außerdem haben westliche Kunsthistoriker oft nur ein begrenztes Verständnis von nichtwestlicher Kunst, weil sie den eigenen kulturellen Standpunkten verhaftet bleiben. Schaut man sich dagegen die

Filmgeschichte an, fällt sofort auf, wie groß und prägend der Einfluss des nichtwestlichen Kinos war und ist. In der Kunst ist es für einen Nichtwestler immer noch sehr schwierig und selten, genauso erfolgreich zu sein wie viele westliche Künstler.

Seit den Terroranschlägen gegen das World Trade Center muss es noch heikler geworden sein, vom Westen aus die islamische Gesellschaft zu kritisieren. Schon in Ihrer Documenta-Arbeit spürt man vor allem Trauer und Resignation.

Neshat Auch für mich war der 11. September ein emotionales Trauma. Trotzdem wusste ich von Anfang an, dass ich in einem Werk auf dieses tragische Ereignis reagieren wollte und musste. Und angesichts der Komplexität des Verhältnisses von Islam und Abendland seit dem 11. September wollte ich einen Film drehen, der philosophisch und nicht direkt politisch sein sollte. In der poetischen Erzählung »Tooba« stoßen drei Konfliktparteien aufeinander: Erstens die Leute mit religiöser oder politischer Macht, die über unser Schicksal bestimmen. Das sind die Männer innerhalb des Kreises. Dann die Masse, die aggressiv auf den Garten zustürmt, die eher Opfer der Machtverhältnisse ist und das eigene Leben kaum kontrolliert. Und drittens der heilige Baum, bzw. die Frau im Baum, die für eine Idee von Himmel und Abgeklärtheit steht. Dieser Zauber des Baums wird gebrochen, sobald die Masse die Grenzen des heiligen Gartens verletzt. Und wie Sie richtig sagen, bleiben am Ende des Films nur Trauer, Verzweiflung und Wut über diesen Verlust. Tooba ist ein alter Frauenname und bezeichnet die Frau als heiligen, gelobten Baum. Mich interessiert der Garten als mystische und politische Metapher in der persischen und der islamischen Tradition des Irans. In unserer Sufi Poesie ist der Garten ein mystischer Raum, ein Stück des Paradieses, ein Platz für geistige Transzendenz. Außerhalb der iranischen Kultur hat der Garten vor allem im Christentum ähnliche Bedeutung.

Sie arbeiten immer mit demselben festen Kreis in New York lebender Exil-Iraner. »Tooba« drehten Sie zum ersten Mal mit einem neuen Kameramann, Darius Khondji, der in Europa und jetzt in Hollywood mit sehr großen Kinoproduktionen erfolgreich ist. Wie kam es zu dieser Zusammenarbeit?

Neshat Ich habe Darius vor zwei Jahren zufällig getroffen, war aber schon seit langem ein großer Fan seiner Arbeit. Filme wie »Stadt der Verlorenen Kinder« oder »Delikatessen« bleiben vor allem wegen seiner Bilder unvergesslich. Er hat sich meine Filme angeschaut und fand die Möglichkeit einer Zusammenarbeit sehr spannend. Für mich ist Darius kein konventioneller Hollywood-Kameramann, sondern ein wirklicher Künstler, dessen Leidenschaft schöne Bilder sind. Wir haben viel gemeinsam und werden auch weiter zusammenarbeiten.

Doppelte Welt

Was haben Kino, Kunst und DNS gemein? Sie sind Datenträger einer Erinnerung mit Zukunft. 1997 dreht die Kalifornierin Lynn Hershman einen Spielfilm in Form einer Doppelhelix: In Vergangenheit und Gegenwart spielende Handlungen werden durch Zeitreisen verknüpft und schrauben sich parallel auf ein dramatisches Ende zu. Emmy Coer, gespielt von Francesca Faridany, ein mathematisches Genie, forscht gleichzeitig über das Leben der Mathematikerin Ada Lovelace und einen neu entwickelten, für Erinnerung zuständigen DNS-Code. Sie findet im Selbstversuch eine Methode, über Informationsdatenwellen mit dem neunzehnten Jahrhundert zu kommunizieren und stellt Kontakt zu Ada Lovelace alias Ada Byron King her, der Tochter des Dichters Lord Byron. Ada, alias Tilda Swinton, arbeitet gerade an der Erfindung der ersten mathematischen Sprache für Computer, die es damals noch gar nicht gibt. Sie ist ihrer Zeit nicht nur wissenschaftlich weit voraus. Auch mit der Verteilung der Geschlechterrollen mag sie sich absolut nicht abfinden.

»Conceiving Ada« (»Leidenschaftliche Berechnung«) ist 1997 Hershmans dritter abendfüllender Film und ihr zweiter Versuch im konventionellen Erzählkino – wobei sie den Begriff des Konventionellen weit dehnt. Gedreht in digitalem Video und Blue Box mit später eingestanzten Hintergründen und Dekors, benutzt der Film das Bild der DNS-Doppelhelix als Metapher für die Dualität von Kunst und Kino, Wissenschaft und Fiktion. Hershman, die Ende der achtziger Jahre mit Installationen und Performances als Bildende Künstlerin debütiert und auch als Schauspielerin arbeitet, setzt mehrfach selbstentworfene grafische Tricks ein, um die Schnittstelle von Gegenwart und Vergangenheit visuell zu verdeutlichen.

In ihrem jüngsten Film, der Punk-Komödie »Teknolust«, treibt sie das Spiel mit den Konventionen noch weiter. Erzählt wird die Geschichte der Biogenetikerin Rosetta Stone, die mit ihrer eigenen DNS drei weibliche Repliken schafft, die bei ihr zuhause einen stürmischen Haushalt bewohnen. Original und Fälschungen werden alle vier von Tilda Swinton gespielt. Dem Film liegt die klassische Frankensteinidee zugrunde, doch würzt Hershman ihre Geschichte mit Verweisen auf das Klonen sowie mit witzigen Gags, wilden Dekors und natürlich ihrem üblichen Schuss Feminismus: Rosetta Stones Klone ernähren sich – intravenös – von männlichem Sperma. Unerwünschter Nebeneffekt des Abzapfens dieser Nahrung ist, dass bei den unfreiwilligen Spendern ein weit sichtbarer Strichcode auf der Stirn erscheint.

Stan Douglas
Foto vom Stadtviertel Herman Gardens, Schauplatz von »Le Détroit / Detroit«

Der Kanadier Stan Douglas arbeitet in einem ganz anderen Bereich von Film, aber auch bei ihm dient das Medium als Datenträger an der Schnittstelle von Kunst, Kino und Wissenschaft. Eine Fülle von Informationen wird transportiert, von denen der Zuschauer beim einmaligen Sehen einen kleinen, beim mehrfachen Anschauen einen Großteil entziffern kann. Der 1960 geborene Douglas konzipiert seine Filme, indem er diese Daten bei der Produktion schichtweise speichert. Der Zuschauer muss die erzählte Geschichte Schicht für Schicht abtragen. Zuerst muss er die Handlung verstehen, dann den Spielort, schließlich muss er dessen soziologischen oder geistesgeschichtlichen Kontext erarbeiten. Oft integriert Douglas den Betrachter in den Vorführungsaufbau und benutzt ihn als Projektionsfläche.

Nachts hält vor einem verlassenen Haus ein Auto. Eine junge Schwarze steigt aus und stellt auf die Kühlerhaube einen Suchscheinwerfer. Dann geht sie in das Haus hinein, tastet sich im Licht einer Taschenlampe von Raum zu Raum. Sie hört ein verdächtiges Geräusch und bekommt Angst. Der Suchscheinwerfer geht aus, eine Tür schlägt. Die Frau geht zurück zum Eingang, verwischt ihre Spur, verlässt das Haus, setzt sich ins Auto. Dann überlegt sie es sich anders. Wieder stellt sie den Suchscheinwerfer auf die Motorhaube. Und alles beginnt von vorn.

»Le Détroit / Detroit« nennt Douglas seinen 1999 in Chicago uraufgeführten Film. Der Titel ist ein Wortspiel mit der amerikanischen Metropole des Automobilbaus, Detroit, und dem französischen Wort für Engpass, einer Anspielung auf das Bedrückende des Films. Gedreht mit Videokameras und anschließend auf 16mm Material aufgeblasen, zeigt Stan Douglas den Schwarzweißfilm als stumme Schleife mittels zwei sich gegenübergestellten Filmprojektoren. Diese werfen den Film als Positiv und als Negativ beidseitig auf eine durchsichtige Glasplatte, die als Leinwand dient. Positiv und Negativ werden spiegelgleich, aber leicht asynchron projiziert. Durch die überlappende Doppelprojektion besetzt das Negativ das Positiv, der Abdruck von Realität doppelt die Wirklichkeit. Es entsteht der Eindruck, die Frau, die das Haus durchsucht, gehe in den verschwommenen Räumen auf. Das Gesuchte dominiert die Suchende. Architektur beherrscht das Individuum, das nichtgezeigte urbane Umfeld, Detroit, gibt dem Film erst seinen Sinn.

Douglas hat den Film im Stadtviertel Herman Gardens gedreht, der für Detroits Niedergang stehen kann. In den vierziger Jahren, als Ford, Chrysler und General Motors und damit die ganze Stadt florieren, wird Herman Gardens für die weiße Mittelschicht entworfen. Im Lauf der Zeit wird es zu einem Stadtteil für Schwarze und schließlich zum

unsicheren, von Drogendealern besetzten Geisterviertel. In einer vorbereitenden Serie von kalten, sich objektiv gebenden Architekturfotos hat Stan Douglas den Stadtteil dokumentiert. Dieses urbane und soziologische Umfeld gibt der Geschichte einer Schwarzen, die ein von Schwarzen verlassenes Haus durchsucht, erst ihren Sinn.

Als Douglas 1994 im Filmstudio von Berlin-Babelsberg »The Sandman« (»Der Sandmann«) dreht, fotografiert er dokumentarisch die Idylle deutscher Schrebergartenkolonien und baut diese für seinen Set nach. 1998 schießt er Fotos von Strathcona, einem exotisch klingenden, aber deprimierenden Stadtteil von Vancouver, in der Nähe des Hafens gelegen. In Ausstellungen zeigt er zusammen mit den Fotos von Strathcona den Film »Win, Place or Show«, zu Deutsch etwa Erster, Zweiter oder Dritter Platz: In einem nach Originalgrundrissen für damalige Appartments nachgebauten Filmset sitzen zwei Dockarbeiter im Wohnzimmer zusammen. Sie reden, streiten und prügeln sich und bleiben beide doch Verlierer.

Im westlichen Kanada gibt es eine ganze Schule von Künstlern, die politische und soziale Wirklichkeit durch Inszenierung ins Museum hieven. Ihre geistige Leitfigur ist der hierzulande unbekannte Konzeptkünstler Ian Wallace. Jeff Wall gehört zur Gruppe, auch

Stan Douglas

Die Personen werden auf die Ortsübertragung gelegt: »Suspiria«, 2002.

Rodney Graham. Stan Douglas war lange Walls Assistent; er vermischt gründliche soziologische Recherche, eine Art vorbereitender Feldforschung, mit Erzählmustern trivialer Hollywood-Genres. Die Farbige aus »Le Détroit« heißt Eleanore. Sie kann eine Polizistin aus einer Schwarzen Serie sein, aber auch die Hauptperson eines Gruselfilms, die ein Haus durchsucht und selbst zur Gejagten wird.

Eines der Vorbilder für »Le Détroit« ist der amerikanische Horrorfilm »The Haunting« von 1963, dessen Hauptperson Eleanor von einem Haus gequält wird. Douglas letzter Film heißt »Suspiria«. Der Titel stammt von einem Horror-Opus des Italieners Dario Argento, der unter intellektuellen Filmfans dank seiner düsteren Werke als Kultregisseur gilt. Argento drehte handlungsarme, aber elegante, nackte Weiblichkeit und billige Special Effects mischende Blutbäder. Aus »Suspiria« übernimmt Stan Douglas Fragmente der Geschichte einer jungen Amerikanerin, die nach Deutschland zum Studieren an eine angesehene Ballettschule kommt. Diese entpuppt sich als für diverse Elevinnen tödlicher Hexentreff.

Dario Argento arbeitet grundsätzlich mit hervorragenden Kameraleuten. »Profondo Rosso« (»Rosso – Die Farbe des Todes«) und »Suspiria« dreht er in den siebziger Jahren mit Luciano Tovoli, der längst in Hollywood arbeitet. Beide benutzen eine italienische Variante des damals bereits veralteten Farbfilmprozesses Technicolor. Die ohnehin nebensächliche Handlung wird überdeckt von Farbeffekten. Diese stellt Douglas nach, indem er die Sets für sein »Suspiria« auf dem qualitativ schlechten amerikanischen Videoformat NTSC dreht, das von europäischen Fernsehtechnikern oft als »Never Twice the Same Color« parodiert wird. Der szenische Hintergrund wird in einen Computer geleitet und von diesem mit einer Schicht diverser Handlungselemente überdeckt, die vorher im Studio in High Definition und übertrieben gesättigten Farben gedreht wurden.

Die Handlungselemente entstammen den Märchen der Gebrüder Grimm. Heimatstadt der Grimms war Kassel, »Suspiria« wird in Kassel gedreht und auf der Documenta 2002 uraufgeführt. Drehort für den Hintergrund sind die Kellergewölbe unterhalb der Hercules-Statue im Park Wilhelmshöhe. Wie in »Le Détroit« werden Lokalkolorit, Geschichte und Geisteswissenschaften, Genrekino und ästhetisches Experiment Schicht für Schicht auf Film übertragen. Und Douglas wäre nicht Douglas, wenn nicht auch Politik, Soziologie und heutige Realität mitspielten: Neben den Gebrüdern Grimm wird für »Suspiria« ein weiterer Deutscher als Autor hinzugezogen, nämlich Karl Marx, dessen »Kapital« mit dem Satz beginnt, ein Gespenst ziehe durch Europa: der Kommunismus. Das, sagt der Kanadier Stan Douglas, ist heute so wahr wie vor hundertfünfzig Jahren.

Rosemarie Trockel
Der Schnitt von Einzelszenen sorgt für die Erzählung: »Yvonne«, 1997.

Trockels Spleen

Zwei junge Frauen und ein Mann gehen in einer langen Kamerafahrt durch einen Park. Die Kamera bleibt ihnen dicht auf den Fersen, beobachtet sie aus unmittelbarer Nähe. Schließlich kommt man an einer offenen Grabstätte an – der Park ist der dichtbegrünte Kölner Melatenfriedhof. Das Grab ist nicht leer. In ihm liegt eine männliche Leiche, die Augen geschlossen, die Hände friedlich über dem Bauch verschränkt. Eines der beiden Mädchen legt sich zu ihm, schließt ebenfalls die Augen, versinkt in der Zeitlosigkeit. Die beiden übrig gebliebenen Freunde bleiben in der Wirklichkeit zurück.

Nach längerem Warten taucht das Mädchen wieder aus der Grabstätte auf. Man klopft ihr den Dreck von den Kleidern, zündet eine Zigarette an. Zusammen gehen die drei jungen Leute den Weg zurück, den sie gekommen sind. Die Leiche bleibt allein in ihrem Grab zurück.

»Manus Spleen« nennt Rosemarie Trockel eine Serie von bisher vier kurzen Filmen, die sich um eine blonde Frau drehen, die inmitten ihrer Freunde jeweils einer sehr persönlichen Obsession nachgeht. Der Spleen passt zum Flaneur, der eines der Leitmotive der französischen Dichtung des späten neunzehnten Jahrhunderts ist. Baudelaire,

Rimbaud, Verlaine verstehen Spleen als eine Art metaphysischen Tick, als obsessive Sehnsucht nach etwas Unmöglichem. Dessen Unerfüllbarkeit kann zu einer großen, alles umhüllenden Melancholie führen – oder zum übermütigen Wahn.

In der Bildenden Kunst wird das Publikum nicht wie im Kino mit der narrativen Projektion kollektiver Träume konfrontiert, sondern mit sehr persönlichen Umsetzungen der eigenen Obsessionen. Es geht nicht um Action, Horror, Krimi, Liebe, die vorgefundenen Mustern gehorchen und möglichst viele Eintritt zahlende Fans finden. Es geht um Spleens – um die Sehnsucht nach etwas Unmöglichem, um das Kunstwerk als Utopie. Künstlerfilme sind immer unfertig, mögen sie noch so perfekt wirken. Das trifft gerade auf die Filme Rosemarie Trockels zu, die weder Video noch Medienkunst noch Erzählkino noch Experimentalfilm sind oder sein wollen. In ihrer narrativen Freiheit sind sie keinem klassischen Genre verpflichtet. Trockel träumt von einem verspleenten Filmland, in dem formal alles möglich ist.

Seit 1978 dreht sie Filme. Die Kamera immer parat, benutzt sie Schmalfilm und Video, ein damals noch statisches Format, das sich erst in den achtziger Jahre langsam von der Unbeweglichkeit der schweren U-Matic-Ausrüstung befreit. Trockel ist das Medium, aber auch das haptische Material Film als Film wichtig – sie stöbert alte Kopien wie Objets trouvés auf dem Flohmarkt auf und filmt sie in Zeitlupe ab. Sie richtet die Kamera auf den Fernsehbildschirm, spielt mit der Einzelbildschaltung, kopiert Fotos auf Film.

Ähnlich wie Zeichnung benutzt sie Film als Journal intime, in dem vom Ich allerdings nie explizit die Rede ist. Die Künstlerin versteckt sich hinter der Kamera, der eigene Auftritt fehlt. Kennzeichen von Trockels Filmen ist nicht Handschrift, sondern Vielfalt. Selbstbewusstsein stellt sich über das Beobachten von sozialen Verhaltensmustern ein, das Ich erklärt sich aus dem Verbund der Anderen. Zur psychologischen Multiplikation des Autors durch Zurücknahme der eigenen Person kommt inhaltliche und formale Vielfalt. Kein Film gleicht dem anderen: Formate, Themen, Leitmotive, Länge, Stil – alles ändert sich mit der künstlerischen Laune.

In einen leeren, weiß ausgeschlagenen Studioraum tritt eine nackte Frau. Mit dem Rücken zur Kamera bückt sie sich und gebiert ein Ei, das auf dem Boden zerschellt und anstelle von Eigelb dunkle Tusche vergießt. In »Out of the Kitchen into the Fire« verlässt das Ei die Pfanne – und die Frau den Platz am Herd.

Ein eingängiger Reggaerhythmus, eine bei Dunkelheit gedrehte Szene, ohne erkennbare Örtlichkeit. Plötzlich spannt sich ein Bogen aus Tropfen durchs Bild, baut sich in immer neuen Formen auf, angestrahlt von einem Scheinwerfer; »es war nacht, es war kalt, und wir hatten viel getrunken« ist eine übermütige Variante des abstrakten Experimentalfilms der zwanziger Jahre. Eine Mischung aus Marcel Duchamp und Fernand Léger, nicht vom Zauberer Man Ray gedreht, sondern eher von einem gut gelaunten Abel Ferrara.

Die Filme Rosemarie Trockels spielen mit Gattungen der Kunstgeschichte und den Gattungen des eigenen Werks. Doch sie sind spontaner, absurder, sprunghafter, eigenwilliger, kurz: persönlicher. Das rheinische Hollywoodstarlet Udo Kier sinniert auf der Kölner Domplatte über Sinn und Unsinn von Kulturpolitik. Eine blonde Frau im Bikini lässt Vogelspinnen über ihre nackte Haut laufen. Ein weibliches Auge blickt leinwandfüllend das Publikum an. Eine zeitgenössische Marquise von O. sitzt gelangweilt im Garten und spielt mit einem Vorhang aus Eierschalen. Szenen, Fragmente, Kurzfilme, die Geschichten erzählen, denen die Protagonisten abhanden gekommen sind. Selbst ein mittellanger Film wie der bereits erwähnte »Yvonne« sagt mehr über die Regisseurin als über die Titelfigur.

Im Kunstbetrieb gilt Film bis Mitte der neunziger Jahre als sperrig, immateriell, unverkäuflich. Dabei werden gerade in Trockels Filmen die subversivsten Möglichkeiten des Mediums Film deutlich. Subversiv, weil unvorhersehbar, launisch und sehr weiblich, da sie sich jedem männlichen Drang nach Logik sperren. Fast immer im Alleingang hergestellt, als Produzentin, Regisseurin, Kamerafrau, Cutterin in einer Person, verwendet Trockel Film als eine Art Skizzenbuch, das von der Laune zur klassischen Inszenierung springt. Auf Wiedererkennbarkeit wird verzichtet.

Kurze Aktionen wechseln ab mit langen Sequenzen, Zeichentrick mit Spielhandlung, Standfoto mit bewegtem Bild. »Patti« ist Animation im Einzelbildverfahren, unterlegt mit manipulierter und dann rückwärts gespielter afrikanischer Musik. »Von guter Natur« die auf eine Museumswand projizierte Beobachtung zweier Paare im Bett. Vier Schauspieler rezitieren nach durchkomponiertem Script Texte von Duras, Freud und Warhol als Liebesgeflüster. Anlässlich der Biennale von Venedig, wo sie 1999 den deutschen Pavillon bespielt, dreht Trockel erstmalig mit professionneler Kamerafrau und in 35mm. Der Film »Sleeping Pill« ist eine Hommage an »2001 – Odyssee im Weltraum«, in welchem Astronauten im Kälteschlaf die monatelange Reise überstehen. Der Film zeigt Freunde, die in einer Art Laboratorium des Unbewussten in Schlafanzüge schlüpfen und sich niederlegen. In einem Nebenraum der Filmprojektion kann sich auch der Besucher ausruhen. Schlaf, so Trockel, ist eine Existenz im reduzierten Energiezustand. Schlaf öffnet die Augen für die Traumzeit des Kinos.

Die Kamera als Auge

Ein Mann sitzt beim Frisör. Der hält beim Haareschneiden inne, schaut in die Kamera. Sein Kunde wartet lange, schließlich bricht er sein Schweigen und beginnt zu erzählen. Er stammt aus Oaxaca, einer der ärmsten Provinzen Mexicos. Von dort ist er in den Norden des Landes gekommen, um dem Ruf der Vereinigten Staaten zu folgen. Eltern und Geschwister sind in Oaxaca geblieben, er aber hat stellvertretend für seine Familie den Sprung in die USA gewagt und ist zweimal gescheitert. Jetzt arbeitet er in einer Tortilleria, diesseits der Grenze zum Wohlstand. Sein Geld schickt er der Familie. Eine Frauenstimme fragt aus dem Off, ob er den illegalen Sprung über die Grenze wieder versuchen wird. Der Mann schweigt.

Die nächste Einstellung zeigt den Frisör ohne seinen Kunden, in Großaufnahme. Eine Minute sitzt er da und schweigt in die Kamera. Was soll er auch sagen? Er wird nicht sein Leben riskieren und über die Grenze gehen, um nach einem tagelangen Marsch durch die texanische Wüste einen Job in den Staaten zu ergatttern. Der Frisör hat ein Geschäft, er hat Wurzeln. Deshalb schaut er traurig den jungen Mexikanern zu, die aus dem Süden kommen und im Norden verschwinden. Außerdem fühlt er sich viel zu müde, viel zu alt, um noch einmal den Sprung in die USA zu wagen.

»De l'autre côté« (»Von der anderen Seite«) ist ein Dokumentarfilm von Chantal Akerman. Die erste Hälfte ist in der Kleinstadt Agua Prieta im Norden Mexicos gedreht, die zweite in Douglas, auf der anderen Seite der Grenze. »Die andere Seite« zeichnet ohne jeden Kommentar ein Bild des Scheiterns. Das Scheitern eines Systems, eines Landes, einer Bevölkerung, die jedes Jahr rund siebenhundert ihrer Söhne und Töchter beim illegalen Grenzübertritt in den angeblichen Wohlstand verliert – in der Wüste verdurstet, von Ranchern erschossen. Einige Überlebende werden bei ihrer Rückkehr vom Filmteam beköstigt. Vor der Kamera weinen sie, weil sie sich für ihr Scheitern schämen.

Das Besondere an Akermans »Die andere Seite« ist nicht nur, dass beide Seiten eines einzigen Phänomens kommentarlos beobachtet werden. Der Sprung auf die andere Seite ist auch ein Sprung vom Film zur Kunst. Auf der Documenta 11 wurde »Die andere Seite« im Sommer 2002 als Kunstwerk in einer Rauminstallation mit achtzehn Bildschirmen, zwei Leinwänden und einer Liveübertragung aus dem Internet gezeigt. Im Dezember desselben Jahres lief er auf ARTE, im folgenden März in den französischen Kinos.

Chantal Akerman
»Von der anderen Seite«,
2002

Die Filmversion besteht aus minutenlangen Einstellungen. Mal sind es statische Aufnahmen von Interviewpartnern oder Impressionen aus den beiden Grenzstädten Agua Prieta und Douglas; mal lange Kamerafahrten, aus dem Auto geschossen, über holprige Straßen und Wüstenwege. Immer gibt es nur ein einziges Bild zu sehen, das sich dem Zuschauer aufdrängt, ihn erst langweilt, dann belästigt, dann gefangen nimmt – ihn am Schicksal der scheiternden Grenzgänger teilnehmen lässt.

Die Ausstellungsversion ist anders geschnitten. Mehr Material, mehr Bilder, mehr Ton und weniger Emotion: Der schweigende Blick des Friseurs in die Kamera gilt nicht mehr einem, sondern mehreren durch die Installation flanierenden Zuschauern. Die Vervielfältigung der Bilder sorgt paradoxerweise dafür, dass man von ihnen nicht mehr belästigt wird. Im Museum braucht es mehr Energie als im Kino, um von einer Geschichte gefangen genommen zu werden. Der Flaneur kann sich leichter entziehen als der Kinobesucher, er widerstrebt zeitintensiven Arbeiten, begnügt sich mit der Oberflächlichkeit

Chantal Akerman

»Von der anderen Seite«, 2002

von einzelnen Bildern anstatt ganzen Geschichten zu folgen.

Auch Chantal Akerman ist eine Grenzgängerin zwischen Kunst und Kino. Auch sie erzählt Geschichten, doch sind es nicht ihre und nicht erfundene, sondern gefundene Geschichten. Mit der Kamera sammelt sie diese Geschichten, doch versucht sie dabei nie, objektiv und dokumentarisch zu wirken. Sie zeigt, was sie will. Was sie durch die Kamera gesehen hat, weil sie es sehen wollte. Genauso verfährt sie in ihren frühen – und besten – Spielfilmen. »Jeanne Dielman, 23 Quai du Commerce, 1080 Bruxelles« erzählt 1975 in einfachen, langen Einstellungen den minutiös organisierten Alltag einer mit ihrem Sohn lebenden Witwe, gespielt von Delphine Seyrig. Die Frau lässt keinerlei Abweichung, keine Emotion den Fahrplan ihres geregelten Lebens durcheinander bringen. Als sie es unabsichtlich doch tut, führen kleinste Zwischenfälle und Abweichungen dazu, dass sie einen Mord begeht.

»Jeanne Dielman« wird inzwischen im Museum gezeigt. Akerman hat einige Einstellungen neu verarbeitet zu der Installation »Woman sitting after killing«, die sie 2001 in Venedig zeigt. Die Kunst erlaubt ihr, einen neuen Blick auf fertige Arbeiten zu werfen. Doch existiert das Neue nicht ohne das Alte: Ohne den Kinofilm macht das Kunstwerk keinen Sinn. Dieser entfaltet sich erst vollkommen bei der Betrachtung beider Phänomene. Die Kunst erweitert das Kino um eine zusätzliche Dimension: den Raum. 1993 stellt Ackerman im Pariser Jeu de Paume ihren Dokumentarfilm »D'Est« als Installation mit vierundzwanzig Monitoren plus Leinwand aus. Die Reise zu den eigenen familiären Wurzeln in Osteuropa wird im Museum auch zu einer Reise durch die Bilder.

Inszeniert man Dokumentarfilm im Museum, wie Chantal Akerman es tut und wie es heute zunehmend Mode wird, dann bekommt das Künstlerische des Films auch etwas Künstliches. Das ist nicht wertend gemeint. Außerdem ist bezeichnend für unsere Epoche, dass das Kino künstlerischer und die Wirklichkeit künstlicher wird. In der Kunst können sich beide treffen. Die Künstlichkeit der Gegenwart ist eine Folge von Spaßgesellschaft, Massenmedien und Spektakel. Im virtuellen Interpnetsex, in Dokudrama und Realityshow, in Golfkrieg und auch im Terroranschlag auf das World Trade Center

verwischen die Grenzen von Abbildung und Wirklichkeit; das Reale bricht in die Medienlandschaft und das Mediale in die Realität ein. Jeder Auftritt von Präsident Bush oder Kanzler Schröder ist Inszenierung, ein Phänomen, das mit dem Präsidentendarsteller Ronald Reagan begann und jetzt in alle Bereiche des öffentlichen Lebens ausufert.

Nicht nur die filmemachende Kunst, auch Malerei, Installation, Konzeptkunst stehen heute im Zeichen der Fiktion. Und weil auch die Realität immer fiktiver wird, entdeckt der Kunstbetrieb zunehmend Filmemacher, die sich dokumentarisch mit der Welt auseinandersetzen. Zarina Bhimji, Anri Sala, Fiona Tan gehören zur jungen Generation von filmenden Künstlern, deren Filme man nur im Museum sehen kann. Und plötzlich besinnen sich die Kuratoren der Großausstellungen – und die Galeristen –, dass es auch erfahrene Filmemacher wie Chantal Akerman, Chris Marker, Trinh T. Minh-Ha oder Haroun Farocki gibt, die eine Welt auf dem Weg zur Künstlichkeit dokumentarisch und doch künstlerisch sehen. Die Wirklichkeit durch das Auge der Kamera als Fiktion erleben, als Inszenierung, als Daumenkino – als Welt am Draht, um Rainer Werner Fassbinder zu paraphrasieren. Nach dem Erzählkino wird die Kunst als nächstes den Dokumentarfilm entdecken. Der Philosoph Jacques Derrida hat in jeder Hinsicht recht behalten: Auch in unserer Welt am Draht hat das Bild immer das letzte Wort – wie im Kino.

Chantal Akerman
»Von der anderen Seite«,
2002

INTERVIEW
CHANTAL AKERMAN

Seit wann springen Sie vom Kino zur Kunst und zurück? Von Anfang Ihrer Filmkarriere an?

Chantel Akerman Nein. Dazu ist es auch nicht durch Zufall, sondern auf Einladung des Museums in Boston gekommen, das mich fragte, ob ich nicht etwas speziell für das Museum machen könnte. Damals plante ich vage, einen Film über Osteuropa zu machen, und bot an, ihn in eine Installation zu verwandeln, ohne dass ich bereits eine präzise Vorstellung gehabt hätte. Ich habe die Finanzierung für den Film aufgetrieben, ihn gedreht, und zwei Jahre später rief das Museum an und sagte: Jetzt haben wir Geld, wir können was machen. Erst da habe ich das Konzept zu der Ausstellung »D'Est – Am Rande der Fiktion« entwickelt. Die Faszination entstand sozusagen während der Arbeit, denn ich habe mich niemals für Bildende Kunst interessiert, nicht einmal für Malerei.

Während der künstlerischen Arbeit fanden Sie Gefallen an der Kunst – hat das damit zu tun, dass Kunst viel stärker als Kino ein Labor zum Experimentieren ist?

Akerman Genau deshalb finde ich die Arbeit an filmischen Installationen spannend – weil ich viel freier arbeiten kann als im Kino. Und ich habe als Kinoregisseurin ja noch Glück, denn ich finde noch Geld, um Filme wie »Von der anderen Seite« zu drehen. Aber wie lange noch?

Vor allem wie lange noch auf teurem 35mm Material?

Akerman Ich habe nicht in 35mm gedreht.

Mit Video?

Akerman Mit allen möglichen Formaten. Mit Super 16mm Filmmaterial, gutem digitalem Video, sehr schlechtem digitalen Video, sogar Archivaufnahmen im amerikanischen Fernsehformat NTSC. Das alles wurde für sehr viel Geld auf 35mm Filmmaterial überspielt, was sehr teuer war, aber den Vorteil hatte, dass ich manche Sequenzen ganz allein mit meiner kleinen Kamera drehen konnte.

Zurück zu »D'Est«. Was ist der Unterschied zwischen Film und Installation?

Akerman Die Installation besteht aus 25 Bildschirmen. 24 gehören zusammen, jeweils drei Monitore bilden insgesamt acht Triptychen. Ein Bildschirm steht isoliert auf dem Boden und zeigt ein fast abstraktes Bild des Films. Die Arbeit begann im Schneideraum mit drei Kassetten des fertigen Films und drei Videogeräten. Ich habe die drei Kassetten gleichzeitig gestartet, aber jeweils an verschiedenen Momenten des Films, und mir das Ganze in Ruhe angeschaut. Und an einem bestimmten Punkt – sagen wir nach zwanzig oder dreißig Minuten – sagte ich zu meiner Cutterin: Hier, schau mal, da passiert was zwischen allen drei Bildschirmen, das funktioniert zusammen. Und nach einiger Zeit, ich glaube, vier Minuten

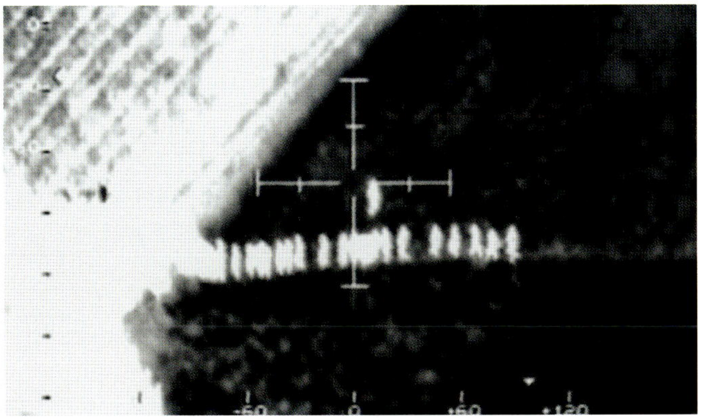

Chantal Akerman
»Von der anderen Seite«, 2002

Chantal Akerman
»D'Est«, 2002

waren es, funktionierte es nicht mehr. Das war die Grundlage für unsere Arbeit, und wir haben weitere Sequenzen von vier Minuten gesucht.

Anstatt vorher ein Konzept der Verteilung im Raum zu entwickeln und die Zahl der Monitore zu bestimmen, sind Sie also ganz pragmatisch vorgegangen.

Akerman Ja. Wir haben zehn Sequenzen rausgesucht, das machte zehn mal drei, also dreißig Monitore. Wir haben von den Sequenzen Kopien gezogen und diese als Endlosschleife angeschaut. Dabei stellten wir fest, dass acht besser funktionierten als die verbleibenden zwei. Deshalb haben wir uns auf 24 Bildschirme festgelegt. Die schwierigste Arbeit war die an dem allein auf dem Boden stehenden Bildschirm. Wir haben uns eine Sequenz von einer Landstrasse ausgesucht und so manipuliert, dass sie fast abstrakt wirkt. Man erkennt noch gerade so Lichter und Farben, das ist alles. Dazu habe ich dann einen Text geschrieben und ihm einen Auszug aus dem Zweiten Gebot vorangestellt, den ich auf Hebräisch aufnahm. Ich wollte einen Bezug herstellen zum Verbot von Darstellung. Bei »Von der anderen Seite« bin ich ganz anders vorgegangen. Viele Bilder der Installation sind im Film gar nicht drin, ich habe sie direkt aus dem Kameramaterial ausgesucht.

Wussten Sie beim Drehen an der mexikanisch-amerikanischen Grenze schon, dass sie neben dem Film auch eine Installation machen wollten?

Akerman Ich wusste, dass ich etwas für die Documenta machen würde. Und vor Drehbeginn hatte ich bereits die Idee für die letzte Sequenz, die man auf der Documenta leider nur schlecht erkennen konnte, die bei den nächsten Präsentationen aber deutlich wird. Ich habe eine gewaltige Filmleinwand von fast zehn Metern Breite an der Grenze aufgestellt, zwischen zwei Bergen, einem mexikanischen und einem amerikanischen. Darauf habe ich den Schluss des fertig geschnittenen Films projiziert, den Moment der Phantome, wie ich ihn nenne, wo man einige Leute durch ein Teleobjektiv so wie mit einem Fadenkreuz sieht. Als wolle man auf sie schießen. Die Sequenz wurde als Schleife auf diese große Leinwand projiziert, abgefilmt und über Internet während der gesamten Dauer der Documenta nach Kassel geschickt.

Wo liegt für Sie der Unterschied zwischen Ausstellungsraum und Kino? Ich habe beide Versionen gesehen, und das Erlebnis war grundverschieden ...

Akerman Natürlich. Auf der Documenta hatte der Betrachter viel mehr Freiheit. Im Kino zwinge ich ihm etwas auf.

Sie sprechen von aufzwingen. Für mich ist die Filmversion regelrecht autoritär. Der ganze Film handelt ja bereits von einem außerordentlich harten gesellschaftlichen Phänomen. Vom Schicksal gestrafte Menschen kommen zu Wort, es wird Schlimmes erzählt und viel geschwiegen. Das verstärken Sie noch durch sehr lange Einstellungen und Kamerafahrten. Dieses Aufzwingen von Dauer hat etwas Autoritäres, das die Installation nicht haben kann.

Akerman Natürlich nicht. In der Installation erlebt man eine Gleichzeitigkeit von vielen Bildern, es herrscht eine Spannung zwischen den verschiedenen Monitoren, der Zuschauer wird ganz anders gefordert. Er weiß, dass alles gezeigt wird, aber er kann nicht alles wahrnehmen. Erst ganz zum Schluss entsteht ein Ganzes.

Normalerweise sind Monokanalfilme simpler geschnitten als Mehrkanalversionen, die nicht an eine Linearität der Handlung gebunden und schwieriger aufzunehmen sind. Bei Ihren Installationen ist eher das Gegenteil der Fall: Die Version auf der Documenta fällt leichter als die schwierigere Filmversion.

Akerman Ich bin mit dem Ausdruck autoritär nicht einverstanden. Jeder Film ist autoritär, weil er die Leute zwingt, etwas mit einer gewissen Dauer anzusehen. Man kann nicht mal eben einen Dreizeiler aufschnappen und weitergehen. Und was meinen Sie mit schwierig?

Die Wahrnehmung im Kinosaal ist emotional und physisch schwieriger, im Sinne von Fordernder.

Akerman Der Kinosaal verlangt vom Zuschauer ein größeres Engagement, das ist richtig. Er opfert zwei Stunden seines Lebens, während er bei der Installation einfach durchlaufen kann. Im Kino schließen Zuschauer und Regisseur eine Art Vertrag ab, der Zuschauer kommt pünktlich um sechs oder um acht Uhr, bezahlt Eintritt. Im Museum kann man nur kurz verweilen, man muss sich die Texte nicht anhören. Aber man kann auch alles anschauen, und das ist dann eine beträchtliche intellektuelle Arbeit. Die aber wahrscheinlich 95 Prozent der Leute nicht leisten wollen.

Wenn ich von autoritär spreche, ist das keineswegs abwertend gemeint. Heute greifen ja auch viele Bildende Künstler wieder auf die Kinosituation zurück, stellen Stühle ins Museum oder bauen eine schwarze Kiste.

Akerman Ich finde, autoritär kann man nur negativ verstehen. Ein Beispiel: Sieht man kommerzielles Erzählkino, wird man von Anfang bis Ende manipuliert. Der Film zwingt den Betrachter dazu, was er anschauen und was er fühlen soll. In meinen Filmen sind die Zuschauer in ihren Gefühlen viel freier, vor ihnen tun sich weite, mysteriöse Raume auf. Während im Kommerzfilm alle dasselbe fühlen, weil die Filme im Hinblick auf einen gemeinsamen Nenner fabriziert wurden. Nehmen Sie irgendeine lange Kamerafahrt aus »Von der anderen Seite« und bitten Sie die Leute zu beschreiben, was sie gesehen und gefühlt haben. Jeder wird Ihnen etwas anderes sagen. Weil sie alle das recht haben, individuell zu reagieren. Dieser Vertrag zwischen Regisseur und Zuschauer ist sehr wichtig, dass das Publikum bereit ist, zwei Stunden seiner Zeit zu opfern. Und ich glaube, dass ich in Zukunft in meinen Installationen anders mit Zeit umgehen werde als bisher. Sonst sind die Verluste zu hoch, und die Leute werden auf Dauer aus dem Museum wieder ins Kino zurückkehren.

Chantal Akerman

»Von der anderen Seite«, 2002

ABBILDUNGSVERZEICHNIS

S. 61
Orlan, »Catharsis. Générique n°27«, 2001, Leuchtkasten 120 x 160 cm, © Orlan

S. 62
Tracey Emin, »I've got it all«, 2000, Ausstellung Ten Years Tracey Emin, Courtesy Amsterdam Stedelijk Museum, © Tracey Emin

S. 64 / 65
«Hitchcock et l'Art: coïncidences fatales«, Ausstellung im Pariser Centre Pompidou, 2001, Courtesy Centre Pompidou, Paris

S. 68 / 69
Lucy Russell in Eric Rohmer, »L'Anglaise et le Duc« (»Die Lady und der Herzog«), 2001, © Tobis Film

S. 71
«Hitchcock et l'Art: coïncidences fatales«, Ausstellung im Pariser Centre Pompidou, 2001, Courtesy Centre Pompidou, Paris

S. 72
Pipilotti Rist, »Himalaya Goldsteins Stube (Remake of the Weekend)«, 1998/ 99, Videoinstallation, Foto: Alexander Tröhler, Courtesy Galerie Hauser & Wirth, Zürich und Luhring Augustine, New York, © Pipilotti Rist

S. 74
Rodney Graham, »Vexation Island«, 1997, 35 mm Film auf DVD, 9 Minuten Schleife. Courtesy Donald Young Gallery, Chicago, © Rodney Graham

S. 76 / 77 oben
Rodney Graham, »City Self / Country Self«, 2000, Standfoto, 35 mm Film auf DVD. 4 Minuten Schleife, Foto: Scott Livingstone, Courtesy Donald Young Gallery, Chicago, © Rodney Graham

S. 76 / 77 unten
Rodney Graham, »How I became a Ramblin' Man«, 1999, 35 mm Film auf DVD, 9 Minuten Schleife, Foto: Scott Livingstone, Courtesy Donald Young Gallery, Chicago, © Rodney Graham

S. 78
Douglas Gordon »24-Hour-Psycho«, 1993 / 2002, Video Installation, Sammlung Bernard Starkmann, London, Courtesy Hayward Gallery, London, © Douglas Gordon

S. 81
David Reed, »Scottie's Bedroom«, 1994 mit dem Gemälde #297, 1989 – 91, Öl auf Leinwand, 66 x 274,3 cm. Installation in der Ausstellung »You look good in blue«, Kunstmuseum St. Gallen, 2001, Courtesy Max Protetch Gallery, New York, © David Reed

S. 82 / 83
Cindy Bernard, »Ask the Dust – Vertigo«, 1958 – 1990, Fotografie, Courtesy Collections d'œuvres photographiques Caisse des Dépôts, Paris, © Cindy Bernard

S. 83 unten
Filmstill aus Alfred Hitchcock, »Vertigo«, 1958, Archiv Bibliothèque du Film, Paris

S. 84
Tony Oursler, »(No) Skin?«, 1996, Videoinstallation, © Tony Oursler

S. 85
Cindy Sherman, »Untitled Film Still #51«, 1979, Fotografie, Courtesy Monika Sprüth – Philomene Magers, Köln, © Cindy Sherman

S. 86 / 87
Ausstellung der Serie von Bertrand Lavier »Walt Disney Production«, 1984 – 2002, Courtesy Musée d'Art Moderne de la Ville de Paris, © VG-Bild-Kunst, Bonn 2003

S. 88
Paul McCarthy und Mike Kelley, »Heidi«, 1992, Videostill, Courtesy Studio McCarthy, Altadena / Galerie Hauser & Wirth, Zürich, © Paul McCarthy und Mike Kelley

S. 91
Paul McCarthy, »The Garden« (Ausschnitt), 1991, Installation, Courtesy Studio McCarthy, Altadena / Galerie Hauser & Wirth, Zürich, © Paul McCarthy

S. 92
Paul McCarthy, »Pinocchio Pipenose Household Dilemma«, 1994, Videostill, Courtesy Studio McCarthy, Altadena / Galerie Hauser & Wirth, Zürich, © Paul McCarthy

S. 93
Standfoto Atelier Paul McCarthy, »Pinocchio Pipenose Household Dilemma«, 1994, Courtesy Studio McCarthy, Altadena / Galerie Hauser & Wirth, Zürich, © Paul McCarthy

S. 94 / 95
Pierre Huyghe, »The Third Memory«, 1999, Doppelprojektion, Courtesy Galerie Marian Goodman, New York / Paris, © Pierre Huyghe

S. 97
Filmstill Sidney Lumet, »Dog day afternoon« (»Hundstage«), 1975, Archiv Bibliothèque du Film, Paris

S. 98
Pierre Huyghe, »Les Grands Ensembles«, 2001, Videoprojektion, Courtesy Galerie Marian Goodman, New York / Paris, © Pierre Huyghe

S. 100
Buster Keaton in Charles Reisner / Buster Keaton, »Steamboat Bill, junior«, 1928, Archiv Bibliothèque du Film, Paris

S. 101
Steve McQueen, »Deadpan«, 1997, Videostill, Courtesy Galerie Marian Goodman, New York / Paris, © Steve McQueen

S. 102 / 103
John Pilson, »Mister Pick-up«, 2000, Videostills aus Videoinstallation, 17 Min., © John Pilson

S. 105
Brigitte Bardot und Michel Piccoli in Jean-Luc Godard, »Le Mépris« (»Die Verachtung«), 1963, Archiv Bibliothèque du Film, Paris

S. 106
Brigitte Bardot in Jean-Luc Godard, »Le Mépris« (»Die Verachtung«), 1963, Archiv Bibliothèque du Film, Paris

S. 107
Rosemarie Trockel, »Es gibt kein unglücklicheres Wesen unter der Sonne als einen Fetischisten, der sich nach einem Frauenschuh sehnt und mit dem ganzen Weib vorlieb nehmen muss, K. K: F.«, 1991. Bronze, Kunsthaar. 140 x 56 x 20 cm, Courtesy Monika Sprüth – Philomene Magers, Köln, © VG-Bild-Kunst, Bonn 2003.

S. 109
Cindy Sherman, »Untitled #250«, Fotografie, 1992, 50 x 75 cm, Courtesy Monika Sprüth – Philomene Magers, Köln, © Cindy Sherman

S. 110 / 111
Maurizio Cattelan, »Hollywood«, 2001, Installation in Sizilien, Courtesy Galerie Marian Goodman, New York / Paris, © Maurizio Cattelan

S. 112 / 113
Bertrand Lavier, »Hollywood (détail)«, Biennale de Lyon 2000, 1200 x 2800 x 400 cm, © VG-Bild-Kunst, Bonn 2003

S. 114 / 115
Ed Ruscha, »Hollywood«, 1968, Seidensiebdruck, 44,5 x 112,9 cm, Foto: Paul Ruscha, © Ed Ruscha

S. 116
Ed Ruscha, »Large Trademark mit Eight Spotlights«, 1963, Öl auf Leinwand, 172 x 335,3 cm © Ed Ruscha

S. 117
Markus Lüpertz, »Dithyrambisch mit rotem Streifen«, 1964/65, Öl auf Leinwand, 216 x 37 cm Courtesy Galerie Michael Werner, © Markus Lüpertz

S. 119
Alex Katz, »The Cocktail Party«, 1965, Öl auf Leinwand, 182,90 x 243,80 cm, Sammlung Paul Jacques Schupf, New York, © VG-Bild-Kunst, Bonn 2003

S. 120
Jacques Monory, »Ex«, 1968, Collage aus Filmstills, © VG-Bild-Kunst, Bonn 2003

S. 122 / 123
Jacques Monory, »Couleur n°1«, 2002, 160 x 300 cm, Filmplakat Joseph Lewis »Gun crazy« und Öl auf Leinwand, © VG-Bild-Kunst, Bonn 2003

S. 125
Gemälde Alex Katz, »Blue Umbrella«, 1972, Öl auf Leinwand, 245 x 365 cm, The Saatchi Collection, London, © VG-Bild-Kunst, Bonn 2003

S. 126
Jakob Mattner, »Kino-Russisch«, 1983, Gouache, 80 x 104 cm © Jakob Mattner

S. 127
Jakob Mattner, »Wie die Bilder die Kamera sehen«, 1991, Zeichnung, 40 x 30 cm, © Jakob Mattner

S. 128
David Diao, »Dziga Vertov / Supremos 50«, 1985, Acryl und Collage auf Leinwand, 152 x 139 cm, Privatsammlung Paris, © David Diao

S. 131
John Baldessari, »NYC Postcard Painting«, 1971, Filmstill, Super 8, Farbe, 3 Min., © John Baldessari

S. 133
John Baldessari, Filmstill aus »The Hollywoodfilm«, 1972/73, Super 8, Farbe, 66 Min., Schleife, © John Baldessari

S. 134 / 135
John Baldessari, »Junction Series«, 2002, 8-teilige Collage, je 215 x 208 cm, Foto: Bernhard Schaub, Köln, Courtesy Monika Sprüth – Philomene Magers, Köln, © John Baldessari

S. 136
Annette Messager, »Les répliquants«, 2000, Installation, Courtesy Galerie Marian Goodman, New York / Paris, © VG-Bild-Kunst, Bonn 2003

S. 139
Tony Brown, »One plus One«, 1991, Installation, © Tony Brown

S. 140 oben
Computer »Hal« in Stanley Kubrick, »2001: A Space Odyssey«, 1968, Filmstill, Archiv Bibliothèque du Film, Paris, © Kubrick Estate

S. 140 / 141
Videostills aus Tony Brown, »Teaching Machines«, 2001, Videoprojektion mit Ton, © Tony Brown

S. 142
Stanley Kubrick, »2001: A Space Odyssey«, 1968, Filmstill, Archiv Bibliothèque du Film, Paris, © Kubrick Estate

S. 143
Carrie-Ann Moss in Larry und Andy Wachowski, »The Matrix«, 1999, Filmstill, Archiv Bibliothèque du Film, Paris

S. 145
Bracha Lichtenberg-Ettinger, »Euridice«, 1992, Mixed Media, © Bracha Lichtenberg-Ettinger

S. 146 / 147
Keanu Reeves und Carrie-Anne Moss in Larry und Andy Wachowski, »The Matrix«, 1999, Archiv Bibliothèque du Film, Paris

S. 148 / 149
Bracha Lichtenberg-Ettinger, »Matrixial Borderline«, 1990/91, Installation Centre Pompidou 1997, © Bracha Lichtenberg-Ettinger

S. 151
Philippe Parreno und Pierre Huyghe, »No Ghost just a Shell«, die Mangafigur Ann Lee, Courtesy Galerie Marian Goodman, New York / Paris

S. 152
Pierre Huyghe, »One Million Kingdoms«, 2001, Videostill, 6 Min., Courtesy Galerie Marian Goodman, New York / Paris, © Pierre Huyghe

S. 155
William Kentridge, »Zeno Writing« (Trieste, palm tree in foreground), 2002, Kohle auf Papier, 80 x 121 cm, Courtesy Galerie Marian Goodman, New York / Paris, © William Kentridge

S. 156
William Kentridge, »Overvloed«, 1999, Filmstill, Courtesy ZKM Karlsruhe, © William Kentridge

S. 159
H. R. Giger, Work #373, Alien III, front view (Version 3), 1978, 70 x 100 cm, acrylic on paper, © H. R. Giger 2003, www.hrgigermuseum.com

S. 160
Ridley Scott, »Alien«, 1979, Filmstill, Archiv Bibliothèque du Film, Paris

S. 162
Leander Haussmann, »Sonnenallee«, 1999, Standfoto, Dekor: Jonathan Meese, Foto: Wolfgang Jahnke, Berlin, © Delphi Filmverleih Berlin

S. 165
Gene Kelly in Vincente Minnelli, »An American in Paris« (»Ein Amerikaner in Paris«), 1951, Archiv Bibliothèque du Film, Paris

S. 166
Gene Kelly in Vincente Minnelli, »An American in Paris« (»Ein Amerikaner in Paris«), 1951, Archiv Bibliothèque du Film, Paris

S. 167
Régis Royer in Roger Planchon, »Toulouse-Lautrec«, 1998, © Les Films du Losange, Paris

S. 169
Martin Scorsese in Akira Kurosawa, »Akira Kurosawa's Dreams«, 1990, zwei Filmstills, Archiv Bibliothèque du Film, Paris

S. 170 / 171
Dennis Hopper, »King Part Bust Trapped«, 1991–97, Fotoemulsion, Acryl und Sprühfarbe auf Leinwand, 320 x 858,5 cm, Courtesy of Dennis Hopper and Tony Shafrazi Gallery, New York, © Dennis Hopper

S. 173
Marlon Brando und Maria Schneider in Bernardo Bertolucci, »Ultimo tango a Parigi« (»Der letzte Tango in Paris«), 1972, Archiv Bibliothèque du Film, Paris

S. 174
Ewan McGregor in Baz Luhrman, »Moulin Rouge!«, 2001, Filmstill, Archiv Filmmuseum Landeshauptstadt Düsseldorf

S. 175 / 176
Stanley Kubrick, »Barry Lyndon«, 1975, Filmstills, Archiv Bibliothèque du Film, Paris, © Kubrick Estate

S. 179
Markku Peltola in Aki Kaurismäki, »Mies vailla menneisyyttä« (»Der Mann ohne Vergangenheit«), 2002, © Pandora Film

S. 180
Esko Männikö, »Utajärvi«, 1992, Fotografie mit Holzrahmen 80 x 64 cm, Courtesy Galerie Cent8, Paris, © Esko Männikö

S. 181
Esko Männikkö, »Gina and Natividad, Batesville, 1997«, Fotografie mit Holzrahmen 85 x 100 cm, Courtesy Galerie Cent8, Paris, © Esko Männikö

S. 185
Pat O'Neill, »Tracing the Decay of Fiction« (mit Rosemary Conella, Kristy H. A. Kang und The Labyrinth Project), 2002, Videostill, interaktive DVD, Courtesy ZKM Karlsruhe, © Pat O'Neill

S. 188 / 189
Maurice Benayoun, »So.So.So.«, 2002, interaktive Installation, Musik: Jean-Baptiste Barrière Courtesy ZKM Karsruhe, © Maurice Benayoun

S. 191
Pipilotti Rist, »Himalaya Goldsteins Stube (Remake of the Weekend)«, 1998/99, Videoinstallation, Foto: Alexander Tröhler. Courtesy Galerie Hauser & Wirth, Zürich & Luhring Augustine, New York, © Pipilotti Rist

S. 192 / 193
Pipilotti Rist, »Ever is Over All«, 1997, Videostill, Foto: Alexander Tröhler. Courtesy Galerie Hauser & Wirth, Zürich und Luhring Augustine, New York, © Pipilotti Rist

S. 194
Tony Oursler, »Sys. For Dramatic Feedback«, 1994, Installationsansicht, © Tony Oursler

S. 195
Tony Oursler, »Troubler«, 1997, 2 Puppen mit Videoprojektion, © Tony Oursler

S. 196
Bill Viola, »Going Forth by Day (Detail), First Light«, 2002, Video/Ton Installation. Foto: Kira Perov, Courtesy Deutsche Guggenheim Berlin, © Bill Viola

S. 197
Bill Viola, »Going Forth by Day (Detail), The Voyage«, 2002, Video/Ton Installation. Foto: Kira Perov, Courtesy Deutsche Guggenheim Berlin, © Bill Viola

S. 198
Bill Viola, »Going Forth by Day (Detail), The Deluge«, 2002, Video/Ton Installation. Foto: Kira Perov, Courtesy Deutsche Guggenheim Berlin, © Bill Viola

S. 199 oben
Bill Viola, »Going Forth by Day (Detail), First Light«, 2002, Video/Ton Installation. Foto: Kira Perov, Courtesy Deutsche Guggenheim Berlin, © Bill Viola

S. 199 unten
Bill Viola, »Going Forth by Day (Detail), The Path«, 2002, Video/Ton Installation. Foto: Kira Perov, Courtesy Deutsche Guggenheim Berlin, © Bill Viola

S. 201
Bill Viola, »The Greeting«, 1995, (Production Still), Video/Ton Installation, Foto: Kira Perov, © Bill Viola

S. 204
Doug Aitken, »The New Ocean – A shifting exhibition«, Installation Kunsthaus Bregenz 2002, Foto: Markus Tretter, Courtesy Kunsthaus Bregenz, © Doug Aitken

S. 205
Doug Aitken, »The New Ocean – A shifting exhibition«, Installation Kunsthaus Bregenz 2002, Foto: Markus Tretter, Courtesy Kunsthaus Bregenz, © Doug Aitken

S. 207
Doug Aitken, »Electric Earth«, 1999, Videodoppelprojektion, Courtesy 303 Gallery, New York/Galerie Hauser Wirth & Presenhuber, Zürich / Victoria Miro Gallery, London, © Doug Aitken

S. 210 / 211
James Coleman, »Photograph, 1998–99«, 1999, © James Coleman

S. 212 / 213
Jeff Wall, »The Storyteller«, 1986, Fotografie in Leuchtkasten, 229 x 437 cm, Courtesy Museum für Moderne Kunst, Frankfurt a. M., © Jeff Wall

S. 214
Gregory Crewdson, »Untitled (woman in flowers)«, 1998, C-Print. Auflage von 10, 130 x 150 cm, Courtesy of the artist and Luhring Augustine, New York, © Gregory Crewdson

S. 216
Gregory Crewdson, »Untitled (Dylan on the floor)«, C-Print. Auflage von 10. 127 x 152,4 cm Courtesy of the artist and Luhring Augustine, New York, © Gregory Crewdson

S. 218 / 219
Jeff Wall, »Eviction Struggle«, 1988, Fotografie in Leuchtkasten, 229 x 414 cm, Ydessa Hendeles Foundation, Toronto, © Jeff Wall

S. 220 / 221
Michel Piccoli in Jacques Rivette »La Belle Noiseuse« (»Die schöne Querulantin«), 1991, Foto: Moune Jamet, © Pierre Grise Distribution

S. 223
Im Kwon-taek, »Chihwaseon«, 2001, Plakat und Filmstills, © Wild Bunch

S. 225
Hans Namuth, »Jackson Pollock«, 1950, Fotografie, © Columbia Tristar

S. 226
Klaus Maria Brandauer in Charles Matton, »Rembrandt«, 2000, © Pegasos Film Frankfurt a. M.

S. 227
Filmstill aus Vincente Minnelli, »Lust for Life« (»Vincent van Gogh – Ein Leben in Leidenschaft«), 1956, Archiv Bibliothèque du Film Paris

S. 228
Nigel Terry in Derek Jarman, »Caravaggio«, 1986, © Edition Salzgeber

S. 229
Tilda Swinton in Derek Jarman, »Caravaggio«, 1986, © Edition Salzgeber

S. 230
Nick Nolte in Martin Scorsese, »Life Lessons«, Episode aus »New York Stories«, 1988, Archiv Bibliothèque du Film Paris

S. 231 links
Keanu Reeves in Robert Longo, »Johnny Mnemonic« (»Vernetzt – Johnny Mnemonic«), 1995, © Robert Longo

S. 231 rechts
Robert Longo, »All your Zombies« (Detail), 1986, Installation, © Robert Longo

S. 232
Dennis Hopper und Griffin Dunne in David Salle, »Search and Destroy« (»The Moviemaker«), 1995, Foto: Prashant Gupta, © NuImage Photos

S. 234 / 235
David Salle, »Michael Rips«, 1998, Öl und Acryl auf Leinwand, 182,9 x 365,8 cm © VG-Bild-Kunst, Bonn 2003

S. 237 / 238
Jeffrey Wright, David Bowie, Julian Schnabel und Dennis Hopper in Julian Schnabel, »Basquiat«, 1996, Filmstills, Archiv Bibliothèque du Film, Paris

S. 238 / 239
Rebecca Horn, »Buster's Bedroom«, 1990, Standfoto, © VG-Bild-Kunst, Bonn 2003

S. 240
Buster Keaton in Charles Reisner / Buster Keaton, »Steamboat Bill, junior«, 1928, Archiv Bibliothèque du Film, Paris

S. 241
Rebecca Horn, »El Rio de la Luna: Raum des Wassers«, Barcelona 1992, Installation, Foto: Massimo Piersanti, © VG-Bild-Kunst, Bonn 2003

S. 242
Ulrike Ottinger, »Madame X«, 1977, Filmstill, © Ottinger Filmproduktion

S. 243
Ulrike Ottinger, »Johanna d'Arc of Mongolia«, 1988, Filmstill, © Ottinger Filmproduktion

S. 247
Brian Dennehy in Peter Greenaway, »The Belly of an Architect« (»Der Bauch des Architekten«), 1986, Archiv British Film Institute, London, © Kees Kasander Film, Rotterdam

S. 248
Peter Greenaway, »The Draughtsman's Contract« (»Der Kontrakt des Zeichners«), 1982, Archiv British Film Institute, London

S. 250 / 251
Atom Egoyan und Juliao Sarmento, »Ohne Titel«, 1999, Videoprojektion, © Egofilm

S. 251
»The Long Road to Mazatlan«, 1999, dreifache DVD Projektion. Regie: Isaac Julien. Choreografie: Javier de Frutos. Installation Art Pace, San Antonio, Texas, 1999–2001. Courtesy the Artist and Victoria Miro Gallery, © Isaac Julien

S. 252 / 253
Eija-Liisa Ahtila, »Consolation Service«, 1999, Doppelprojektion, Courtesy Galerie Marian Goodman, New York / Paris, © VG- Bild-Kunst, Bonn 2003

S. 254
Eija-Liisa Ahtila, »Today«, 1996/97, Filmstills, Courtesy Galerie Marian Goodman, New York / Paris, © VG-Bild-Kunst, Bonn 2003

S. 256 / 257
Shirin Neshat, »Turbulent«, 1998, Doppelprojektion, Videostills, Courtesy Barbara Gladstone, © Shirin Neshat

S. 258
Shirin Neshat, »Tooba 1«, 2002. Standbild. Foto: Larry Barns, Courtesy Barbara Gladstone, © Shirin Neshat

S. 261
Shirin Neshat, »Possessed«, 2001, Videostill, Courtesy Barbara Gladstone, © Shirin Neshat

S. 265
Stan Douglas, »Row Houses at Herman Gardens«, 1997/98, C-print. 45.7 x 55.9 cm. Auflage von 7, Courtesy Galerie David Zwirner, New York, © Stan Douglas

S. 266 / 267
Stan Douglas, »Suspiria«, 2002, Videostills aus »Else: Missing Eye«, »Gold Bird«, »Else: Soldiers« (v.l.n.r.), Videoinstallation mit Überwachungskameras, Echtzeitübertragung, Computer und Plasmascreen mit Liveübertragung aus dem Herkules Monument, Kassel, Courtesy Galerie David Zwirner, New York, © Stan Douglas

S. 268 / 269
Rosemarie Trockel, »Yvonne«, 1997, 16mm, Filmstills, Courtesy Monika Sprüth – Philomene Magers, Köln, © VG-Bild-Kunst, Bonn 2003.

S. 272
Chantal Akerman, »De l'autre côté« (»Von der anderen Seite«) (Detail), 2002, Installation Documenta 11, © Chantal Akermann

S. 274, 275
Chantal Akerman, »De l'autre côté« (»Von der anderen Seite«), 2002, Videostills aus der Installation Documenta 11, © Chantal Akerman

S. 277 links
Chantal Akerman, »De l'autre côté« (»Von der anderen Seite«), 2002, Videostills aus der Installation Documenta 11, © Chantal Akerman

S. 277 rechts
Chantal Akerman, »D'Est«, 1993, Videoinstallation mit 25 Monitoren, © Chantal Akerman

S. 278
Chantal Akerman, »De l'autre côté« (»Von der anderen Seite«), 2002, Videostills aus der Installation Documenta 11, © Chantal Akerman

PERSONENREGISTER

Umschlaggestaltung
Groothuis, Lohfert, Consorten / Hamburg

Umschlagabbildung
Ed Ruscha, »Hollywood«, 1968, Seidensiebdruck,
44,5 x 112,9 cm, Foto: Paul Ruscha, © Ed Ruscha

Gestaltung
Christine Schneyer

Produktion
Marcus Muraro
Christine Schneyer

Reproduktionen
Pre Print Partner, Köln

Druck und buchbinderische Verarbeitung
Stalling GmbH, Oldenburg

ISBN 3-8321-7214-9 Printed in Germany